本书为"2011 年广东高校优秀青年创新人才培养计划"项目的研究成果

本书出版得到"五邑大学专著出版基金"、"五邑大学重点学科专项建设资金"的资助

五邑大学文学院学人文丛

《战国策》势能论

赵楠 著

暨南大学出版社
JINAN UNIVERSITY PRESS

中国·广州

图书在版编目（CIP）数据

《战国策》势能论/赵楠著. —广州：暨南大学出版社，2015.10
ISBN 978 - 7 - 5668 - 1108 - 0

Ⅰ.①战…　Ⅱ.①赵…　Ⅲ.①中国历史—战国时代—史籍②《战国策》—研究　Ⅳ.①K231.04

中国版本图书馆 CIP 数据核字（2014）第 186483 号

《战国策》势能论

著　　者　赵　楠

出 版 人　徐义雄
策划编辑　杜小陆　刘　晶
责任编辑　陈丽娟　王碧凤
责任校对　卢凯婷
责任印制　汤慧君　周一丹
出版发行　暨南大学出版社（广州暨南大学　邮编：510630）
网　　址　http：//www.jnupress.com　http：//press.jnu.edu.cn
电　　话　总编室（8620）85221601
　　　　　营销部（8620）85225284　85228291　85228292（邮购）
排　　版　广州良弓广告有限公司
印　　刷　佛山市浩文彩色印刷有限公司
开　　本　787mm×960mm　1/16
印　　张　17
字　　数　280 千
版　　次　2015 年 10 月第 1 版
印　　次　2015 年 10 月第 1 次
定　　价　39.80 元

（暨大版图书如有印装质量问题，请与出版社总编室联系调换）

目　录

序　/ 1

引言：《战国策》国内外研究现状综述　/ 1

上编：　势能论析

第一章　《战国策》特有充沛文气之根本：势能　/ 16
第一节　势、势能与《战国策》中的五"势"　/ 20
第二节　四"势"是生发势能的本源　/ 26
第三节　策士纵横的使命——《战国策》特殊文气形成的途径　/ 38

第二章　对势能的顺应与转化：思维逻辑　/ 43
第一节　以实用逻辑为指导　/ 43
第二节　以辩证逻辑为内核　/ 61
第三节　以形式逻辑为方法　/ 74

第三章　新势能的生成：融通性思维指导下的谋略和技巧　/ 86
第一节　中国文化的"水性"特色与诸子思维　/ 86
第二节　水性文化启发下的战国策士融通性思维　/ 96
第三节　融通性思维的具体运用——谋策　/ 109

下编：　势能的艺术转化

第一章　势能动态转化的轨迹：《战国策》的叙事特点　/ 142
第一节　澄显历史的本真——关于人与对话　/ 143

第二节 有独特意义的叙史方式 / 151

第三节 遮蔽 / 167

第二章 势能转化的枢机：人物 / 184

第一节 记言、记事与叙史意识的变化 / 184

第二节 叙事重点的转变——表现人物成为焦点 / 198

第三节 在"势"中凸现人物及其他表现手法的创新 / 212

第四节 三种生命之"势" / 219

第三章 势能转化的方式 / 228

第一节 常规方式 / 229

第二节 非常规方式 / 238

代结语：《战国策》"势能"作用后世的三种方式 / 246

参考文献 / 250

后 记 / 259

序

　　《战国策》是一部奇书，其成书过程是一个很值得探讨的文史话题。这部书的作者不明，内容包括策士的著述和史臣的记载，其中的资料主要出于战国时代，汇集成书当在秦至西汉早期之间。当时流传的版本驳杂，形式有简册和帛书，刘向辑录编纂为三十三卷，并定名为"战国策"。东汉高诱注释本到唐宋时已经严重脱散遗失，仅余二十卷。北宋曾巩访求诸家藏书，补足了三十三卷。1973 年长沙马王堆三号汉墓出土的帛书中，有类似传世《战国策》的文本，全书二十七篇，其中十一篇的内容见于今本《战国策》和《史记》，文字也大体相同，另外十六章则为逸书。将刘向编辑本、曾巩补苴本与出土帛书参读，可以看出这些文本在战国时代曾经有过的那样一种蓬勃生发的状态。

　　从《战国策》的思想内容来讲，这部书是否真如某些儒生所指斥，是"离经叛道"的"千古之邪术"，抑或"小夫蛇鼠之智"？答案恐怕不是那么简单。《战国策》中当然有不少纵横捭阖的手段，也有崇法隆势的智术，还有经营天下的攻略，以及言语心术的技巧，但是如果往深层看，难道没有与儒家用仁义、道家用阴柔和墨家尚兼爱的共"用"交叉点吗？先秦百家，家家不同，可区分之性征自然是各个有别，然而在用世的实际处，则往往有互动，有连带，甚至有契合。以儒家为例，希贤、仰圣的出发点是仁和德，但是一旦修齐治平起来，仁义道德难免流于工具一类。"何必曰利？亦有仁义而已矣"的高调，唱唱可以，然而很难掩盖"学成文武艺，货于帝王家"的事实，很难抵消"颜如玉"和"黄金屋"的欲望诱惑。原始儒家的初衷是好的，但是即便有好的动机，也必须在诸子百家的学理交错中摸索相互制约而又相互交叉的大小脉络，到源头的天人之际去寻求通和致化且可消解戾气的归藏场合。

　　从图书类别方面看，《战国策》一直归于史部。至今学界仍有不少人称之为史类著作。《战国策》确实包含着战国时代各国丰富的文史资料，因而视之为史书不无道理。《战国策》许多篇章记述了策士的活动，如星光闪烁，点化出纵横家的行藏。不过也应该看到，《战国策》不是编年系谱的纯然史书，作为纵横家的故事集锦，其中不乏夸张虚构的文学叙事手法，还有对儒、道、墨、法、名辩、阴阳诸家思想智慧的渗透和汲取，它既像是一丛丛孕生中的史诗初稿，也像一篇篇传授纵横智计的策士短章，更像是一个在恶火浊水中打淬利器的高人作坊。从艺术方面看，《战国策》

没有《荷马史诗》的波澜壮阔和神完气足，也没有《太史公书》冠绝古今的宏构伟制，但是其状物、叙事和形象塑造都非常生动。就文本的开放性而言，《战国策》的"非编年"、"事语"、"短长"、"拟托"、"寓言"等特点，呈现了一个没有盖棺定论的"战国"，提供了一堆尚未结尾的"国策"。在这种意义上，《战国策》如同人文作坊，把读者带入善恶美丑混杂的思想台面接受历练。换言之，这是一个开放性的文本，让人们参与那样一个心灵考验的过程，与战国策士一起论辩，一起撰写没有完稿的长卷。其中有弥足珍贵的史料积存，有可供深入伦理思索的人物故事，有文学叙事所悬置的可深究话题，给语言学家、史学家、文学家、哲学家、伦理学家、心理学家、民俗学家和社会学家都留下了广阔的用武之地。

如果让《战国策》回归其所记叙的那个时代，或许可以比较真切地领略它的成书环境和实际价值。打开书卷，扑面而来的有策士为生存、为成功的纵横捭阖，也有他们为所属国存亡继绝和为天下兴衰的奔走折冲。就其主要特点而言，我们可以视之为策士谋划技艺的运筹性智计。也就是说，《战国策》原本是讲述纵横策士看家本领的故事集结，可作为该层面士人揣摩研习的学习资料。战国时代有着恶力公行、杀人盈野的残酷世道，也是混战加剧、天下渴望统一的历史拐点。一方面，诸侯尚恶力，策士重诡诈，目的证明手段正确、成功就是一切的处世规则，致使人们不择手段地驱使一切、压倒一切。在这个意义上，《战国策》生动地折射出了那个时代的社会现实，可以将之看作刀光剑影中的血之花，看作人性劣根处的恶之花，看作蛮力狡诈间的鬼之花。另一方面，那也是一个思想求正义（如孟子）、学术合王霸（如荀子）、智者脱俗谛（如庄子）、铮臣守高节（如屈原）的巨变性年代。《战国策》正是在这样的思想文化背景中，揭示出了一个不甘寂寞而且想有所作为的策士阶层，将他们的拼搏行为活脱脱地刻画出来。在某些方面，我们甚至可以说，那些不惜使坏用恶的纵横家们，彰显的不仅是个性，还有朦胧状态的主体意识，虽然后者没有形成近代以来西方思想意义上的主体精神。

总体上看，国人对这部书的价值还是相当重视的。东汉时关于《战国策》的研究、注解和专论均已出现。魏晋南北朝战乱不断，世人读《战国策》，更多的是学习兵法战策和求生求胜的智慧。这部奇书在唐代也很受欢迎，从李白的诗作中就可以看出他受《战国策》晕染的精神气质。宋代以降，文人学士的眼光渐趋宏深，不仅用功于缺文补遗、版本考释和点校注解，也从精研细读中求取治国安邦的谋略。现当代学人则偏重于探究谁是作者、这本书是什么类型的著作、它的写作艺术和修辞手法等问题。关于其思维特色和思想内容方面，研究成果相对较少。赵楠博士的《〈战国策〉势能论》主攻这个方面。《〈战国策〉势能论》没有在传统的研究领域过多地徘徊逗留，而是聚焦在《战国策》的一个吃紧的环节——用势问题，这也是该选题的重要价值所在。《战国策》是扎堆的小篇章，酷似我们今天所说的"微型小说"选集，也可以说它们是文史小品的荟萃。许多文本是通过短小情节、片段对话、寓言故事或虚构场景说事。《〈战国策〉势能论》则是识大体看大端的研讨，其间的落差颇大，求索难度不小。赵楠硬是在这些短文和小品中提取出了一个思想智慧方面的话题——"势能"问题，其苦心孤诣殊堪称道。古代典籍自然需要考证源流，点校注释，但是也需要提取精华，发掘精粹。赵楠选择的是后一条道路，啃的是硬骨头，承接了一种艰难的挑战。

《〈战国策〉势能论》对《战国策》中的"势"字用法做了细致的考察："势字出现了 58 次，大约可划分为五种情形，即地势、时势、人势、事势——约等于形势，但嫌其过于宽泛，因此以'事势'代替，特指战国政局风云。还有一种是自然运行之势。"在五种"势"中，时势是战国策士和策文能量生发的本因，人势和地势是能量转化的动因，事势是势能形成的动态。《〈战国策〉势能论》的用力处主要在前四种"势"上面。虽然作者说"第五种势能由于和《战国策》一书的研究并无太多本质的关联，因而在行文中有所涉及而未予详述"，但事实上，《〈战国策〉势能论》对势能的自然状态也有精彩的叙述。

"势能"作为自然力量，很早就为人类所关注。天然资源是人类领悟"势"精神的前提和基础。《〈战国策〉势能论》对此有着较多的阐述。作者从古人的相关认识中，提取出了不少智慧。就拿山势来说吧，有高大、逶迤、陡峭、险峻、耸峙等词语状摹。地壳运动对山脉大体的造化，可谓"势"文化的有形之师。再看水之动静，中国的水文化思想极其丰富，关于水的研究源远流长。《易经》之阴阳观，《道德经》之以水悟道，都包含着"势"文化的无言之教。孙子用激水漂石以喻兵势，阐发的是水在动静变化中的另一种"势能"，即深蓄骤发所形成的巨大威力。这是"势"文化的兵家理解。从自然到社会，势能无处不在。书法家讲"笔势"；诗学家讲"气势"；政治家重"形势"；谦和者持"隐势"；勇为者忙"造势"；骄横的权贵们很在乎自己的"身势"；愚鲁的暴发户爱显摆自己的"架势"；卑鄙无耻的小人则最善于趋炎"附势"。这些势能的变数几乎可以在宇宙自然和人类社会的方方面面体现出来。可以说，天下万物处处都有能量，人间百态事事蕴蓄势力，势能是大千世界的别称，驾驭势能是人类文化的重大课题。

《〈战国策〉势能论》对势文化文字信息的剔抉引人入胜。作者对势字、势概念、势运动的考察是细致入微的。她在甲骨文里看到势能作为天人之际的力量组合："'埶'字如种植草木之形。段玉裁《说文解字·注》指出：'《说文》无势字，盖古用"埶"为之。'"可见，"势"是借用了种植草木之形的含义，引申为力量的趋向，通过客观的形式表现出来。为什么造字的先民会用种植草木的事例来写"势"字？一方面，大概是因为种植活动浓缩了从种子蓄势到培植长势乃至形成气势的农事变化，展示了势能运动由微而著的全过程。另一方面，种植草木之起势、因势、用势，充分显示了人类辛勤劳动的结果，并由此告诉人们一个道理，即势能是可以积聚、调动和灵活运用的。这两个方面都很重要，既揭示了势能所包含的内质、变化和客观力量，也点出了人可以参与且能有所作为的主观能动性，即人事施动性。《战国策》的纵横家们之所以能在险象环生中游刃有余，使一些危亡的局面很快出现转机，很大程度上是得益于他们对势变的清醒认识，对局势的有效驾驭，对势能的巧妙运用。

《〈战国策〉势能论》最发人深思的解说，是关于《战国策》本身文势的体会。在作者看来，《战国策》的文势博大精深且极富生机。那尚未表现出来的文势，是一种积而不发的能量，酝酿态势却不显山露水，"有如高峡平湖，清静若鉴，实则饱含生机；其转化出来的力量则具有极大的感染力"。因此，她认为"《战国策》是先秦典籍中颇具势能的作品之一，它将策士以筚路蓝缕之劳，操博采精研之辞，行折冲尊俎之道的情状展现无遗，为文自有一种充沛的雄健之气，因而朱鹤龄称其'雄深峭健'，张一鲲盛赞其说辞'肌丰而力沉，骨劲而气猛'"。为什么《战国策》的一系列小故事，甚至比小品文还要"小品"的袖珍段子，能够迷倒两千年来的无数读者？《〈战国策〉势能论》给了我们一个很好的回答：小品可入上乘,大气何患短章。倘能用势,必有作为。《战国策》作为策士形象的传神写照,其感染力正是通过一个"势"字惟妙惟肖地展示出来。

《〈战国策〉势能论》给人印象深刻的论述,当推关于《战国策》"势"思维的梳理。势能不仅有实用价值,而且有思想技艺。势能的思想技艺表现在哪些方面?作者用如下条理予以擘画:上篇关于势能论析的第一章,揭示了《战国策》特有的充沛文气之根本与形态。第二章通过《战国策》蕴含的逻辑思维,阐述了其中的势能顺因与转化机制,即以实用逻辑为指导,以形式逻辑为方法,以辩证逻辑为内核,推出的一套通向成功的技术性思想和思想性技艺。逻辑是思维的艺术,是人类所有行为避不开的关键。《战国策》是思维逻辑与实用精神密切结合的产物。《〈战国策〉势能论》在这方面的发掘用心良苦,而且斩获颇丰。作者并没有在逻辑问题的钩沉方面停步,她在第三章《新势能的生成》中特意撰写了"融通性思维指导下的谋略和技巧"。她说的融通性,是指"中国文化的'水性'特色"。这一章相当重要。实用逻辑、形式逻辑和辩证逻辑都是机制思维,凡逻辑皆工具,都逃不脱思想刀具或曰思维车床的切削。但是,中国文化中的水性智慧另当别论。水可渗透,可变形,可消解,可养育,可生成,不是逻辑的路数,却可出入于逻辑机括,使各类逻辑思维出丑显恶,甚至自惭形秽,可使天下污浊逐渐净化而别开生面。老子曰:"上善若水。"这个命题真可谓提升思想的高端眼光,当然也是处下用事之深刻箴言。如水之善,既是减压之良方,也是成功之长策。有谁说这不是出神入化的智慧?与西方各类逻辑相比,中国的水文化称得上人类思想宝库中独具一格的贡献,甚至可以说是有助于化解西式逻辑中工具理性戾气的精神宝藏。这些看法,我在《水性与盐色——中西文化品位比较》(见《唐都学刊》,2003年第1期)中有所阐发,在此不再赘述。

作为青年学者的研究成果,《〈战国策〉势能论》也存在一些不足之处和有待深入探求的地方。比如,对《战国策》的文学艺术研究可以更为细致一些。不论从创作心理方面解析,还是从文体学角度考察,都有许多话题值得发掘。倘能做一些与西方同类著作的比较研究,意义会更大。再如,关于《战国策》的伦理探讨应该继续推进。诚如前人所言,《战国策》涉恶颇深,可作为研究中国恶文化的重要资料。然而,自《战国策》问世以来,人们对此书贬斥詈骂有之,而关于该书涉恶之处的深入研究则很

少，透彻的伦理论述一直付之阙如。《战国策》作为文史哲浑然一体的著
作，有待开发的地方很多，仅上述几点，已经令人神往。赵楠博士在这些
方面是可以有所作为的。

栾 栋
甲午端阳节于广州白云山麓

引言：《战国策》国内外研究现状综述

对于《战国策》的研究，本文拟从研究历史回顾、研究聚焦、现状分析三个方面来进行论述：

一、《战国策》的研究历史回顾

刘向在整理《战国策》之时，实际上已包含着对《战国策》的价值取舍和一定的评议，此后，不同的时期对《战国策》研究、评论的方法、重点均有所变化。可将《战国策》的研究历史分为流传期、沉寂期、发展期三个时段来展开论述。

1. 流传期

这个时期指从刘向将《战国策》编辑成型至新中国建立之时，研究主要是以校雠、考据、辑注的方式进行，评论则以题跋或评注的形式出现，对《战国策》的流传和保存起到了很大的作用，使其经历千年不至佚失。刘向编辑《短长》、《修书》、《事语》等书为《战国策》，高诱为之作注，经历唐宋，脱散严重，三十三卷竟只余二十卷。北宋时曾巩遍访诸大夫家，求其藏本，补足三十三卷，但已非高诱注本原貌。在此基础上，南宋时又形成两个版本，即姚宏的注本和鲍彪的注本，一般都认为姚宏注本更接近原貌，但鲍彪对全书重做调整，据国别重新分卷，又按《史记》标出世次，融入了编年体的特点，对阅读有所裨益，因而大为流行。元代时吴师道补正了鲍本，继承了姚本成果，为《战国策》版本的完备作出了贡献。明清特别是清代学者盛行考据、校雠之风，如黄丕烈《战国策札记》、金正炜《战国策补释》、顾观光《国策编年》、张琦《战国策释地》、程恩泽《国策地名考》等，成果颇多。

新文化运动以后，涌现了一大批受西方思潮影响的学者，新的研究角度因此出现，但基本还是沿着考据的思路来进行的。在"古史辨派"倡导的疑古思潮的影响下，《战国策》研究领域内也掀起了质疑传统说法的风潮。罗根泽、金德建发挥了清人牟庭相的说法，根据《史记·田儋列传》提出《战国策》的作者为蒯通，这个说法由于根据不足，遭到学界的反对。齐思和的《〈战国策〉著作时代考》较有代表性，因而罗氏观点也只备一说。之后，学界又展开对苏秦、张仪等人的历史辨伪研究。搜集逸文方面，则有诸祖耿的《〈战国策〉逸文考》，用功不浅。新时期《战国策》

研究者寥寥，因而这几位就显得比较夺目。

流传期时间漫长，形成了研究《战国策》的几个基本方向，如对史实的考证、辑佚，对文字的校勘、注释，最大的功绩是使《战国策》得以保存流传。而在其他方面，由于不合儒家正统思想，《战国策》思想被斥为"离经叛道"，最突出者是它的辑注功臣曾巩和吴师道。曾巩说搜集《战国策》是为了"使当世之人皆知其说之不可从"（《〈战国策〉目录序》），吴师道也指斥其描写的战国之时"攻斗吞并，相诈相倾"（《书曾序后一则》）。总之，"道德废坏"似乎成了正统文人心目中《战国策》的代名词，只有鲍彪对其内容加以肯定："有合于先王正道，孔孟之所不能为也"（《〈战国策注〉序》），但只是大海微澜。对其有所肯定的观点，也只是从社会功用方面着眼，刘向评策士为高才秀士，就是从"转危为安，运亡为存"（《校战国策书录》）的角度出发的，以后赞赏之处也基本从这里出发，还有评论其为"天下要物"、策士是"倾危之士"等都是如此。对《战国策》的史料价值的争论，从南宋晁公武将其归入"子部"时就开始了，但由于它是研究战国的重要资料，所以对其还是多作肯定，但对它的部类归属则时有争论，直到今日。评价最高的是它的文学成就，即使是最贬斥其内容的人，也对其文辞赞不绝口，像张一鲲评论说"肌丰而力沉，骨劲而气猛"（《刻战国策序》），朱鹤龄谓"其文之雄深峭健"（《战国策钞序》），吴曾祺更说"其文章之美，在乙部中，自《左》《史》外，鲜有能及之者"（《战国策补注叙附例言》），这似乎也形成了一个传统。这样，对其思想价值的贬斥、文学价值的褒扬，就成为流传期最主要的内容，年代久远，陈陈相因，并无新论。

新时期以后，除了继续沿着旧思路来作考据，对其精神内容、文学方面的研究有了新思想的萌芽，这是最可喜的。郑振铎在1932年《插图本中国文学史》中说战国时代"是一个新的时代，旧的一切，已完全推倒，完全摧毁，所有的言论都是独创的，直截的，包含可爱的机警与雄辩的。所有的行动都是勇敢的，不守旧习惯的"，这是完全不同于前论的新观点。钱基博在《中国文学史》中提出"盖由诗教之比兴，解散辞体而为韵文，则为楚《骚》之扬厉；诗教之比兴，解散辞体而为语言，则为《国策》之纵横"，"《国语》寓偶于散以植其骨，《左传》之支流也。《国策》解偶为散以振其气，迁史之前矛也"，也颇有新意。但是这样的新论点只是星星点点，在整体研究上没有彻底的改观，直到新中国诞生。

2. 沉寂期

这个时期指从 1949 年到 1979 年前后，对《战国策》的研究使用了唯物辩证法的新视角，但是由于政治因素的干扰，整个研究反而显得沉寂异常，只在"文革"之前的几部文学史中可以看到一定的成果。1957 年杨公骥的《中国文学》认为《战国策》中表现了说客的智慧和性格，对现实有着形象的反映，也表现了作者和记载人物的唯物思想，但仍认为苏秦的价值观是利己和拜金的。对《战国策》的艺术表现手法，总结了比喻的手法和性格化的语言等方面，这都开启了当代人研究的新方向。在此之前，受传统文化的影响，对《战国策》艺术手法的说明一直是描述性的，并无明晰的解说和分析，虽然杨公骥的解说也较为笼统，但毕竟启示了后来者研究的新方向。随后中国社会科学院文研所的《中国文学史》、游国恩等主编的《中国文学史》都围绕《战国策》的思想内容、写作特色进行了阐发。

在专篇论文方面，这个时期则几乎是空白。仅有潘辰在《光明日报》上发表的《试论〈战国策〉的作者问题》、罗根泽在《光明日报》上发表的《试论〈战国策〉的作者问题商榷》、程百让在《郑州大学学报》上发表的《〈战国策〉的作者及其古、今本问题》等寥寥数篇，且仍在围绕《战国策》的作者问题作出探讨。刘忆萱的《〈战国策〉选讲》于 1958 年出版，序言里写道"《战国策》确是一部现实主义的历史文学"，"含有若干民主主义的思想因素"，并对其艺术特色作了较细致的分析。

1973 年 12 月长沙马王堆三号汉墓中出土的《战国纵横家书》帛书，发现了《战国策》中所没有的十六章逸书，这对《战国策》研究有着重要的意义。唐兰、杨宽、马雍等人从历史研究的角度撰写了专篇论文，新加坡的郑良树也利用《战国纵横家书》对《战国策》作了较为系统的研究，并于 1975 年的专著《战国策研究》中发表。

3. 发展期

这个时期指 1979 年至今。随着政治形势的明朗化，《战国策》研究领域也呈现出勃发的生机。无论是专著、选本还是专篇论文，在数量和质量上都有了长足进步。这个时期又可分为三个时期：

（1）1979—1989 年。这个时期对前期的研究成果有所深化和发展，也是策士的主体精神论的形成时期。一开始周勋初和李叔毅等人仍针对罗根泽的"蒯通作说"提出反对意见，后来研究的方向有所改变。熊宪光于1980—1987年陆续发表了关于《战国策》研究的一系列文章，对其思想内容和艺术成就作出探讨。他发挥了郑振铎的观点，认为"纵横家思想解放，旗帜鲜明……敢于冲破传统思想的束缚，大胆向传统的观念挑战，公然提出在当时颇有些惊世骇俗的见解"（《论〈战国策〉的思想倾向》），其中的思想有特别重视人的特点，这是新时期重新认识战国策士及其思想内容的开始。对于《战国策》的艺术成就，熊宪光也作出较前人更细致的分析。随后的专篇论文，也基本是围绕思想和艺术展开的，如郭预衡的《谈〈战国策〉的思想和艺术》、郑凯的《试论〈战国策〉中的反秦形象》等。

专著方面也出现了不少佳作。首先是缪文远于1984年出版的《战国策考辨》，对《战国策》的辨伪和系年用功颇深，然后是诸祖耿1985年出版的《战国策集注汇考》，附录《战国策考研录》、《战国策人名索引》以及《战国策地名索引》，还附录《战国策》逸文73则，对研究者而言很有价值。台湾张正男于1984年出版的《战国策初探》则根据诸祖远和郑良树辑得的逸文，比对黄丕烈"礼居士本"，对《战国策》刘向本原貌提出若干见解。熊宪光于1988年出版的《战国策研究与选译》，再次阐发了他以前的思想，现在看来也很有价值。傅剑平博士于1989年出版的《纵横家与中国文化》对战国策士产生发展的源流与策士文化进行了阐发，并给予策士精神很高的评价，是新中国成立以来较早以专著形式对策士这个群体进行详细分析的作品。

此时的《战国策》选本有牛鸿恩、任重等人的选本，亦各有特色。

（2）1990—2000年。这个时期对《战国策》的研究呈现出多元化的趋势，论文数量也大为增加。除了仍在探讨思想和艺术之外，周边的一些问题进入了研究者的视野，如对《鬼谷子》的研究。新的方法也有所运用，专篇论文像《谈〈战国策〉言语的形式美》运用了西方理论，《试论战国策士的语用策略》和语言学结合起来进行研究，《战国策士公关语言的基本构成》则运用了公关学的理论。

这个时期对策士的伦理观、方法论、哲学观的研究明显增多，像郑杰文的《纵横家的阴阳哲学转化观》、彭永捷的《纵横家的伦理观和方法论》

等文，是对《战国策》的研究深化的表现。

专著的数量也有所增长，如郑杰文在1995年出版的《中国古代纵横家论》、1998年出版的《战国策文新论》两部著作。《中国古代纵横家论》对战国策士的产生、兴盛、衰亡进行了分析和论证，对鬼谷子、苏秦、张仪等六位策士的生平进行了考证，并论述了策士的游说技巧，这是对战国策士立体的研究。《战国策文新论》结合马王堆的发现，对《战国策》各章时间加以考订，并依此将战国策文分为奠基、发展、成熟三个阶段，对记言、记事散文以及篇幅的长短作出了发展脉络的勾画，可谓是具有开拓性的成果。另外，研究战国策士的专著还有熊宪光的《纵横家研究》，揭示了纵横家的兴衰流变，熊宪光认为纵横家之祖应为子贡而非鬼谷，并对纵横之术、纵横之文进行了论述。另外，彭永捷的《中国纵横家》、张彦修的《纵横家书》也对纵横家文化作出了自己的分析。考辨方面则有缪文远的《战国制度通考》。新的《战国策》版本有缪文远的《战国策新校注》、王守谦的《战国策全译》、王延栋的《战国策全译》等，较以前更丰富。

这一时期《战国策》的专书出版明显出现了实用化的倾向，人性掌握、谋略、辩论、商场智慧、为人处世、领导艺术等方面均出现了专著，极为兴盛，这也是时代的要求，兹不赘述。

(3) 2001年至今。在这十几年中，《战国策》研究领域又出现了新气象。例如，语言学研究成果的大量出现，李丹蕖的《〈战国策〉中联合式双音词探析》、张先坦的《〈战国策〉双宾语结构的语用分析》等皆是。另外，对《战国纵横家书》的关注有所增加，甚至还出现了对其文学性进行研究的论文，如龙建春的《〈战国纵横家书〉书牍文学性刍论》、《〈战国纵横家书〉理性美刍论》等文。

专著方面有何晋的《〈战国策〉研究》，通过运用文献学的方法对《战国策》的编著、缺逸等问题作出考察；王延栋的《〈战国策〉词典》，是具有工具书性质的对《战国策》研究和整理的硕果。其他专著还有胡如虹的《〈战国策〉研究》，对《战国策》的作者考辨、产生背景、思想和文学价值、流传与影响等问题作了较为全面的研究和论述；裴登峰的《〈战国策〉研究》，对《战国策》的形成、流传、体例、人物形象的刻画和文学价值各方面进行了研究；还有王晶雄等人的《〈战国策〉与论辩术》等。

1979 年至今，考辨性质的文章时有出现，但没有像新中国成立以前那样针对《战国策》的成书问题形成较大规模论战。

二、研究聚焦

通过分析《战国策》的研究现状，可以看到学界对一些问题的集中讨论。这些问题分别是作者与成书问题、部类归属问题、思想倾向问题、策士的兴起与流变问题、艺术手法问题，下面分点论述。

1. 作者与成书问题

刘向在编辑《战国策》之时说："所校中战国策书，中书余卷，错乱相糅莒。又有国别者八篇，少不足，臣向因国别者略以时次之，分别不以序者以相补，除重复，得三十三篇"（《校战国策书录》），可见刘向所见的资料是相当杂乱的，这些资料有"短长"、"修书"、"事语"等不同名称。从《战国策》的内容来看，它们繁杂且有互相抵牾之处，因而刘向所用资料应该不是出自一人之手，这是一种得到学界大多数人认同的说法。清人牟庭相根据《史记·田儋列传》和《汉书·蒯通传》，提出《战国策》的作者为蒯通，近代在疑古思潮的带动下，罗根泽、金德建等人又重提此说，在研究界引发了热烈的讨论，从 20 世纪 30 年代一直到 80 年代初仍余绪未止，不同的是，金德建认为《汉书·艺文志》所载的《蒯子》五篇和《主父偃》二十八篇合起来即为《战国策》三十三篇，罗根泽则认为不包含《主父偃》的篇章。他们的说法遭到众多反驳，因此《战国策》成于多人的说法至今仍占据主导地位。

从《战国策》的内容来看，它记载了战国中后期复杂的社会生活，讲述了策士权谋和游说的种种事件，其中有不少拟托和与历史不符的记载，因此除了大部分篇章是战国中后期策士言论的汇编，也有相当一部分是秦汉间人为了学习游说之术所写的模仿之作，最后在刘向之手成书。郭预衡和牛宏恩认为《战国策》出于战国末或秦汉纵横家之手，章培恒也说其"作者不明，其中所包含的资料，主要出于战国时代，包括策士的著作和史臣的记载，汇集成书，当在秦统一以后"（《中国文学史》上），郑杰文、何晋等人认为其中可能包含战国时鬼谷子等人教授门人的教材，也有弟子们揣摩学习之作，张正男也认为蒯通只是《战国策》的作者之一。1973 年出土的《战国纵横家书》也进一步证明了《战国策》为多人所作的说法是正确的，其二十七章即来自不同抄录版本，有十六章是《战国策》没有的，类似刘向编辑时"错乱相糅莒"的本子之一。

2. 部类归属问题

部类归属问题至少可以分为三种类型：史部、子部以及混合型。从《七略》、《汉书·艺文志》开始，《战国策》即被列入"春秋"一类的史书，后晋《旧唐书·经籍志》、北宋《崇文总目》、南宋《通志·艺文略》也将其列入"杂史"类，但从南宋晁公武开始，便将其列入子部，认为"不皆实录，难尽信，盖出于学纵横者所著"（《郡斋读书志》卷十一），两种分歧就开始了：马端临《文献通考·经籍考》、脱脱《宋史·艺文志》因之改列《战国策》入"纵横家类"，而高似孙《史略》、钱谦益《绛云楼书目》、纪昀《四库全书总目提要》仍将其列入史部。因此又出现了第三种看法：《战国策》具有多种性质，即混合类型，如于邑"介经终史始之间"（《〈战国策注〉序》）说，至于近现代，越来越多的研究者趋向于不将其简单地划类，而各有说法。

如郭预衡就认为"此书不仅是历史，也是纵横家言"（《中国散文史》），孙立等人持相同看法："《战国策》虽是一部史书……在内容及风格上更像一部子书"（《先秦两汉文学史》），熊宪光认为"《战国策》不但是一部历史著作，而且是杰出的散文总集"（《战国策研究与选译》）。郑杰文则纯粹从文学角度来下定义，认为其形式上看是史著，但含有较多子书因素，因而给其定性为"一部以记叙文和论辩文为主的散文集"（《战国策文新论》）。

当然，持"史部说"的研究者也还有相当数量，如谭家健就指出《战国策》"是一部记录战国纵横家言行的史料集"（《先秦文学史》），而牛宏恩认为"是一部重要的历史著作"（《战国策选注》前言），也有人认为其"不是史家为存史实而写的史书，而是另一种人按照特定目的而收录的一种资料"（李叔毅《试论〈战国策〉之为书》），均很有代表性，亦各成一说。

3. 思想倾向问题

这个问题是从上一个问题引申出来的，有"史"、"子"之争，也就牵涉到其主要思想的问题，尤其是将其列为子书的持论者，必然认为其有一定的思想倾向。晁公武将其列入子部"纵横家"类，本身就代表了一种看法，因此，认为《战国策》表现了纵横家思想，是有传统的观点。不过持否定看法的人认为策士是"有术无学"，难称一家，纪昀就认为"且子之为名，本以称人，……《战国策》……作者既非一人，又均不得其主名，所谓'子'者安指乎"（《四库全书总目提要》）。现在持此论者仍不在少数，如《纵横思想对〈战国策〉语言艺术的影响》一文认为"纵横家与其他诸子不同，仅有策谋与说辞，并无学术之说，门户之见，因而并没有多少传世的系统理论"。

认为《战国策》表现了一定思想倾向的看法可分为两种。一种认为其主导思想就是纵横家思想，这种倾向体现在它有着核心的捭阖哲学，如追求功利、进取有为，崇尚计谋、重势重时等方面。熊宪光为此种说法的代表人物，他说"纵横家的思想在全书中一以贯之，却是毋庸置疑的"（《论〈战国策〉的思想倾向》），袁行霈在《中国文学史》中也谈到"《战国策》突出表现了纵横家思想，反映了纵横家的人生观"，彭永捷则评论说"纵横家的哲学观念对于矫正主流文化之偏有一定的救弊作用"（《纵横家的理论观和方法论》）。另一种观点是新中国成立以后才出现的，虽然未成为主流，但时有人提出，即认为《战国策》中的主导思想是民本主义，富民、安民、利民是其核心思想。这种看法在1981年贾传棠的《〈战国策〉的思想与艺术》直到1998年张彦修的《〈战国策〉民本思想的再认识》中都有所体现。

由于《鬼谷子》一书晚至隋唐才见著录，因此虽然《史记》、《法言》、《论衡》等汉代典籍都载有苏秦、张仪师从鬼谷子之事，《鬼谷子》的真伪问题却还是悬而未决，但认为《鬼谷子》即为纵横家理论纲领的也不在少数，曹家齐、尹振环等人即持此说。因此，有学者据此认为纵横家是有学术性和师承性的。

20世纪80年代以后还出现了一种趋势，即越来越推崇纵横策士的人格主体精神，这无疑是随着社会转型而出现的现象，认为策士们敢于冲破旧有思想的束缚，勇敢地追求、实现自己的价值，是人本思潮涌起的体现。张彦修就认为策士"表现出积极参与、殚精竭智的精神，均是以贵奋为精神支柱，不辞劳苦，不畏败北，甚至不择手段，在责任、使命和利益的驱动下，生命不息奋争不止"（《〈战国策〉通说》），体现了新的评价准则，可以说是同古时论调完全对立了。

还有一部分研究者认为《战国策》的思想是多元、复杂的，包括了纵横、儒、法、道、阴阳等多家思想，其中有值得肯定的地方，也有许多糟粕，因此不作统一论断，但更多的研究者则是在强调其主导思想的前提下，承认《战国策》思想的多元性的。现在，专篇研究纵横思想与道家关系的论文明显多于其他，这是因为《战国策》和《鬼谷子》都强调"尚阴"，与老子"贵柔"的思想一脉相通，且其对谋略的理解明显包含着丰富的辩证思维。

4. 策士的兴起与流变问题

关于纵横策士的兴起问题，《淮南子·要略》中认为诸子之学起于救时之弊，而班固在《汉书·艺文志》中就提出了"纵横家者盖出于行人之官"的论点，这是至今影响最大的一种说法。至近代，则有胡适等人力主"诸子不出于王官"说（《诸子不出于王官论》），但现在的学者对班固之说持赞同意见的为多，不过同时也认为纵横家的兴起有着更为复杂的原因。

首先要肯定的是战国之前"行人"这个官职与纵横策士的缘起是有联系的，其作用、职能、地位无疑都是策士行为的滥觞。在战国以前，"有官斯有法"、"有法斯有书"、"有书斯有学"（章学诚《校雠通义·原道》），外交需要掌握的知识只有在官府之学中才能学到，并且官府之学中外交游说的技巧与方法对策士都极有影响。一部分策士大约也是由行人而来，这是现代研究者的共识。但是对纵横策士大规模兴起产生作用的无疑还有其他因素，像傅剑平认为还有"随着春秋向战国过渡发展而逐渐产生发展并日愈兴盛活跃的游士阶层"、"春秋后期、春秋战国之际和战国时期，广招门客，重用游士，自始至终对各国社会政治起着重要作用的各诸侯国的大贵族"、"春秋末期兴起并在战国时期日益繁荣的私人讲学授徒和编撰著述的社会风气"三个因素（《纵横家源起论》），而郑杰文则认为是"古代谋略学说（太公谋略、兵家谋略、政治谋略等）的积累"、"前人论辩术和同时代人辩诘方法（政治论辩、外交说辩、学术诘辩等）的沃灌"（《战国策文新论》）等因素的作用，他们的说法基本囊括了现代研究者对纵横策士兴起的看法。

纵横家之祖一般被认为是鬼谷子，熊宪光却反驳此说，认为鬼谷子是子虚乌有的人物，并在《纵横家研究》中指出真正的纵横家之祖应为孔子的弟子子贡。对于策士在后世的流变，他认为"主要派分谋士、文士、侠士三支"，如文士就有唐之陈子昂、李白，宋之苏洵、苏轼父子等。傅剑平则对纵横家按时间线索从子贡到战国、秦汉再到现代给予详细梳理，对其在秦代的中衰、汉代的复兴，以及"纵横家出于乱世"、"儒家流于纵横"等细致的考察均具有一定的启发性。

5. 艺术手法问题

针对这个问题进行讨论的人数最多。集中的焦点有：《战国策》的论辩和语言艺术、寓言艺术、写人艺术和人物形象分类、其中的小说因素等，讨论非常详细，同古代以及新中国成立以前那种描述性的、笼统的形式有了极大的不同。

对于《战国策》的论辩和语言艺术，一般都认为是铺张扬厉、雄辩滔滔的，手法有排比、对偶、比喻、引用、反问、顶真等，并多有将其和《左传》作对比者。有的研究者对论辩技巧进行了研究，如《浅谈〈战国策〉的论理技巧与语言艺术》将其分为指陈利害、好设机巧、诱敌就范、擒纵自如等方法，还有的研究者将其分为其他种种，不一而足。

寓言艺术也是一个研究的焦点。陈蒲清是当代研究寓言最力者，他在1983年出版的《中国寓言史》中指出《战国策》的寓言"缺乏统一思想体系，也没什么深奥的哲理，这是它比不上诸子寓言的地方，但它在政治外交活动中所发挥的实际效用却是巨大的、迅速的，这又是它超过诸子寓言的地方"，从而根据这个特点将《战国策》寓言与其他诸子寓言区分开来。一般认为《战国策》的寓言还具有生动、新奇、擅于自由创造与改造、有趣味等特点。

《战国策》的人物形象，也为人所津津乐道。研究者们认为，《战国策》代表了从《左传》到《史记》描写重点转变的过渡形态，其中的某些篇章，已经具备了以人物为中心的写作特点，打破了《左传》编年体的限制，也比《国语》更为生动，在细节、心理描写上都有进步，还运用了铺垫、对比、虚拟、在矛盾中表现人物的个性等手法，因而产生了不少成功的篇章。此说法并非新观点，专篇论文中能出新意者有裴登峰的《〈战国策〉"以写人为主长篇叙事文"的艺术独创——从叙事方式的转变看其文学价值》，提出了《战国策》突破了《左传》"因事而现人"、《国语》"人为语现"的特点，而形成了"为人写人"特点的观点。另外，对于《战国策》中的人物形象，如策士、君王、王后、侠客、谋臣等，均有文章论及。

与此相关地就产生了对《战国策》小说因素的讨论，例如，认为它已经产生了凝结中心主题的写作方式、曲折的情节以及小说所必需的虚拟因素等。熊宪光在《战国策研究与选择》中《论〈战国策〉的文学成就》一章中还指出其中包括有"论说"、"记叙"两类文体和"赋体"、"论赞"、"戏剧"三个因素。这一观点可谓中肯，但至今研究者只对其中的论说、记叙讨论较多，其他少有人论及。

三、现状分析

《战国策》的研究由于过去不合于儒家的所谓正道，而被斥为坏人心术之书，因此虽然摹习者较多，却也只是从其转危为安之用、文辞磅礴等着眼，对它的研究长期处于压抑状态，仅限于校理等方面。"五四"以后逐渐出现了研究的新气象，是非常可喜的，尤其是1979年以后，整体的《战国策》研究态势都呈现出活跃蓬勃的特征，研究视野不断拓宽，采用了语言学、心理学、公关学等新的研究角度，研究思想也逐步放开，尤其是在强调策士的主体人格精神这一点上，我们可以看到研究风尚的巨变。而传统的考据、训诂等也并未荒废，反而在诸祖耿、郭人民、缪文远、郑杰文、何晋等一代代用功者身上得到了继承和发扬，这些都是非常值得肯定的。但是在这些成绩之中仍存在着许多不足，在此逐一加以分析。

1. 整体研究状况仍相对沉寂

虽然较新中国成立以前有了长足进步，但《战国策》的整体研究状况还是不能令人满意，尤其是和《庄子》、《楚辞》、《左传》、《史记》等典籍的研究比较起来，《战国策》无论是研究人数还是研究成果都不能与它们相比。和《左传》研究对比，仅以中国知网上的数据来看，1980—2012年全国各期刊发表的关于《左传》的相关论文有1 400多篇，而关于战国纵横文化的仅为511篇（不包括增刊、专辑等），其中还包括了对战国策士、《鬼谷子》等的相关研究论文，仅研究《战国策》本身的论文只占大半，即 310 篇左右。1996 年以前针对《战国策》本身的研究论文每年发表的篇数都少于 10 篇，2007 年以后增加到 20 篇左右，直到现在依然在这个数量上徘徊，当然若加上其他相关研究，可以达到大约 30 篇。专著数量也非常有限，新中国成立后比较有价值的有诸祖耿、缪文远等人的著作，不足 30 本，而见于记录的关于纵横家的全国性会议仅有 2001 年在河南省鹤壁市举行的"鬼谷子与纵横家文化研讨会"、2003 年以及 2012 年在陕西石泉举行的"全国石泉鬼谷子文化学术研讨会"等寥寥数次。这一方面和过去研究的落后状况有关，另一方面也和对《战国策》的研究重视不足有关。像《战国策》这样有着鲜明特色的先秦典籍，理应形成研究风潮。

2. 研究视域仍比较封闭，中西对话不足

虽然对《战国策》的研究无论是思想上还是艺术上都呈现出细化的趋势，但思辨与理论程度都还不足，尤其是在打开视野，与西方交流，进行抽象化、深入化研究等方面都还做得不够。现在运用西方哲学、美学、叙事学等研究手法的成果寥寥无几，中西比较的也只有《〈鬼谷子〉：中国修辞学著作的最早源头——兼与亚里士多德的〈修辞学〉比较》等几篇，整体研究基本上还处于描述性的传统手法之中，除去语言学外，《战国策》的研究在吸取西方研究成果方面几乎是空白，这和其他先秦典籍相比较显得落后，例如，在 1984 年就有人将《庄子》和柏拉图的著作进行比较研究，《左传》在 80 年代也都有人运用语言学来进行研究了，而《战国策》则是在 2000 年以后。国外及中国港台地区的研究者，如日本的关修龄、横田惟孝，台湾的张正男，新加坡的郑良树等，也以使用传统解读和研究方法居多。现在，《战国策》研究界亟待缘域解蔽，化解中外之间、各学科之间的学术壁垒，以便将研究推向一个新局面。

3. 热点集中，研究失衡

目前对《战国策》研究的热点主要集中在上文所讨论的几个问题上，尤其是艺术手法、人物形象、论辩技巧等，新中国成立后针对《战国策》文本本身的论文有 400 篇左右，论及这一类的就占到 98 篇，比例极大。研究热点过于集中，出现了研究失衡的状况。而真实状况也是不少文章只着眼于热点问题，不作深入研究，陈陈相因而不自知，以致有些方面的文章连篇累牍而无甚价值，有些方面却无人问津。比如，关于《战国策》哲学思想方面的文章多数联系道家进行研究，而联系其他流派进行论述的则比较少；艺术方面就其本身的人物塑造、语言特点以及对后代小说的影响论及较多，视角仍嫌狭窄。这也一定程度上说明研究和古籍断裂的情况真实存在着，许多文章甚至是脱离原本而作，因此难以从中发现新的研究点。

4. 全面的研究史缺失

衡量一个领域内研究水平的高低，标准之一就是是否撰写出有见地的研究史。但至今为止，《战国策》研究领域内还没有贯穿始终的研究史出现。邓廷爵于1985年在《历史教学》上发表的《〈战国策〉研究的历史述评》是很有见解的论文，但并未论及新中国成立后的研究状况；费振刚主编的《先秦两汉文学研究》也比较中肯地论述了疑古思潮后的研究状况，所论极为精辟，但也未能追溯源流地阐发，在时间上不够完整。因此，在呼吁整体研究水平跟进的同时，对研究史的研究亦不可松懈。

5. 研究低俗化、工具化倾向加重

由于《战国策》"术"的特点十分明显，因而在研究的时候谈及权术是不可避免的，但是有的研究者却只看到这些，对其中的权谋诈术津津乐道，而且有所夸大。这虽然和社会应用效能相联系，但作为《战国策》研究领域内独有的现象，则是不正常的。因此，提升研究追求和研究者自身的素质，也是应提上日程之事。

上编： 势能论析

第一章　《战国策》特有充沛文气之根本：势能

　　汉成帝河平三年，刘向奉命"校中五经秘书"，由于"所校中战国策书，中书余卷，错乱相糅莒"，遂以国分别，以时相次，"分别不以序者以相补，除重复，得三十三篇"①，将手头的原始资料《短长》、《修书》、《事语》等编定整理成册。他认为"战国游士辅所用之国，为之策谋"，因而此书"宜为《战国策》"②。此书记载了"继《春秋》以后，讫楚、汉之起"的战国历史。今本所见东周、西周、秦、齐、楚、赵、魏、韩、燕、宋、卫、中山十二国策，记事上起知伯灭范中行氏，下至秦统一六国后高渐离筑击秦始皇二百四十年间的历史，正是在刘向的本子上演变而来的。

　　《战国策》作为记载纵横家策论的集成，语言或辩丽横肆，或气势磅礴，或敏锐巧妙，或词锋凌厉，内在气势非常充沛，表现出策士的才华与沉勇，所谓"根情，苗言，华声，实义"（白居易《与元九书》）。可以说，这是一种内在的气质冲溢而出的结果。策士们言则利弊杂陈，会通适变汩汩不绝，辞采焕然成章；行则披坚执锐、折冲尊俎，思想禀性中自有一种同化、感染他人的力量。这种力量与势头，不能单纯归结为策士志得意满后的高蹈表现，其中也融合了某种重压之下的生命光彩（容后详论）。但究其根本，还是与"士"的大规模兴起有必然联系，正因为如此，策士才能够形成一种"势力"，才能具有改造局势的力量，才能在言行中饱含感染力。

　　战国是一个相当残酷的时代，硝烟四起而烽火难平，吞并和反吞并的战争不时上演，《淮南子·览冥训》记载"所谓兼国有地者，伏尸数十万，破车以为千百数，伤弓弩矛戟矢石之创者，扶举于路"，诸侯之间恃强凌弱，众暴寡，兵革不休，士兵罢弊。因此对于"高才秀士"，即能"度时

---

①② 《刘向书录》，见《战国策》附录，上海：上海古籍出版社，1978 年，第 1195 页。

君之所能行，出奇策异智，转危为安，运亡为存"① 的士阶层，统治者表现出相当的热情和宽容，重用"士人"成为普遍的风气，魏文侯重用乐羊、吴起、西门豹等人，燕昭王尊郭隗而致苏秦、邹衍、乐毅、屈景从四面八方归燕，更为著名的有"战国四公子"和门客众多的吕不韦，齐国的稷下学宫也是当时声名远扬的一大景观。统治者重用士人的原因，当然是希望得到政治利益，这样的渴求同时成为士人地位提升、形成"势力"的基石。应该说，是时代给予了策士具有势能的基础。

而士阶层的出现也为满足统治者的需要提供了可能。士阶层是"从武士阶级堕落下来"② 的，商周时代可指贵族中的最低等级，有时也指政府部门中的中下级官吏，是"一个处于分化之中的阶层，士可食田，多为武士，为卿大夫家臣，或为自由职业者"③。当王室衰微时，武士的地位便明显地下降，原有的官学培养的方式被迫中断后，他们便失去了周王室的政治、经济依靠，在这种无可奈何的情况下，其中有文化知识、技艺修养的一部分人便依靠自己的特长重新寻找可以投靠的地方。这部分由武士蜕变而来的士人在失去固定依靠的同时，也获得了相对自由的发展空间。自春秋就有教育下移，私学大兴的情况，而武士阶层的衰落也将文化和思想启蒙带入下层，使得文化的传播更为广泛。另外一部分士人则来源于庶民甚至是皂、隶之人，这些勤学上进的庶民和皂、隶之人通过学习上升为士人，如淳于髡。这部分士人较之前者，精神上更少宗法束缚，更容易形成活跃、有生命力的新思想，将其本身具有的鲜活的行为和思维模式带入上层，他们推动着原有的观念瓦解，加速了多元化社会思维的形成。他们和贵族中的衰落者一起组成了新兴的士阶层，由于不可能像农夫那样去出卖力气，也没有特权强占农田，只有依靠自己的智慧和能力立足社会。另外，生产力的提高和发展亦提供了物质上的这种可能，原来土地只能供养少数人的情况不复存在，允许社会中除了统治者外更多的人脱离生产去从事体力劳动之外的工作。而商业的蓬勃发展，让社会中脱离家族、四处游走的风气较以前浓厚了很多，这使农业社会根深蒂固的乡土观念有所改变，这无疑也在影响、鼓励着士人们去国、远游、干禄。

---

① 《刘向书录》，见《战国策》附录，上海：上海古籍出版社，1978 年，第 1198 页。
② 李亚农：《东周与西周》，上海：上海人民出版社，1956 年，第 155 页。
③ 裘士京等编著：《中国文化史》，合肥：安徽大学出版社，1998 年，第 53 页。

　　时代的激荡变革促进了士阶层的壮大，在这样的背景中，士人形成了一股较以前强大得多的"势力"，这对社会和时代的改变起到了推波助澜的作用。士阶层在心理上对自己所起的作用是非常认同的，荀子就认为"无土，则人不安居；无人，则土不守；无道法，则人不至；无君子，则道不举"，人才"得之则治，失之则乱；得之则安，失之则危；得之则存，失之则亡"（《荀子·致士》），对待士应该"知如士，不与士争知"，"无越逾不见士，见士问曰：'无乃不察乎？'"（《荀子·尧问》），墨子也认为"归国宝，不若献贤而进士"（《墨子·亲士》），"古者圣王之为政，列德而尚闲。虽在农与工肆之人，有能则举之"，"夫尚贤者，政之本也"（《墨子·尚贤》），管子更是说"夫争天下者，必先争人"（《管子·霸言》），这些都体现了士阶层在产生以后对自我的认可和欣赏。而战国策士，则以实际的行为显示了他们在推动战国形势的发展过程中所起的不可低估的作用。范雎说秦王制定远交近攻和除"四贵"的策略，为秦国进一步的发展奠定了基础；苏秦为了燕国对齐国使用反间计，说动齐王攻打宋国，致使齐国遭受六国攻击并被燕兵攻破，后来虽复国却一蹶不振，在客观上结束了战国中期秦与齐长期相争的局面；黄歇说秦王退兵并使秦楚结好，鲁仲连说燕将而解齐国之围等，这些都是战国发生的非常重大的事件，策士们在中间翻云覆雨，发挥了巨大的能量，对历史的进程有着重要的影响。他们甚至能够"所在国重，所去国轻"（《刘向书录》）、"一怒而诸侯惧，安居而天下熄"（《孟子·滕文公下》），可见这些策士的确非同小可。

　　策士作为一个群体是非常活跃的，由于地位的提升而具有较大的能量。但是，他们并不是力量的源头，而是某种能量彰显和散发出去的转换渠道。这种隐在的势能将策士变为一个枢纽，在转化之间创造、改写着历史。而策士作为一个崛起的群体，也使得这种可能成为现实。笔者认为，这种隐在力量就是时代所赋予的势能，这不仅是一个力量源，同时也是一个使其势能外化的条件提供者。因此，策士自身所具有的能量，包含了双重意义：时代的能量和被时代激发的生命能量。策士人群的生命能量是时势等势能转化的外在表现，同时，他们再对这种能量不断进行转化，塑造新的时势、人势、地势、事势，形成新势能，这个意义上，他们既是创造者，又是势能转化者，并且是《战国策》所表现的中心，这一点将在后文铺开论述。

　　《战国策》记载了这种转化的轨迹，并在这种过程中源源不绝地涌现出思维、语言上充沛的"势能"。从总体上来说，《战国策》思想的样态相当丰富，不仅有重计崇利的纵横家思想，也有认为"举士，则民务名不从本，朝贤，则耕者惰而战士懦"①的法家思想，还有主张护民力、与天时的儒家思想，驳杂多样，呈现出总体倾向鲜明，但是又融合了多种观点的较为复杂的特点，这在百家争鸣、各种思想激荡撞击的战国难以避免，其他许多诸子著作也有这种特点。《战国策》相较于其他诸子著作，具有更大直接冲击力的"势能"，不仅源于其独树一帜、包容力强的内在思想，也在于其思维方式、语用习惯方面所体现出的鲜明的特点，使其特立独行而绝不类他，这即是运用发散性思维表现出充沛的"势"的感染力。策士的发散性思维表现在空间上的指点江山、任意开合不受地理限制；时间上的激进的联系、变化、延伸，即对事件发展进行快速的联想与分析，甚至可以延至相当远的将来。语言亦具有鲜明的发散特点，铺张则不吝笔墨、气贯长虹，排比则其势难扼、状如破竹，夸张则排山倒海、山雨欲来，可谓雄阔精妙、气吞江海，显示出睥睨古今的气势。章学诚评论其语言说"其辞敷张而扬厉，变其本而加恢奇焉"，"行人辞命之极"②，更有甚者给予其"文辞之最"的最高评价③，可见其言辞由于充沛的感染力而受到了众多欣赏。策士的语言铺张犀利，论辩起来或从容有度，或疾风骤雨，或迂回婉转，犹如雨后山洪，高瀑小流皆天然自成，是内在气度、气势的自然生发。

　　社会的变革是士阶层崛起和心理发生变化的本质原因，一个王朝衰败下去，却带来了思想文化、语言艺术繁盛的春天，形成了中国文化史上不可多得的黄金时期。纵横策士是其中相当活跃的一支力量，他们饱受非议，却有着无可否认的现实与精神层面的影响。《战国策》通过对策士独特的思维和语言的记载，表现出他们充沛的文气。在这种文气中，"势能"为其根本。下面就对"势"、"势能"作具体分析。

---

　　①　《中山·主父欲伐中山》，见刘向集录：《战国策》，上海：上海古籍出版社，1978 年。本书关于《战国策》的引文均据此本，下文出现不再详注。

　　②　章学诚著，叶瑛校注：《文史通义校注·诗教上》，北京：中华书局，1985 年，第 61 页。

　　③　王觉：《题战国策》，见诸祖耿：《战国策集注汇考》，南京：江苏古籍出版社，1985 年，第 1802 页。

第一节　势、势能与《战国策》中的五"势"

既然《战国策》充沛文气的根本为势能，那么何谓势能？要解释势能，必然要对"势"有一个透彻的了解。

"势"在秦汉古籍中一般写作"埶"，《礼记·礼运》中曰："如有不由此者，在埶者去"，《荀子·解蔽》："申子蔽于埶而不知知，惠子蔽于辞而不知实"，《后汉书·马融传》："初，融惩于邓氏，不敢复违忤埶家"，《文选·南都赋》："尔其地埶，则武阙关其西，桐柏揭其东。"《说文解字》乣部解释说"埶，种也"，"埶"在甲骨文里即如种植草木之形，段玉裁《说文解字·注》中说："《说文》无'势'字，盖古用'埶'为之。"可见"势"是借用了种植草木之形的含义，引申为力量的趋向，通过客观的形式表现出来的。"激水之疾，至于漂石者，势也"①，"势"的特点是具有力量，并且是在运动中产生的力量，能够对其他事物形成冲击力。继而"势"出现了更多的衍生意义，例如，"形势"是在具体局面中形成的力量趋势；"势力"指的是权势对人形成的威压；"气势"则是指人气宇轩昂，或建筑物高大威武；还有姿势、声势、势头、势不两立、势如破竹、势均力敌等词语不一而足，但是"势"的运用都具有以蕴含的、有趋向的能量来形成某种威压的含义。

"势"在先秦典籍中就已经出现，说明古人对"势"的认识是比较早的。《尚书·君陈》说"无依势作威，无倚法以削"，《老子·五十一章》说"道生之，德蓄之，物形之，势成之"②，《荀子·议兵》："兵之所贵者势利也，所行者变诈也"，"势"已具有了几种不同的意义。《尚书·君陈》所言之"势"为权势，也就是由于人在社会中的地位高下不同而形成的权势差别，高者无疑会给低者形成压力。这种"势"，既是封建社会中

---

① 《孙子·势》，见郭化若：《孙子译注》，上海：上海古籍出版社，1996年，第124页。本书关于《孙子》的引文均据此本，下文出现不再详注。

② 陈鼓应注译：《老子今注今译》，北京：商务印书馆，2003年。本书关于《老子》的引文均据此本，下文出现不再详注。

各种秩序正常运转的保证——以"势"的方向来统治社会，也是权势论者所强调的中心，以荀子和韩非为代表。荀子认为，人性恶而必须运用外在的权势方能压制，所以他说："古者圣人以人之性恶，以为偏险而不正，悖乱而不治，故为之立君之上势以临之，明礼义以化之，起法正以治之，重刑罚以禁之"（《荀子·性恶》），对于人心的险恶，要防止争斗和悖乱，就需要有强大的、众人认可的集中权势来约束和管制，这样才能在震慑他人的同时，理顺关系、治理社会。韩非子更是不遗余力地主张"势"的作用，他将"势"与"法"、"术"互相结合，设计了一套中央集权的运行机制，加强君主的威慑力，蕴积着盘桓在所有制度之上的约束力，由此形成具有凝聚力量的封建国家。"势之为道也，无不禁"①（《韩非子·难势》），"君执柄以处世，故令行禁止。柄者，杀生之制也；势者，胜众之资也"（《韩非子·八经》），君主必须牢牢掌握实际的权势，运用"法"和"术"来创造和维护自己的"势"，方能不被人夺取权柄，从而处于势能作用的最顶端，保持优势地位。《形势》、《形势解》、《吕氏春秋·慎势》、《慎子》等文章典籍对此种含义的"势"都有集中阐述。强调权势，是"势"在古典文献中较多用到的意义，这和古代中国社会对等级的注重大约有比较大的关系。

《老子·五十一章》和《荀子·议兵》所说之"势"则含有顺乎规律、自然而然形成某种状态的意义，也就是一种富有力量的趋势，其中蕴含着合理的成分，因而能够水到渠成，促成某事。这种"势"往往和"形"结合，从而具有相对具体的形态，所谓"形势"，就是具体的态势的展现，也就是老子说的"物形之，势成之"。这样"势"就具有了虚实的双重属性。仍在发展和行进中的势头虽为虚，但却主宰着整个事物的实质和走向；已经确定的状态为实，为"势"在此时此刻的一个横截面。通过这个横截面，"势"就可以被了解和把握。因此和"形"结合的"势"，有着虚实互补的两重性质，如刘勰《文心雕龙·定势》所说的"形生势成，始末相承"，同时也是纵横的双重结合。为实的"形"，能够展现"势"横向展开的轮廓、状态和结构，也能够在时间上回溯过去，感受现

---

① 见王先慎撰，钟哲点校：《韩非子集解》，北京：中华书局，1998 年。本书关于《韩非子》的引文均据此本，下文出现不再详注。

在，展望未来，把握"势"纵向的脉动。因此，"形"和"势"的结合更是纵横、时空的多重结合。正是因为能通过"形势"对虚实、时空全都作一了解，为下一步的决策打下基础，所以先秦兵家对"势"和"形势"是非常重视的。《孙膑兵法·奇正》说"有所有余，有所不足，形势是也"，"战者，以形相胜也"，认为"形"的作用非常重要。《孙子·形》说"胜者之战民也，若决积水于千仞之溪者，形也"，即在"形"之中，看到了"势"的巨大力量，若积水决堤，非静态可比。可见，战之胜负，在兵家看来，既决定于"形"所展现的双方的情况，更决定于是否能在知己知彼的情况下，集中兵力，蓄积具有冲击力的"势"，以动态之势一举夺胜。

含有规律、秩序之意在内的"势"还有"时势"，也就是更强调时间的"势"。《庄子·秋水》说，"当尧舜而天下无穷人，非知得也；当桀纣而天下无通人，非知失也，时势适然"，随着时间的推移，事情按其趋势呈现出的状态，并非个人可以改变。"道之贵者时，其行势也"（《春秋谷梁传》），天道运行，必然有其内在的规律，把握这种规律，就可以把握天道运行的趋势。"势"由于具有运行的特征，因而其时间性也是人所关注的，"时势"通常具有大势所趋、人力不可扭转之意。

"势"还指旺盛的生命力对人形成的强大感染力或冲击力，王充《论衡·物势》中的"夫物之相胜，或以筋力，或以气势，或以巧便"，便已经将"势"与生命活力相联系，其后在艺术领域，"势"更成为书法、绘画、建筑和文学等艺术种类讨论的中心之一。刘勰就在《文心雕龙》中对"势"多有论述，"延寿《灵光》，含飞动之势"[1]，"至如气貌山海，体势宫殿，嵯峨揭业，熠耀焜煌之状，光彩炜炜而欲然，声貌岌岌其将动矣"[2]，展开了对文学中生命之"势"的探讨。钟嵘《诗品》评刘桢"气过其文，雕润恨少"，"气"与"势"在指生命的旺盛程度方面，有相似之处，因此，"气势"往往形成一词，形容人或艺术品的精神面貌。"势"和"意"、"境"、"气韵"、"风骨"等词汇一起，组成了中国艺术理论中独特的范畴和概念，来界定独特的生命个体由内而外自然生发的、极有渲染力的艺术生命能量，具有运动和力的属性、有序性和整体性、含蓄性和

---

① 周振甫：《文心雕龙今译·诠赋》，北京：中华书局，1986年，第80页。
② 周振甫：《文心雕龙今译·夸饰》，北京：中华书局，1986年，第334页。

开放性等特点①。

综观各"势"，无论是权势、时势，还是气势，可以看到"势"是隐含的力量趋势，具有动态和隐在的特征，虽然暂时不会具化为某种形态，却具有相当的可转化能量，无形中对他物形成威慑，造成影响。"势"中含有的能量，我们就称之为"势能"。"势能"在先秦古籍中一般为"势"，因为"势"本身就包含着能量，所以往往能够等同。

各种"势"，不单"形势"具有与"形"结合的特点，其他"势"也都或多或少会以某种形式表现出来。不拘泥于将"形势"中的"形"理解为地形、作战条件等，就可以将兵家之"形势"扩大为有形之物来看待。因此，正如上文所论述的，所有的"势"就具有了虚实、纵横相结合的特点。由于有了"形"的外化，"势"走向的必然性又可能受到"形"这种具体形态的偶然化牵制，潜在的势能外化就不是固定的、僵死的，因而虽然大趋势不变，表现出来的状态却是千差万别。趋势是主要的，有差别的形态是非本质的，是次要的，但会对"势"的力量造成影响，"势"又是必然与偶然，主要与次要的结合体。由于不能忽视偶然与次要因素的影响，古人对"势"的把握极其重视，《周易·系辞下》所谓"君子藏器于身，待时而动，何不利之有"，在合适的条件下再有所行动，否则权势会丧失应有的掌控力和威慑力，时势也会由于错误的掌握而溜走，形势更会在时移事易中发生改变，艺术品的气势也会因为局部的瑕疵和不恰当的手法而大打折扣。

"势"是必然与偶然、主要与次要、虚实、时空等的结合体，也还因为其包含了有形与无形，而具有有限和无限、含蓄和开放等特性，它们都巧妙地结合在"势"这个动态的力量蕴含者之中，在不同的条件下发挥着不同的作用。同时，要形成"势"，必须要注重积累，不能放任自流。而"势"要由弱变强，强者更强，就要注重不能泄势，动态中要有静态，保持能量，否则"若专事速，又多失势"②。有了静，"势"才能为"势"，才能富有力量，因此"势"又是动静互成的产物。

势能表现出来之前，是一种引而不发的能量，催生事态却不泻而后

---

① 参见涂光社：《势与中国艺术》，北京：中国人民大学出版社，1990 年，第 238~244 页。
② 姜夔：《续书谱·迟速》，北京：中华书局，1985 年，第 9 页。

尽，犹如高峡平湖，清静若鉴，实则饱含生机，其转化出来的力量则具有极大的感染力。《战国策》是先秦典籍中颇具势能的作品之一，它将策士以筚路蓝缕之劳，操博采精研之辞，行折冲尊俎之道的情状展现无遗，其文自有一种充沛的雄健之气。因而朱鹤龄评论其文"雄深峭健"①，张一鲲认为其说辞"肌丰而力沉，骨劲而气猛"②，可见《战国策》作为策士生活真实的编录和展现，感染力弥深。这种感染力，我们就可看作是一种表现出来的"势"。

《战国策》中"势"一共出现了 58 次，大约可划分为五种情形，即地势、时势、人势、事势（约等于形势，但形势过于宽泛，因此代替以"事势"，特指战国政局风云），还有一种是自然运行之势，书中提到的次数不多。以下分别举例：

（1）地势为各国由地形差别而形成的形势，如：

> 故为大王计，莫如事秦。秦之所欲，莫如弱楚，而能弱楚者莫如韩。非以韩能强于楚也，其地势然也。（《韩一·张仪为秦连横说韩王》）

> 大王之国，西有巴、蜀、汉中之利，北有胡貉、代马之用，南有巫山、黔中之限，东有肴、函之固。田肥美，民殷富，战车万乘，奋击百万，沃野千里，蓄积饶多，地势形便。此所谓"天府"，天下之雄国也。（《秦一·苏秦始将连横》）

> 魏之地势，故战场也。魏南与楚而不与齐，则齐攻其东；东与齐而不与赵，则赵攻其北；不合于韩，则韩攻其西；不亲于楚，则楚攻其南。此所谓四分五裂之道也。（《魏一·张仪为秦连横说魏王》）

（2）时势为时代形成的特定形势，或是时机，即重要关头或机遇、机会，是特定的各种条件综合形成的关键形势：

> 是以圣人从事，必藉于权而务兴于时。夫权藉者，万物之率也；

---

① 《战国策钞序》，见朱鹤龄：《愚庵小集》，上海：上海古籍出版社，1979 年，第 310 页。
② 张一鲲：《刻战国策序》，见诸祖耿：《战国策集注汇考》，南京：江苏古籍出版社，1985 年，第 1817 页。

而时势者，百事之长也。故无权籍，倍时势，而能事成者寡矣。（《齐五·苏秦说齐闵王》）

马服曰："君非徒不达于兵也，又不明其时势。夫吴干之剑，肉试则断牛马，金试则截盘匜；薄之柱上而击之，则折为三，质之石上而击之，则碎为百。今以三万之众而应强国之兵，是薄柱击石之类也。"（《赵三·赵惠文王三十年》）

圣人不能为时，时至而弗失。舜虽贤，不遇尧也，不得为天子；汤、武虽贤，不当桀、纣不王。故以舜、汤、武之贤，不遭时不得帝王。（《秦三·秦客卿造谓穰侯》）

（3）人势是借权势和地位而形成的威慑力，如：

昔者，前国地君之御有之曰："五百之所以致天下者，约两主势能制臣，无令臣能制主。故贵为列侯者，不令在相位，自将军以上，不为近大夫。"今臣之名显而身尊，权重而众服，臣愿捐功名去权势以离众。（《赵一·张孟谈既固赵宗》）

苏秦曰："嗟乎！贫穷则父母不子，富贵则亲戚畏惧。人生世上，势位富贵，盖可忽乎哉！"（《秦一·苏秦始将连横》）

今国者王之丛，势者王之神，籍人以此，得无危乎？臣未尝闻指大于臂，臂大于股，若有此，则病必甚矣。（《秦三·应侯谓昭王》）

（4）事势是事态和局势的面貌，如：

且秦虎狼之国也，无礼义之心，其求无已而王之地有尽。以有尽之地给无已之求，其势必无赵矣。故曰："此饰说也。王必勿与。"（《赵三·秦攻赵于长平》）

谓薛公曰："楚之势可多割也。"薛公曰："奈何？""请告天子其故，使太子谒之君，以忠太子。使楚王闻之，可以益入地。"故曰："可以益割于楚也。"（《齐三·楚王死》）

颠蹶之请，望拜之谒，虽得则薄矣。善说者，陈其势，言其方；人之急也，若自在隘窘之中，岂用强力哉？（《齐三·孟尝君在薛》）

（5）自然运行之势，如：

> 死者，人之所必不免也。处必然之势，可以少有补于秦，此臣之
> 所大愿也，臣何患乎？（《秦三·范雎至秦王庭迎》）

在五种"势"中，时势是战国策士和策文能量生发的本因，人势和地势是能量转化的动因，事势是势能形成的动态。第五种由于和《战国策》一书的研究并无太多本质的关联，本书暂不作特别讨论。除此以外的四种"势"，将在下一节展开论述。

第二节 四"势"是生发势能的本源

公元前771年，西周幽王在严重的内忧外患中被犬戎所杀，太子宜臼立为周平王，在晋、郑等国的支持下，迁都洛邑，烽火连天、动荡不安的春秋战国时代开始了。春秋时代，大国争霸中原，诸侯强大。"天下有道，则礼乐征伐自天子出；天下无道，则礼乐征伐自诸侯出。自诸侯出，盖十世希不失矣；自大夫出，盖五世希不失矣；陪臣执国命，三世希不失矣"，"禄之去公室五世矣，政逮于大夫四世矣，故三桓之子孙微矣"（《论语·季氏》），这正反映了政权逐步下移的倾向，但是"春秋时代战争的主要目的在于争霸，战国时代战争的主要目的在于兼并"①，春秋、战国时代战争的性质不同：春秋时代，周王室虽然已经衰微，但尤尊有周王室的名号，仍"尊礼重信"和"尊周王"，到了战国时代，则彻底灰飞烟灭，出现了诸侯争相称"王"甚至称"帝"的现象。在春秋末战国初期，铁农具已得到相当程度的推广，牛耕的使用也比较普遍，私田的出现促使诸侯间的兼并加剧。封建制度正取代着奴隶制度，社会处在急剧的变革之中。在一系列的重大事件——"田氏代齐"、"三家分晋"等之后，周王室更加衰

---

① 杨宽：《战国史》，上海：上海人民出版社，2003年，第2页。

微，权力下移，诸侯并起而相互吞并，连年征战不断，出现了"争地以战，杀人盈野，争城以战，杀人盈城"（《孟子·离娄上》）的恐怖局面。顾炎武在《日知录》里对春秋战国作了这样一番比较："春秋时犹尊礼重信，而七国则绝不言礼与信矣；春秋时犹宗周王，而七国则绝不言王矣；春秋时犹严祭祀，重聘享，而七国则无其事矣；春秋时犹论宗姓氏族，而七国则无一言及之矣；春秋时犹宴会赋诗，而七国则不闻矣；春秋时犹有赴告策书，而七国则无有矣。邦无定交，士无定主，此皆变于一百三十三年之间。"① 在这样的礼崩乐坏之时，各国势力彼消此长，变幻莫测，倏忽之间，局势两异。桂陵之战、马陵之战，公元前 314 年发生的燕国"子之之乱"后的齐国大破燕国，以及战国后期的长平之围，都是非常惨烈的。"战国"精辟地概括了战争频仍的时代特征，可以说此诚生死存亡之时。当时较大的诸侯国有齐、楚、燕、韩、赵、魏、秦，较小的有中山、周、宋卫等"泗上十二诸侯"国，而周王室已经彻底沦为兼并战争中可有可无的大国附庸。战国时代最明显的特征就是"散"，而这个"散"不仅带来了连年的征战，更是战国独特文化、思想产生的根源所在，如王夫之《读通鉴论》所说"古今一大变革之会"。

平王东迁以后，周王朝的约束力和号召力日薄西山，以至于终日在惶恐中度过，在各国势力的夹缝中艰难生存。《东周·秦兴师临周而求九鼎》就记载了秦兴师临周而求九鼎，颜率借助齐师解除燃眉之急之事。虽自唐孔颖达以来的学者均疑其为伪章，但至少反映出当时周王室的窘迫处境，其状况已与昔日不可同日而语了。中央集权的松绑，代表了一种日益明显的趋势：新的大国和势力在兴起，新的能量和形势正在形成，"散"是这个时代的趋势所在，而正是时代产生了新生势力，时代的巨变是产生种种变化的根本原因："宗庙之牺为畎亩之勤"②，灌溉方法、施肥技术的改进，冶铁技术的日益成熟，带来荒地的大量开垦，新的经济形式由此萌芽，一系列的变化也因此产生，"公室"的权势被各诸侯国各种各样的奋力抗争冲破，由魏国最先开始的变革预示着这一幕将更加轰轰烈烈地上演。诸侯

---

① 《日知录·周末风俗》，见顾炎武著，黄汝成集释，秦克诚点校：《日知录集释》，长沙：岳麓书社，1994 年，第 467 页。

② 《国语·晋语九》，见鲍思陶点校：《国语》，济南：齐鲁书社，2005 年。本书《国语》引文均据此本，下文出现不再详注。

国纷纷强大，更映衬出周王室日渐衰弱。时代促使着种种巨变的发生，推动着整个形势的发展。

这种无法阻止的趋势形成了许多人演绎自我的舞台，制造了对于他们来说不可多得的机会，也就是在《秦三·秦客卿造谓穰侯》中秦客卿所说之"时"：

> 圣人不能为时，时至而弗失。舜虽贤，不遇尧也，不得为天子；汤、武虽贤，不当桀、纣不王。故以舜、汤、武之贤，不遭时不得帝王。

这种"时"较之于时代，含义相对狭窄，也具有更多的偶然性与多变性，其产生是基于时代的。所有的人与事都在时代的裹挟中随波逐流，它是战国时代摄人心魄的巨大威力的原发地，不仅是"时势"，人势、地势、事势产生的根源也都在于时代。

具体来说，时代的能量是通过战国形势"散"的状态生发出来的，也就是周王朝的分裂为一切带来了巨大改变。战国影响人们的各种因素虽多，但这些变化带来的后果、最后凝结在人们内心且具有最大影响力的符号，是国别。这种符号化的概念，强调的是分裂。"周"原先代表唯一的无上的权威，而当时代发生改变以后，当人们提及"周"的时候，其内涵和外延也已经发生了变化。那些末大不掉的诸侯国，此时具有的权威已经完全与"周"等同，这样，实质上是由"周"分裂出了若干的符号，而原先唯一的权威也演变成为多权分立。由此，新的能量不单单是向唯一集权靠拢而产生的，各国间互相的斥力同样是能量产生和改变的来源。符号群强调了分裂的意蕴，产生了悬置力量。齐、楚、燕、韩等国别成了反映人们的认识和彼时心理的根本词汇，是思考战国各种问题的出发点。它的意义在于用最切中要害的方式代表了颇为复杂的历史情况，并浓缩上升为具有象征性的内核概念。此时，国别差异是彼此视线内最先发出的问题，由此带来了各国权势和地理在心理上的投射，人们的心理定势因分而趋向合，各种势能由此产生。

在分裂之下，形成了趋向合的吸引力。最高的权势是形成中心势能的原因之一，在对主权话语的追逐中，能量得到了蕴积和转化。将合而未合，一方面是各国纷纷改革图新，努力扩张自己的势力，排斥他国，欲吞并别国成为唯一政权；另一方面又要避免别国刀枪相向，在危险之中暂时向强势国家靠拢形成同盟，拥护不同的中心权势，形成各国间的合力和斥力两种能量。"合纵"和"连横"就是较小的国家向楚、齐或秦靠拢的策略。通过合纵连横，战国局面暂时得到维持，也为各个国家向统一权势的迈进提供了更多的机会。由于产生了两种力量流向，处在中心权力的吸引中互相对立的各国权势，在互斥互用中保持着微妙的平衡。由权势分裂产生的"势能"，我们可以称之为"分权势能"。

权势和土地的分裂，使得战国策士蓄势待发，精气神处于较为饱满的状态之中。他们对地理上的瓜剖豆分相当敏感，"散"令策士们在各方面无复依傍，因此被激发出巨大的心理潜能。各国纷争激烈，尚无胜负，策士们奔走往来，巧言策进——虽然这往往只是权宜之策。他们沿着地理的分裂线与时共舞，参与着各国努力胜出前的磨砺。时局的风云突变，带动人群观念的变化，与之相应的符号随之转换，在人群的心理上聚积了大量能量，而人群反过来又带动改形造势。时代造就的隐在势能基本上就是通过这个渠道来具体化并发挥巨大作用的。因此，"分权势能"令各国时聚时散，而附势和散势的二元张力，也使策士的地位和生活呈现出不同的面貌。

从《战国策》的记载来看，战国策士对权位的争夺、对"人势"的趋附是相当热衷的，甚至不惜勾心斗角，使用离间、进谗等卑劣的手段。张仪被刻画成了一个反复谲诈、善于造谣的小人，他在秦王面前进樗里疾的谗言，终使"秦王大怒，樗里疾出走"（《秦一·张仪残樗里疾》），又造陈轸的谣，不仅在秦王面前造，还要到魏王面前造（《魏一·张仪恶陈轸于魏王》）；而他也摆脱不了被别人算计的命运，最终被郑强赶出了秦国。还有《东周·周相吕仓见客于周君》、《齐一·成侯邹忌为齐相》、《燕一·人有恶苏秦于燕王者》无一不是表现策士之间的勾心斗角。可见，在分裂的状态下，权势的吸引力是超强的，策士对权势的趋附也表现得更为明显。

但是，在战国这种特殊的情况下，附势其实是在一种方向不确定的状态下进行的。"时势"激活了策士的能量，同时也形成他们的环形习惯，即不拘泥于一端，随时准备变换方向，所谓"朝秦暮楚"是也，陈轸的先仕秦后仕楚，苏秦的先说秦后说燕即是明证。更有甚者，身仕一主，却沟通别国，如楼缓是赵国人，政治上却亲秦，甚至不惜割地侍秦，这实际上也是一种变相的朝秦暮楚。

对方向的缺失导致了技巧性的加强，因而"分权势能"实际上也造成了两种势能的对向——以时势、地势为中心的势能对以人势为中心的势能的对抗、消解。虽然就《战国策》中每段对话分别来看，有不少是对人势的强调，如《秦三·应侯谓昭王》即以神丛和悍少年之事作比，强调"今国者，王之丛；势者，王之神。籍人以此，得无危乎"，苏秦在志得意满后，也曾感叹："嗟乎！贫穷则父母不子，富贵则亲戚畏惧。人生世上，势位富贵，盖可忽乎哉"（《秦一·苏秦始将连横》），行为上，苏秦也确实"以百诞成一诚"，显示了对燕王无限的忠心和对势位的遵从。另一位连横的代表人物张仪，也为秦王而付出臭名昭著的代价，为了离间齐楚联盟甚至使用了为人唾弃的方法，但是从两个方面来看，这个现象是不成立的：第一，策士对君主势位依附的目的并非为了实现孔子所说的"君使臣以礼，臣事君以忠"（《论语·八佾》）的君臣之道，不是为国尽忠、死而后已，而是借助人势来实现自己的势位，苏秦的感叹即可看出此种用心。更有策士会拥有"一怒而诸侯惧，安居而天下熄"（《孟子·滕文公下》）的极盛势位，他们一手遮天，权势超越诸侯，堪称僭越，已和臣子的身份大为不符了。对个人势位的热心，本身就包含了对权势的反叛，王权的分裂大大提高了这种拥有个人势位的可能性。第二，从整体来看，"分权势能"导致的策士们善于变换事主成为主流，朝秦暮楚的行为本身就是事实上的一种说明，是对人势的一种解散，更何况还有王斗、颜斶这样直接对抗人势的策士存在：

> 齐宣王见颜斶，曰："斶前！"斶亦曰："王前！"宣王不悦。左右曰："王，人君也。斶，人臣也。王曰'斶前'，亦曰'王前'，可乎？"斶对曰："夫斶前为慕势，王前为趋士。与使斶为慕势，不如使王为趋士。"王忿然作色曰："王者贵乎？士贵乎？"对曰："士贵耳，王者不贵。"王曰："有说乎？"斶曰："有。昔者秦攻齐，令曰：'有敢去柳下季垄五十步而樵采者，死不赦。'令曰：'有能得齐王头者，

封万户侯，赐金千镒。'由是观之，生王之头，曾不若死士之
陇也。"①

这些唇枪舌剑式的对话很幽默，很有戏剧性，非常充分地表现了策士
的傲骨不屈，即便是谁走到谁跟前这样的小事也丝毫不让，这实际体现了
慕势与趋士思想倾向的激烈碰撞。由此，我们看到尊人势的思想是被主流
裹挟其中的，因此即便有多次的重复，也不能从实质上改变策士群体不一
其主的性质，这和韩非一再强调的君主之"势"显然背道而驰。在行为
上，他们不倦地实践着"进取有为"②的信念，也不断地对人势进行分散。

因此，尽管对人势的趋附在《战国策》中表现得无以复加，但是，笔
者认为，这虽然也表现了"分权势能"造成的引力和斥力的双重作用：分
裂产生引力和能量，即在彻底的分裂中产生的再次发生一致的可能，带动
了策士以追求势位的方式参与这种过程，并激发了策士巨大的能量，但是
其中的斥力为策士提供的分散人势的背景和可能，是能代表策士行为方式
本质的、具有象征性和根本性质的因素。因此我们说王权的分裂，具有形
成合力的力量，又因为诸侯互相倾轧、各自为政，而具有暂时无法聚合、
由斥力产生的张力，形成了力量的互相牵制，战国策士因此获得了更多的
自由，形成了与以往家臣或者门客根本不同的行为方式。在对人势的不断
追求、依附和放弃中，策士推动着形势的发展。

时代所形成的战国形势发展动因不仅仅有"分权势能"，还有另一种
相当大的推动力——土地。土地是封建时期一个国家赖以生存的基础，是
关系到存亡继绝的关键。因此诸侯各国费尽心机，不惜在短短二百多年间
发动数百场战争，所想要取得的都是土地。有的国家通过不断扩大自己的
地域逐渐强大，如秦就通过攻取三川、巴蜀成为强国。而有的国家却"一
招不慎，满盘皆输"，如赵就是贪图上党的无故之利，招致长平之难，国
力尽失；楚怀王轻信张仪奉献商於之地六百里的承诺而解除了齐楚同盟，
外围失援；和秦国长期抗衡的齐国对宋国垂涎欲滴，因此遭受六国攻伐而
迅速衰败。可见，土地也是悬置力量的产生方式之一。土地的变化是直接

---

① 《战国策·齐四·齐宣王见颜斶》。
② 参见傅剑平：《纵横家与中国文化》第一部分第三章，台北：文津出版社，1989 年。

以疆域的形式表现出来的，因此疆域改变蕴含和酝酿着能量，我们可以称之为"疆域势能"。这个势能是以一定的地理形势为前提的，也就是说"地势"——《战国策》"四势"之一——与"疆域势能"的产生有着密切的联系。

且来看各国的疆域。秦国占有今甘肃东南及陕西，东接韩、魏，南邻楚、蜀，正如苏秦所说"西有巴、蜀、汉中之利，北有胡貉、代马之用，南有巫山、黔中之限，东有肴、函之固。田肥美，民殷富，战车万乘，奋击百万，沃野千里，蓄积饶多，地势形便，此所谓天府，天下之雄国也"①，一个"地势形便"正指出了秦国突出的地理优势，依恃便利的地形秦国逐步地扩张发展起来，姚宏所谓"攻之不可得，守之不可坏"，鲍彪所谓"地势与形，便于攻守"也。根据秦国的地理特点，范雎制定了"远交近攻"的策略，远交齐楚，近食三晋，为秦国后期的胜利标明了正确方向。齐国"齐南有太山，东有琅邪，西有清河，北有渤海"②，占有今山东北部、河北东南部，北邻燕国，西边和赵魏交界，本来四方都有险固，倘若踞地而不冒进，是完全可以和秦国抗衡下去的。燕国"东有朝鲜、辽东，北有林胡、楼烦，西有云中、九原，南有呼沱、易水"③，约占有今河北东部与北部，内蒙古与辽宁南部。楚国北与韩魏接壤，西至陕西汉中及川东，占有湖南、湖北全省，江苏、安徽、江西大部分，号称"楚地半天下"，但就是楚国这样一个疆域辽阔的大国，由于无法解除内忧外患，长期衰弱不振，始终不能达到统一天下的目的。韩、赵、魏地处战国地势的中心。赵国"西有常山，南有河、漳，东有清河，北有燕国"④。魏国的主要地区为今山西中部和南部，是原晋国的重要部分。韩国有今山西东南部和河南中部，西与秦魏接壤，南与楚交界。韩、赵、魏处于各国的中间，是列国外交的争取对象，也往往是战争中必须途经的地带，因此总是容易腹背受敌。

这样的整体局势是战国各国制定外交政策和战争策略的前提。当时百家革故，士人蜂起，而纵横一家，论计谋诡谲转圆，师心独见，纵横之

---

① 《战国策·秦一·苏秦始将连横》。
② 《战国策·齐一·苏秦为赵合从说齐宣王》。
③ 《战国策·燕一·苏秦将为从北说燕文侯》。
④ 《战国策·赵二·苏秦从燕之赵始合从》。

术，折冲尊俎，后世鲜有及者，在外交领域，更不可小视，历史的演变，无法忽略他们的存在。战国纵横家，最擅长的莫过于纵横术，其名称的由来，也源于纵横术。何谓纵横术？纵横即合纵与连横，其本义即表示地理，南北为纵，东西为横。《诗经·齐风·南山》曰"蓺麻如之何，衡从其亩"，衡从，即为"横纵"，表示东西和南北耕作的方向。可见，战国策士通常采取的纵横策略和地理形势紧密相连，高诱注《战国策》说"连关中之为横，合关东之为从"①，就表现了这种基本的地理走向。"纵者，合众弱以攻一强也；而横者，事一强以攻众弱也"（《韩非子·五蠹》），合纵为山东六国南北方向合成一条直线，结成同盟抗击秦国——特别是战国中后期的秦国；连横则是秦国分别联合山东各国，来攻击其他国家，以实现各个击破，最后吞并天下的目标。可见，纵横术的本义、内涵和应用都与地形紧密相连，脱不开具体的形态。而地势中间包含的，不仅仅是简单可见的表象，更是一种内在的力量，其对纵横术的形成与运用有启发的意义。

由此可见，在分裂的前提下，地势也是产生势能的方式之一。地理条件能够转化成某种促成重大策略形成、各诸侯国在聚散中须遵循的特定的规律。同时，"地势"也是产生"疆域势能"这种由战国时期政治、经济、军事等各因素交互作用形成的抽象概念的前提，"疆域势能"则是地势产生势能的另一种方式。

"疆域势能"在疆域的改变中蕴含着能量，这是因为各国对疆域的概念是争夺土地的直接出发点，而疆域变化中的悬念会产生势能。土地的盈缩代表着国家的强大与衰弱，战国各个国家从未停止过对土地的追逐，疆域的改变在诸侯预先的设想里实现着它的力量。知伯就是在这种力量的吸引下，于魏桓子索地得手后，索地于赵遭到反抗，因此灭亡而被天下耻笑的。对疆域的扩大，对土地的取得，也成为策士游说的切入点之一，苏秦是为燕在齐离间立下汗马功劳的人，为了把各国的兵力引向齐国，"顿齐兵，弊其众"，他游说齐王曰："……且夫宋，中国膏腴之地，邻民之所处也，与其得百里于燕，不如得十里于宋。伐之，名则义，实则利，王何为弗

---

① 转引自缪文远：《战国策新校注》，成都：巴蜀书社，1998年，第61页。

为。"① 于是齐王就动了心，果真在名利的诱惑下伐宋，终使燕王"率天下之兵以伐齐，大战一，小战再，顿齐国，成其名"，引发了一系列削弱国力的事端。这也从一个侧面反映出，策士是巧妙地掌握了诸侯王在"疆域势能"作用之下的心理的，因而游说也具有相当强的针对性。所利用的就是地理形势在疆域势能的作用下，概念化为国别的理念和抛却礼仪伦理后单一化、直接化的内蕴。人们会直接由国别产生地理方位感、疆域大小观念，这种直觉式的观念在相当大程度上具有影响潜意识的效果，刺激了人们占有欲的发展，反映了战国时期直指的中心——土地，这是一种激发占有行为更直接的力量。

各国地势与疆域，从纵横的角度来说是必须考虑的要素，也是作战要求，尤其是冷兵器时代，地势的影响对战争的胜负举足轻重。而策士想要游说成功，就必须对地势有着确实的掌握。兵家之祖姜太公即提出对敌人"地形未得可击，天时不顺可击"②，在《六韬·龙韬·王翼》中也提到"地利三人，主三军行止形势，利害消息；远近险易，水涸山阻，不失地利"③，而《孙子》在《九变》、《行军》、《地形》等篇中对行军、驻军、作战中地形的作用作出了详尽的分析。在兵家这是直接作战的需要，而战国纵横要在谋略上胜人一筹，也和兵家有相通之处。战国时代的各国形势复杂而多变，从春秋战国之交晋、齐、楚、越四大国的对峙，到战国中后期战国七雄的确立，中国的版图从未有确切的领有和分属。因此，策士对地理形势了然于胸，对各国疆域变化随时掌握，游说才会有较强的说服力。《韩一·张仪为秦连横说韩王》中张仪即采取了从地形进行分析的方法："故为大王计，莫如事秦。秦之所欲，莫如弱楚，而能弱楚者莫如韩。非以韩能强于楚也，其地势然也"，指出了韩楚接壤、便于攻取的事实。而齐大夫国子对天下形势的分析也是基于地理形势："三国之与秦壤界而患急，齐不与秦壤界而患缓。是以天下之势，不得不事齐也。故秦得齐，则权重于中国；赵、魏、楚得齐，则足以敌秦。故秦、赵、魏得齐者重，

---

① 《战国策·燕三·客谓燕王》。

② 《六韬·犬韬·武锋》，见唐书文：《六韬·三略译注》，上海：上海古籍出版社，1999年，第122页。

③ 唐书文：《六韬·三略译注》，上海：上海古籍出版社，1999年，第53页。

失齐者轻"①，对全盘战略中齐国所处的地位作出了中肯的分析。策士们对关隘、城池、道路的情况了如指掌，这反映了战国外交、战争均以土地为中心的情况，分裂前提下的疆域的改变是引发策士一系列行为的动因所在。策士也善于抓住诸侯王的心理，以鞭辟入里的地势地形分析、极具耸动性的语言进行游说，翻手为云、覆手为雨。如此游说才能有理有据，否则，任何言论都有流于空谈之嫌，纵使口吐莲花也是枉然。

司马迁在《史记·张仪列传》中说"三晋多权变之士，夫言纵横强秦者大抵皆三晋之人也"，指出了纵横家多出自韩赵魏等中部地区的事实。南朝刘宋裴骃《史记集解》中引徐广言曰："颍川阳城有鬼谷，盖是其人所居，因为号"，颍川阳城在今河南登封韩国境内。而苏秦兄弟为东周人，范雎、张仪为魏人，公孙衍为魏之阴晋人，这些都证实三晋的确多出纵横家。班固《汉书·地理志》中说"周人之失，巧伪趋利，贵财贱义，高富下贫，意为商贾，不好仕宦"，"（颍川）士有申子、韩非，刻害余烈，高仕宦，好文法，民以贪遴争讼生分为失"，"赵、中山地薄人众，犹有沙丘纣淫乱余民……作奸巧，多弄物，为倡优。……太原、上党又多晋公族子孙，以诈力相倾，矜夸功名"，虽然人们对三晋之人多加贬斥，不免偏颇，但的确指出了三晋"多权变之士"的地域人文特征。三晋地处天下各国的中心，为往来交通的枢纽，地形便利，受各种思想文化的影响较多，因而晋人精神面貌相对活跃，产生众多思维灵便的纵横家也在情理之中。三晋是连横合纵所必须争取的地方，因此在历次纵横活动中扮演了重要的角色，像三国攻秦、五国攻秦、六国伐齐皆是如此。纵横术在这些活动中被频繁地运用，更得到了长足的发展。"揣摩"、"反应"到"抵巇"、"转圆"等术的日渐周密和精细化，从《战国策》的记载中可窥见一斑。至战国后期，纵横家的谋略学可以说是非常成熟了，其中融合了兵家、阴阳家、道家多种思想，既有争斗术、固宠术，又有脱身、进言等多种谋略，后代三十六计、厚黑学等无能脱其窠臼。可见三晋不仅是纵横家的故乡，是推进战国形势变动的主要角色之一，更是促进纵横术多向衍生的一种重要因素。地形由自身的特点，带动交通、交流的发展，进而影响到此地的人的性格和整体人文环境的变化，并最终推动了纵横术在战国极其复杂的

---

① 《战国策·齐三·国子曰秦破马服君之师》。

局势中得到应用和发展。三晋多权变之士，是地理产生势能的间接方式，虽然在除战国以外的其他时代、其他地域，地理对人文景观的形成也具有影响，但这种因素在战国独特的分裂情形中更彰显出强大的力量。因此，可以看到，地形地势不论是直接对纵横策略的形成，还是间接对纵横形势的影响，都起到一定的作用，势能通过"地势"在不断地形成和转化。

周王室分裂的直接后果是多权分立和土地的争夺，争夺权势和土地形成的"分权势能"与"疆域势能"，是战国时代极大能量产生的直接原因，也成为促使战国时代能量转化的直接动因。这两者互相交织，形成当时错综复杂的局面，这既是各种势能外化的结果，又是蕴含新势能的所在，可以称为"事势"。事势即自然和社会因素综合形成的、具有某种发展走势的事件的形态，往往表现为某一次或几次矛盾的集中爆发，甚至是需要救急的情况。如《赵三·秦攻赵于长平》中虞卿论割地事秦"且秦虎狼之国也，无礼义之心，其求无已而王之地有尽。以有尽之地给无已之求，其势必无赵矣"，即言割地与不割地的紧急情态。"事势"的形态，处在不断的变异、分裂、合成之中，具有很强的动态特征。这种"事势"，在策士看来，它虽然多变、难以掌握，但是如果能善于顺应，找到扭转局面的方法，则可以变不利为有利，为我所用。《齐三·孟尝君在薛》中策文的作者在赞赏善说者时论道，"颠蹶之请，望拜之谒，虽得则薄矣。善说者，陈其势，言其方，人之急也，若自在隘窘之中，岂用强力哉"，就指出如果能够顺应事势的发展，那么即使不去请求别人、不用强力，也自然而然会打动别人。

这里值得注意的就是"时势"的含义，它和"事势"有着天然的联系，都容易变化，在趋势中含有力量。所谓"时"，宽泛意义上是指一种时代特有的氛围、环境，意同荀子"天行有常"之"天"，韩子之"事因于世而备适于事"之"世"，是指一种有所变化但人力不可左右的大趋势、规律；而在相当多的具体情况下可理解为重要关头或机遇、机会，是特定的各种条件综合形成的关键形势，它容易由于条件的变化而改变，因而抓住或利用"时"都是困难且可贵的。战国时代各种矛盾的交汇使许多"时"的产生成为可能，但往往消失得也快，策士们在思想上对"时"是相当重视的。

战国诚生死存亡之时，如何在诸强的裹挟中求得一席之地并自强以成王霸之业，是各诸侯最为关心的问题。谁能处事不迷，并看得较为长远，谁获胜的概率就更大一些，因此对时局的分析，对时机的把握，就显得相当重要。身为"高才秀士"，能"度时君之所能行，出奇策异智，转危为安，运亡为存"① 的纵横家们当然对此了然于心，因为对时局的充分把握正是他们的人生价值所在，也正是他们安身立命的资本。纵横家的代表人物苏秦说："夫权籍者，万物之率也；而时势者，百事之长也，故无权籍，倍时势，而能成事者寡矣。"② 将"时"的重要性强调得无以复加，可见他认为在做事之前，首先应该考虑的重要条件就是事态、时机。这种思想并不单纯存在于地位较低的游士、说客中，更有贵如信陵君、春申君者皆信奉这一原则。春申君黄歇在说秦王善楚时，说："臣闻，敌不可易，时不可失。"③ 从说客到权贵，地位不同，人物各异，却都众口一词，可见战国时代由于存亡之危，时机观念已成为一种较普遍的思想而深入人心，成为众人考虑问题的基本角度之一了。

大部分策士所指之"时"，针对的是具体的急迫形势，并据此提出机动灵活的说辞。他们往往指时明势、条分缕析，用鞭辟入里的说辞把局势剖析在君王的面前，这不仅是出于思想上的重视，有时也是策略上的重视。由于游说的目的是打动君王以求己说为用，这些策士不惜危言耸听，甚至故作惊人之语。"时"的多次提出可以说是技巧、策略上的一种应用，往往成为说动人主的切入点和着力点。《楚四·虞卿谓春申君》中，虞卿说："……今燕之罪大而赵怒深，故君不如北兵以德赵，践乱燕以定身封，此百代之一时也。"在晓以利害，透彻分析后，再引出自己的观点，最后强调这是"百代之一时"，要好好把握——这当然是顺应时局的审时度势，也颇具加强语气以自重的成分，但是我们更应该看到，这是在多变的"事势"中，策士试图去掌握时机，利用这种趋势来取得更多利益的努力。

"事势"所形成的特殊局面难以掌握，因而为策士所看重。它是过去和将来时势变化中产生的能量，是在人势多面对立中蕴含着的能量，也是疆域变更产生的能量，是时势、人势、地势综合形成的局面，最终表现为国别之间产生的张力和合力。其间的力量流向左右着策士的言行，激发出

---

① 《刘向书录》，见《战国策》附录，上海：上海古籍出版社，1978 年，第 1198 页。
② 《战国策·齐五·苏秦说齐愍王》。
③ 《战国策·秦四·顷襄王二十年》。

他们潜在的能量，将时代隐在的势能转化成新的势能和事态。这是一个动态和平衡的过程，在这个过程中，由于各种势能的作用，策士言则气势充沛，行则虎虎生气，具有相当有感染力的能量。可以说，"事势"是策士言行的决定者，而策士的言行反过来又影响和推动"分权势能"和"疆域势能"，进而影响"事势"的变化。

可以这样理解，正是权势和土地的分裂，间接影响了策士独特的发散性思维与张扬的言行特征的形成。促使其一系列思维、言行特征的形成还有一个重要因素，那就是策士所承担的使命，离开了这个必要条件，各种势能就无法在策士身上发挥作用。

第三节　策士纵横的使命——《战国策》特殊文气形成的途径

关于士阶层的兴起，我们在前文已经提及若干原因，在周王室衰微的前提下，出现了教育和文化下移、养士之风兴盛等新的现象，士因此作为一种新的"势力"而为人所瞩目。士的大规模兴起，一开始就呈现出多元分化的局面，既有孟子、庄子这样的文智之士和公孙龙这样的巧辩之士，也有荀子、韩非这样的法治之士，还有墨子、许行这样的勤恳之士，更有苏秦、张仪这样仆仆奔走的纵横策士，可以说其主张、行为方式各有不同。那么在处于相同的时代、经济、人文背景之下的众多士人中，策士是如何彰显出独特的风格——充沛的气势和语言的魅力的？这当然与策士独特的使命无法分开。

策士在战国之时，任务与目标就是精于谋略，通晓权变，尤其重要的是擅长外交，在倏忽变化的盟会关系中起到联结、扭转、破离、疏散的作用，如其所宣称的那样"外事，大可以王，小可以安"（《韩非子·五蠹》），因而极其重视外交生活，所谓"安民之本，在于择交"（《史记·苏秦列传》）。实际上，他们也在外交中扮演着重要的角色。刘向论述苏秦、张仪的事迹时说"苏秦结之，时六国为一，以傧背秦。秦人恐惧，不敢窥兵于关中，天下不交兵者，二十有九年"，"张仪连横，诸侯听之，西向事秦。是故始皇因四塞之固，据崤、函之阻，跨陇、蜀之饶，听众人之策，乘六世之烈，以蚕食六国，兼诸侯，并有天下"①，道出了他们的外交能力对当时及其后形势的重要影响。

纵横策士的中心任务之一是合纵连横的外交事务，而纵横家的发端可追溯到夏商周的通使官。基于分封制度，中央政府必须有负责传达命令、处理纳贡等相关事务的通使人员，这个职务源远流长。在夏朝称"遒人"，杜预注《左传》曰"遒人，行人之官也"；而商代则称通使官为"吏"，类似于周代的"行人之官"。周代伊始，分封大兴。周武王、周公、周成王先后分封71国，而这种分封正为以后的政权分立埋下隐患。至春秋周王室式微，诸侯连年征战，会盟、行成等史不绝书，"由于各国间争斗激烈，关系复杂，所以会盟频繁，仅《春秋》二百四十二年间就记载了大小会盟共四百五十多次"②，而这些通史重任都是由"行人"来完成的，《周礼·秋官》中对有关情况进行了记载。《周礼》中列有"天、地、春、夏、秋、冬"六官，分别对应冢宰等不同官职，而下面又分有许多更详细的职守。行人分属"秋官"的"司寇"之下，又有"大行人"、"小行人"之分，"大行人掌大宾之礼，及大客之仪，以亲诸侯"③，掌管接应诸侯进朝，并负责督教各邦国外交礼仪等一切外事活动，"小行人掌邦国宾客之礼籍，以待四方之使者"④，负责外事活动中的相关具体事务。虽然"行人"的职责以外交为主，但政治、军事、经济范围内的事项他们都可以干涉，而有的"行人"本身就是担任重要职务的政治家、军事家，所以"行人"并不仅仅具有专职，这和纵横家的情况非常相似。从《左传》中记载的行人事迹来看，他们熟知外交礼仪和国内外形势，具有善辩的口才、敏捷的思维，这都对战国纵横家的行为模式产生了极大的影响，所以班固《汉书·艺文志·诸子略》中说"纵横家者流，盖出于行人之官"，尽管这个观点遭到胡适的反对，但还是具有一定道理的。而《战国策》文，也如

---

① 《刘向书录》，见《战国策》附录，上海：上海古籍出版社，1978年，第1197页。

② 顾德融、朱顺龙：《春秋史》，上海：上海人民出版社，2001年，第460页。

③ 郑玄注，贾公彦疏，黄侃经文句读：《周礼注疏》，上海：上海古籍出版社，1990年，第559页。

④ 郑玄注，贾公彦疏，黄侃经文句读：《周礼注疏》，上海：上海古籍出版社，1990年，第566页。

刘师培《文章学史序》所说,"犹得古代行人之遗意"。

战国策士由于特殊使命的驱使,在外交事务、合纵连横的活动中扮演着重要的角色,这样的角色使得他们必须在思维中有一个前提:随时面对所有的诸侯国和任何可能发生的情况。这样,其思维和行为模式就必然是开放和发散式的而不是自我封闭的。策士的外交使命也注定他们必须保持着积极的活动状态,不停地游走在各种势力之间,这也是其得以将势能转化和散发出去,并且推动形势的原因。战国分裂的形势和纵横的使命决定了他们的行为方式和其他"士"、其他诸子具有区别性的特征,有着鲜明的自我特色。因此,策士纵横的使命是《战国策》特殊文气形成的途径。

李德裕认为文章"气不可以不贯,不贯则虽有英词丽藻,如编珠缀玉,不得为全璞之玉矣"(《文章论》),体现了对"文气"的重视。一方面,《战国策》自有雄健之气,与同为战国典籍的《孟子》、《荀子》、《韩非子》、《庄子》比较,从学说根本的目的——解决战国诸王面临的现实问题来看,有着相同相通之处;另一方面,策士在思维特点、主张、言辞上的特色却有着较大差别,这是由其纵横使命这个不同于其他诸子的因素造成的。诸子各家虽然也受分裂现实的影响,但是不像策士那样多负有外交使命,凭借合纵连横实现自我,因而分裂势能对其影响强度没有那么大。《战国策》的鲜明特征,现分三个方面加以论述:

一、思维

战国之事,纷纷扰扰,时刻风雨如磐。各国剑拔弩张,毫无宁静可言。分裂的态势,造成了策士游说的"势能",也是《战国策》形成特有发散性思维的重要原因,而纵横使命更是实现、强化这种思维的原因。战国策士的思维散乱而灵活,以一人为原点,通过不固定的对象来实现自己的主张,时空上的拓延性和灵活性相结合,而对事物的把握则系于一心,不拘一格。表现为策士在选择游说对象时即持有"合则留不合则去"的机变态度,本身怀有不屈从权威的潜在意识;在具体主张上崇尚机巧计谋,以捭阖为能事，认为"计者，事之本也"①，以灵活为高。在势能的涵养和推动下，在外交事务的实践中，策士们还提出"时势"这个充盈着动态观念和具有力量枢纽作用的概念，把握着千姿百态的事势，并通过纵横使命，使事势不断推动变化。如此的思维，令策士的生命充满灵气和生气，内在气势勃然而发。

二、主张

分裂使得策士蓄势待发、应时而动，这种蓄势，在相对的静止之中，又饱含着充沛的势能，意欲改造旧的状态，塑造新的样态。对局势的认识和分裂中统一合力的牵引，形成了策士们的基本主张——纵横捭阖。顺应人性对事物进行引导，有利者促其发展，不利者多加阻滞，这和策士的理论纲领《鬼谷子》提出的"捭阖之术"也是一个意思："故捭者，或捭而出之，或捭而内之；阖者，或阖而取之，或阖而去之"（《鬼谷子·捭阖》)②，形成自己所需要的形势，改变有阻碍的形势，以使事物向自己设想的方向发展。

三、言辞

《战国策》中的势能是面对生命危机之时表现出来的最根本的力量，行文雄辩阔论而极具煽动性、说服力，从内质来看是分析、类推、归纳等多种逻辑方法的运用，外在则得力于铺排、对偶、比喻、引用、反问等修辞手法，内外结合，使其独步古今，为人赞赏。这种语言艺术，是在许多外交场合磨砺出来的。孔子说："诵诗三百，……使于四方，不能专对，虽多亦奚以为"（《论语·子路》)，虽然强调的是在外交场合应变的能力，但反过来说，也正说明辞采是增强外交魅力不可或缺的元素。语言和辞

① 《战国策·秦二·楚绝齐齐举兵伐楚》。
② 参见郑杰文著，山东大学古籍整理研究所研究丛书之一《鬼谷子天机妙意》中的"鬼谷子注译"部分，海口：南海出版公司，1993 年。本书关于《鬼谷子》的引文均据此本，下文出现不再详注。

采，具有更直接的感染力。因而，策士充沛的内在气势，通过语言能够最充分地表现出来，这也是《战国策》能够打动人心的最主要的原因之一。

由此可见，战国的分裂带来的不仅仅是兵戎相见，更有在时代气候的影响下形成的独特战国文化，这一文化尤其以《战国策》为代表，大大彰显了战国分裂之下形成的各种势能所塑造的人文景观。而战国策士纵横的使命，是形成《战国策》卓越魅力不可缺少的因素。

第二章 对势能的顺应与转化：思维逻辑

战国策士由于承担着特殊使命，而成为社会能量运动和转化中的枢纽之一。那么，各种势能是如何转化的？其思想行为是如何推动势能的？应该说，这是由策士思维中的各种逻辑来具体发生作用的。其思维明显的特征首先是对现实的顺应，体现为实用逻辑，以其为指导，根据现实状况完成外交、游说、合纵连横的任务，才能使自己处于优势地位；其次，其思维中的辩证逻辑，是使用纵横术的核心思想；最后，在具体完成和转换这个过程时，需要一定的思维和方法、言辞技巧，使得游说既具有逻辑的严密性，更具有言辞上外在的气势感染力，这些都表现为形式逻辑，对策士言辞同样起着较大的作用。下面将分别论述之。

第一节 以实用逻辑为指导

战国策士在昂扬的精神状态下，驰骋才干、精于辩说，不断将时代势能转化为形势发展的动力。他们投靠诸侯，并欲以此安身立命。当时诸侯取士的标准，主要是看他们的智谋和口才如何，在内政外交中能发挥多大的作用，因此策士们尽巧智而应万变，竭思虑而擅口舌。但是尽管如此，其立说驳论中都有基本不变的前提与指导，这便是实用逻辑。

法家集大成者韩非曾这样形容各时代的差异："上古竞于道德，中世逐于智谋，当今争于气力"（《韩非子·五蠹》），他还说"力多则人朝，力寡则朝于人，故明君务力"（《显学》），把战国时代不同于前的特征浓缩为"力"，这是精辟和一针见血的，而也正是"力"这一个具象化、实在化的概念处处左右着法家的行为、思想。同时作为新兴势力的代表，纵横家和法家的思想有一脉相通之处，即知时而变和尊崇实用。纵横家固然善于灵活应变、善于权谋策划，论说固然繁辞瑰辩，但这种变化含有不变的因素——"利"即为其中心，"利"是所有现象背后隐藏的指挥棒，更是一切的着眼点和归结之处。

在《楚一·楚王问于范环》里，楚王问范环是否应该让甘茂相于秦，范环对曰"不可"，首先用独到的眼光进行了一番分析，认为甘茂和史举、张仪这样的人都能相处和谐，"诚贤者也"，然而不能相秦，因为"秦之有贤相也，非楚国之利也"，接着说道："……王若欲置相于秦乎？若公孙郝者可。夫公孙郝之于秦王，亲也。少与之同衣，长与之同车，被王衣以听事，真大王之相已。王相之，楚国之大利也。"一切从楚国的利益着眼，所有的决定都以可能产生的实际利害为根据。名是利的另一种形式，因此有时策士们也会用名利双管齐下的方式说动人主，主张"为名者攻其心，为实者攻其形"。苏秦在为燕游说齐王时说"……与其得百里于燕，不如得十里于宋。伐之，名则义，实则利，王何为弗为"①，极力怂恿齐王伐宋，这样的情况在战国屡见不鲜：说客把计谋隐藏在表面的说辞之下，通过表面的利益引诱来实现真实的目的。善于谋变的策士早已了解君王的心态，而贪婪的君王却盲目地上钩了。因此，在"君德浅薄"的战国，用利益来游说，与其说是迎合，不如说是出于实用的目的；只有通过投合君王的贪欲，才能实现自己的意图。苏秦在赵合从说齐宣王时，也是以"无臣事秦之名，而有强国之实"②之说来打动齐王的。其他如春申君说秦昭王③、张仪说齐王④也是如此，围绕"利益名实"这个中心点铺开论述，或进或退、或得或失，全都从看似客观的角度摆明出来，君王选择采纳，则是顺理成章的事。

立论如此，破论则也是针对对方论点、论据中的"利"来展开的。如《赵一·秦王谓公子他》中，韩不能守上党而欲献之于赵，当赵王喜滋滋的时候，赵豹却冷不丁冒出来这么一句话："臣闻圣人甚祸无故之利"，在论点上针锋相对，然后进一步展开论证："且夫韩之所以内赵者，欲嫁其

---

① 《战国策·燕三·客谓燕王》。
② 《战国策·齐一·苏秦为赵合从说齐宣王》。
③ 《战国策·秦四·顷襄王二十年》。
④ 《战国策·齐一·张仪为秦连横说齐王》。

祸也。秦被其劳，而赵受其利，虽强大不能得之于小弱，而小弱顾能得之强大乎？今王取之，可谓有故乎。"驳斥了受上党有利的观点，透过现象触及本质，看穿这不过是韩国的嫁祸之举，可谓目光长远。张仪为拆散齐楚联盟，说楚王曰："大王苟能闭关绝齐，臣请使秦王献商於之地，方六百里。若此，齐必弱，齐弱则必为王役矣。则是北弱齐，西德于秦，而私商於之地以为利也，则此一计而三利俱至。"楚王大喜，群臣毕贺，唯有陈轸冷眼旁观，针对张仪的"三利"说辞展开论证："夫秦所以重王者，以王有齐也。今地未可得而齐先绝，是楚孤也，秦又何重孤国？且先出地绝齐，秦计必弗为也。先绝齐后责地，且必受欺于张仪。受欺于张仪，王必怨之。是西生秦患，北绝齐交，则两国兵必至矣。"[1] 论证严而不散，有条有理，对张仪所说的利益逐一加以驳斥，具有很强的力度。为何会有论辩中左右不离利益这样的现象？这恐怕还得和当时的社会情况联系起来看。

战国时代，诸事纷杂，周王室衰微而诸侯并起，相互吞并，连年征战不断。诸侯只有猛烈地夺取和侵占土地，才能保证拥有立足于诸国的资本，才能用土地去分封大夫和功臣、智士，由此稳固自己的政权和地位，不至于失败甚至灭亡。任何利益问题都关乎存亡继绝，所以诸侯都相当急功近利，以有用无用、有利无利作为区分一切的标准，以实用逻辑作为一切行为的指导，"为之谋策者，不得不因势而为资，据时而为"[2]。社会生活出现了极其复杂的状态，各国时而离散相攻、时而结盟，但即使是结盟也是靠不住的，正是"不固信盟，唯便是从"，结盟往往隐藏着不可告人的阴谋。在《韩二·楚围雍氏韩令冷向借救于秦》中，公孙昧就认为秦名义上帮助韩国，实际上却暗合楚国，以便寻找机会夺取三川，可见这样的事在当时并不鲜见。小的国家，如宋国更是墙头草，变来变去，想要出卖楚以求讲和于齐，不想反被苏秦算计："不如与之，以明宋之卖楚重于齐也。楚怒，必绝于宋而事齐，齐、楚合，则攻宋易矣。"[3] 因此，诸侯往往愿意抓住最现实、最近前的利益。这在异常残酷、非生即死的战国本无可厚非，但很多诸侯却被利益蒙蔽双眼，导致了严重后果，像智伯就是害怕

---

① 《战国策·秦二·齐助楚攻秦》。
② 《刘向书录》，见《战国策》附录，上海：上海古籍出版社，1978年，第1198页。
③ 《战国策·宋卫·宋与楚为兄弟》。

"破赵而三分其地，又封二子者各万家之县一，则吾所得者少"，不愿结好韩、魏谋臣赵葭、段矢见而最终"尽灭"的。因此说客也投其所好，"论诈之便而讳其败"，甚至以高士、义士完美形象出现的鲁仲连，也说出了"智者不倍时而弃利，勇士不怯死而灭名"① 这样的话，就是因为战国时代太过激荡，其余准则都难以把握，只有能见之于眼前的"利"才有足够的说服力。直接以"利"为说辞，坦率而易于打动人心，所以多谈利益并不奇怪。

对利益的强调，正是"时势"威压之下策士显示出来的顺应举动，而抓住了诸侯的心理，策士就具有了主动性，当策士处于较高的"势位"，诸侯就如偃草般顺势而倒了，达到了四两拨千斤的效果，而策士也就是在这个过程中完成了从时势、事势到新的时势、事势的势能推动和转化。但是实用的思想，遭到了自古以来强烈的抨击。《战国策》流传至今，在文学上有很高的欣赏价值，但是包含在瑰丽文辞之中的思想，却是后来的人无法接受的，并非仅仅因为上面提到的权谋之术、利益之说，那毕竟是为了国家的内政外交，毕竟是在险恶的生存环境中不得已而为之的，"在敌对的斗争中，一概以道德衡量人，未免阔于事情，有失公允"②；最让后代正统文人无法接受的，是战国策士追求个人富贵、否定仁义的言辞。苏秦有两段很有代表性的话，"人生世上，势位富贵，盖可忽乎哉"（《秦一·苏秦始将连横》），"且夫信行者，所以自为也，非所以为人也。皆自覆之术，非进取之道也"（《燕一·人有恶苏秦于燕王者》），苏代也宣扬"臣以为廉不与身俱达，义不与生俱立。仁义者，自完之道也，非进取之术也"（《燕一·苏代谓燕昭王》），这种赤裸裸的否定信行、仁义的话，被历代儒者视为恶之极端，抨击之辞纷至沓来。李梦阳说"《战国策》，叛经离道之书也"③，宋曾巩也认为策士"不知道之可信"，"为世之大祸"④；更有评论其言"市井小人所羞称"，"为学者心术之巨蠹"⑤ 之语，甚至有

---

① 《战国策·齐六·燕攻齐取七十余城》。

② 牛鸿恩等选注：《战国策选注》，天津：天津古籍出版社，1984 年，第 13 页。

③ 《刻战国策序》，见北京大学中文系古代文学教研室选编：《中国文学史参考资料简编》（上册），北京：北京大学出版社，1998 年，第 54 页。

④ 《曾子固序》，见《战国策》附录，上海：上海古籍出版社，1978 年，第 1200 页。

⑤ 叶适：《习学记言》（卷十八），北京：中华书局，1977 年，第 249 页。

人认为"夫战国之亡以策士，策士之亡战国，则以利也"①。这也的确是因为"从思想体系看，《战国策》基本上属于纵横家，而其道德哲学观则多取道家，社会政治观接近法家，独与儒家相合者少而相悖者多，因而为后世儒士所诟病"②。

这些略显陈腐的评论我们不置可否，但从势能的角度来看，恰恰说明了策士的思维和言辞具有令人震惊的冲击力，在传统伦理支离破碎之时，在抛却了虚饰的道德后，反而能够收到事半功倍的效果。

实用思想出现的原因，除了时代造成的旧思想体系的破碎外，与商业的发展不无关系。春秋之时就有玄高、范蠡之类的大商人，战国时代则出现了更有名的放高利贷者，如齐国的孟尝君。商贾食官成为历史，甚至出现了政府代收商业税的现象。春秋时代大的城市不过五千人，小的则只有几十人，战国时大城市已经有几十万人，"临淄、郑州、邯郸、洛阳、寿春、吴、燕……都已成为一方商业和手工业生产的中心"③，在这样的繁荣的商业背景下，不耻言利情有可原，这种思想对并无任何行为参考标准的战国策士来说，毫无疑问会有很大的影响力。有的时候策士们甚至在言辞中直接用到商业语言，张仪曾以伐韩说秦惠王曰："臣闻：争名者于朝，争利者于市。今三川、周室，天下之市朝也。"④ 赤裸裸地把三川、周王室比喻成市朝，这仅是一个语言上不加掩饰、不耻言贾的例子，而另外一个把这种思想付诸行动的典型例子莫过于大贾吕不韦了，他见到秦质子异人后，"归而谓父曰：'耕田之利几倍？'曰：'十倍。''珠玉之赢几倍？'曰：'百倍。''立国家之主赢几倍？'曰：'无数。'"于是精明的吕不韦开始行动，他透彻地了解并抓住了异人"无母于中"，王后"无子"，阳泉君"罪至死"、"危于累卵"⑤ 的时机，巧妙地周旋其中并使自己成为最大的获利者，"犹如做买卖要看清行情，抓准时机一样，策士们在政治、外交、军事活动中特别重视顺应时机"⑥，商业气息可谓十分浓厚。社会生活的严

① 《战国策钞序》，见朱鹤龄：《愚庵小集》，上海：上海古籍出版社，1979 年，第 308 页。

② 褚斌杰、谭家健主编：《先秦文学史》，北京：人民文学出版社，1998 年，第 226 页。

③ 吕振羽：《殷周时代的中国社会》，北京：生活·读书·新知三联书店，1962 年，第 237 页。

④ 《战国策·秦一·司马错与张仪争论于秦惠王前》。

⑤ 《战国策·秦五·濮阳人吕不韦贾于邯郸》。

⑥ 熊宪光：《战国策研究与选译》，重庆：重庆出版社，1988 年，第 40 页。

酷和激变，使人们产生了对利益的现实要求，也得到了有利可图的机遇。礼仪仁义的全面撤退与商业思想的正面推动，共同造成了策士们对实用逻辑大胆直接的应用。

《战国策》与《韩非子》属于两种不同的思想体系，但他们在注重外在准绳、实用性，并且强调时变等方面都有着很多的相似之处。战国策士崇尚实际、摒除虚无，韩非子更是提出了一切"以功用为的彀"的说法，可以说是追求功利的集大成者，将两者放在一起作一个比较，能较深入地分析两者实用原则的异同，较好地凸显《战国策》实用逻辑的特征。

首先，两者立论的根本看法是一致的，即人性本恶。战国策士和韩非思想的生发都基于战国戎马倥偬的现实土壤，这注定了他们思想的表现方式都是对现实的理解，并且最终停留在一个比较合理和持中的层次上。溯本求源，当我们一层层剥开外皮进入其立论的核心——人性论，会看到战国策士和韩非对人的理解，本质上是主张人性恶的。《韩非子·备内》说：

> 故舆人成舆，则欲人之富贵；匠人成棺，则欲人之夭死也。非舆人仁而匠人贼也，人不贵，则舆不售；人不死，则棺不卖。情非憎人也，利在人之死也。

法家对人性丑恶的批判是彻底的和无以复加的。无论是何种关系，都处在人性丑恶的阴影之中。对亲人之间的看法是"人为婴儿也，父母养之简，子长而怨；子盛壮成人，其供养薄，父母怒而诮之。子、父，至亲也，而或谯或怨者，皆挟相为而不周于为己也"（《韩非子·外储说左上》），君臣关系是"君臣异心，君以计畜臣，臣以计事君，君臣之交，计也。害身而利国，臣弗为也；害国而利臣，君不行也"（《韩非子·饰邪》），对士兵作战的论调是"严亲在围，轻犯矢石，孝子之所爱亲也。孝子爱亲，百数之一也。今以为身处危而人尚可战，是以百族之子于上皆若孝子之爱亲也，是行人之诬也"（《韩非子·难二》），并借孔子的话认为，"直于行者曲于欲"（《韩非子·说林下》），由此，韩非子在承认人的欲望，认为它具有先天性的同时，也将人性彻底打入了恶的深渊，将人的善性摒除尽净，这样就显然与孔子以来经孟子等人建立在人性善基础上、强调内省功夫的儒学发生矛盾。因此韩非虽从荀子所出，却不遗余力地抨击儒家，就是因为他对人性所抱的看法和儒家差异极大，进而导致他们对治国安邦的根本看法发生了分歧。

战国策士对人性的理解和韩非一样，是非常具体的，是现象的而不是理念的，叙述出来也仍然是非常具体的，并未压缩和提取出理论，而是相当的直接。虽然对人性的看法是韩非理论的整个基石，但作为偏向实践的理论者，他对这个问题仅仅是展示出来，并未作标签式的诠注。《战国策》的人性观更称不上理论，只是出于对战国乱世最直接、最切身的感受，无论是因游说不成归来备受亲人冷落的苏秦，还是由于出身低贱而被怀疑偷窃璧玉的张仪，都毫无疑问地对人性恶有着充分的感受。苏秦最经典的感叹就是："嗟乎！贫穷则父母不子，富贵则亲戚畏惧。人生世上，势位富贵，盖可忽乎哉？"① 张仪认为"亲昆弟同父母，尚有争钱财"（《史记·张仪列传》），更有甚者，竟将天下之士与狗作比，"秦于天下之士非有怨也，相聚而攻秦者，以己欲富贵耳。王见大王之狗，卧者卧，起者起，行者行，止者止，毋相与斗者；投之一骨，轻起相牙者，何则？有争意也"②，可见纵横家对于人的认识正是基于"恶"的观念之上的。韩非和策士都是实践者和实用者，没有抽离现实的理论是他们的共同之处。他们对人的看法是从一个很自然的角度生发的，这和荀子、孟子论人性的角度迥然不同。孟子从人性中抽离出"仁、义、礼、智"四德，说："仁义礼智，非由外铄我也，我固有之也，弗思耳矣"（《孟子·告子上》），认为人性本来包含善端，可以培养发扬，荀子从截然相反的方面提出"人之性恶，其善者伪也"（《荀子·性恶》）。他们皆对人性有着先验的判断和解决方法，乐观地认为通过发扬善端或者礼制，就能够"人皆可以为尧舜"（《孟子·告子下》），"涂之人可以为禹"（《荀子·性恶》）。韩非和策士对人性的判断，只是展现实际中的认识，然后在实际中解决，这和孟子、荀子偏于理念上的阐释是有所不同的。

韩非和策士的人性观，虽然持着人性恶的态度，但由于基于自然的生发，他们又都对人性抱有相当的宽容。韩非说："人无毛羽，不衣则不犯寒；上不属天而下不著地，以肠胃为根本，不食则不能活；是以不免于欲

---

① 《战国策·秦一·苏秦始将连横》。
② 《战国策·秦一·天下之士合从相聚于赵》。

利之心"（《韩非子·解老》），而《战国策》策士的看法更为坦率，孟尝君逐于齐而复反，对齐士大夫怀有怨恨，谭拾子就劝告他说：

> 事之必至者，死也；理之固然者，富贵则就之，贫贱则去之。此事之必至，理之固然者。请以市谕。市，朝则满，夕则虚，非朝爱市而夕憎之也，求存故往，亡故去。愿君勿怨。①

谭拾子认为人们趋利避害是再自然不过的事情，用不着耿耿于怀，相反，应该把这种现象看得和市场人来人去一样正常。因此，对这种正常的现象不应采取强制的手段进行阻止，反而应该把它贯彻到人的日常交往中去。于是策士的为人准则就产生了，即充分满足人的欲望，并获得各自的利益，最好因循人性，以获得事情的成功，而不去做无谓之功。也就是《楚一·五国约以伐齐》里昭阳说的"好利，可营也；恶难，可惧也"，顺应人性对事物进行引导，有利者促其发展，不利者多加阻滞，这和《鬼谷子》提出的"捭阖之术"也是一个意思："故捭者，或捭而出之，或捭而内之；阖者，或阖而取之，或阖而去之"（《鬼谷子·捭阖》）。捭阖之术，即策士们在外交游说中使用的计谋与技巧，也是他们赖以安身立命的本领，对人的理解促成了他们对很多问题的解决方法的选择，也促成了他们对计谋的崇尚。这样，整部《战国策》的核心思想也就变得可以理解了：与其说策士们费尽心机出谋划策，不如说是他们加强了计谋的灵活性对人性的适应。在这一点上，他们对人性的宽容变成了纵容。

对人的自然性的理解上，策士和韩非的观念不谋而合。韩非相当重要的一个思想是：虽然人性的欲念从性质上来说是恶的，但是这种恶对于赏罚安邦具有利用的价值，正因为民众有了欲念，有了所喜和所恶，赏罚才能够起到作用，否则就会"虽厚赏无以劝之，严刑无以威之"，君王就会失去令行禁止的权柄，失去左右臣下的杠杆，韩非的一系列主张，无论是法，还是术势，也都失去了存在的价值。这也就是韩非说的"凡治天下，必因人情。人情者有好恶，故赏罚可用；赏罚可用，则禁令可立而治道具矣"（《韩非子·八经》），体现了对人性的顺应。因此，韩非的严刑峻法

---

① 《战国策·齐四·孟尝君逐于齐而复反》。

看起来是对人的压抑和限制人的桎梏，把人规范在固定的坐标之内，但从另一个角度看，又何尝不是在对人欲的理解上作出的因循和利用？至此，策士和韩非的思想殊途同归，在对人性的理解上都达到了一个现实和持中的层次，显示出趋同的特性，并在此基础上对人性进行了顺应和利用，只不过一个通过对计谋的运用来实现，一个通过赏罚的途径来实现。这种持中性，体现了对现实原生态的展示，对指导原则的理解和把握。策士和韩非都摒弃了从人心内部去解决问题的方法，而是贴近现实，以外在的方式给出了更有实效、更为具体的解决方案。因此我们看到，在首要的问题，即人性论上，《战国策》和《韩非子》有着惊人的相似之处。

既然纵横家和法家对人性同样都表示了不信任，于是他们都在思想中摒弃了虚的东西，在实践中更加强调看得见的、易于操作的、比较具象的原则和衡量标准。这在纵横家那里体现为对实利的崇拜，而在法家那里则体现为对权势的强调。正如前面的论述，纵横家虽然灵活而善于应变，但只是围绕"利益"展开行动。"利"是策士言论和行为切入的角度，也是最后落脚的基石。韩非则提出"明君务力"，必须要有具体和现实的目标，要发展生产，重视耕战，"耕田垦草以厚民产"，"征赋钱粟以实仓库，且以救饥馑，备军旅"（《韩非子·显学》）。而要实现这样一个富国强兵的目标，除了采取根本的法治——"明法者强，慢法者弱"（《饰邪》）以外，在君主方面，韩非认为必须牢牢掌握实际的权势："得势位，则不推进而名成，若水之流若船之浮"（《韩非子·功名》）。他认为权柄对国君就好像马匹对于车子那样重要，国君必须掌握权柄，才能令行禁止，以至于治。同时，掌握了权柄，还要明于对臣子的驾驭方法，"术者，因任而授官，循名而责实，操杀生之柄，课群臣之能者也。此人主之所执也"，"君无术则弊于上，臣无法则乱于下，此不可一无，皆帝王之具也"（《韩非子·定法》）。至此，对于加强专制集权，韩非从强制人性的角度，形成了一整套的理论，即用法、术、势的综合替代了温情的仁政理论，为帝王提供了一套看得见、摸得着的统治方法。

对于已经不适宜当时时局的儒家理论，纵横家和法家都从实用的角度，予以排斥和抨击，他们更注重的是结果本身，即效果至上，对于仁义那一套完全采取蔑视的态度。在《战国策·燕一》里，有人在燕王面前诋毁苏秦"天下不信人也"，苏秦就振振有词地辩论道："且夫孝如曾参，义不离亲一夕宿于外，足下安得使之之齐？廉如伯夷，不取素餐，污武王之义而不臣焉，辞孤竹之君，饿而死于首阳之山。廉如此者，何肯步行数千里，而事弱燕之危主乎？信如尾生，期而不来，抱梁柱而死。信至如此，何肯杨燕、秦之威于齐而取大功乎哉？"并且认为"且夫信行者，所以自为也，非所以为人也，皆自覆之术，非进取之道也"①，说出了让后来的正统儒生瞠目结舌的话。韩非的态度更加激进，他主张"远仁义，去智能，服之以法"，认为儒家尊崇的有高节但无以治理、徒具虚名的隐士不值得鼓励，因为他们没有什么实际的用处："若夫许由、续牙、晋伯阳、秦颠颉、卫侨如、狐不稽、重明、董不识、卞随、务光、伯夷、叔齐，此十二者，皆上见利不喜，下临难不恐，或与之天下而不取，有萃辱之名，则不乐食谷之利。夫见利不喜，上虽厚赏无以劝之；临难不恐，上虽严刑无以威之：此之谓不令之民也。……有民如此，先古圣王皆不能臣，当今之世，将安用之"（《韩非子·说疑》），对于有能力却不为国家出力的臣子甚至应该施以刑罚："使小臣有智能而遁桓公，是隐也，宜刑"（《韩非子·难一》）。一切都从国家治理的实效方面加以考虑，反对一切虚妄无用的东西，并认为应严格遵从法治："故法之为道，前苦而长利；仁之为道，偷乐而后穷。圣人权其轻重，出其大利，故用法之相忍，而弃仁人之相怜也"（《韩非子·六反》），这和他对待迷信的态度——"龟策鬼神不足举胜，左右背乡不足以专战"、"然而恃之，愚莫大焉"（《韩非子·饰邪》）是一致的，可见在相同的时代背景下，纵横家和法家不约而同地提出了遵从实际的主张，这正符合了当时动荡的社会的要求。

与"言必称圣贤"，总是向往回到古代社会的儒家不同，纵横家和法家体现了以事为中心，以实际为指导原则的总体思想：讲求时变。对"时"的敏感是两者的又一共同特征。战国时代对时局的分析，对时机的把握，是相当重要的。如《秦三·秦客卿造谓穰侯》中秦客卿所说："圣人不能为时，时至而弗失。舜虽贤，不遇尧也，不得为天子；汤、武虽贤，不当桀、纣不王。故以舜、汤、武之贤，不遭时不得帝王"，好的时机是实现决策和计谋的先决条件。韩非也认为任何时候法治都是不可更改的原则，但是时代不同，法的内容也应该有所不同，"故事因于世，而备

---

① 《战国策·燕一·人有恶苏秦于燕王者》。

适于事"（《韩非子·五蠹》），"法与时转则治，法与世宜则有功"，"时移而治不易者乱，能治众而禁不变者削。故圣人之治民也，法与时移而禁与能变"（《韩非子·心度》）。如果仍遵循古制，将是非常危险的事情，是不明智的做法："处多事之时，用寡事之器，非智者之备也；当大争之世，而循揖让之轨，非圣人之治也。故智者不乘推车，圣人不行推政也"（《韩非子·八说》），从两者的比较上来说，纵横家所强调的"时"更多是时机的意思，而韩非所指的"时"则多为时代之意，为较大的时代背景，但两者都强调了变化，即知时而变，与时俱化，都代表了进取的新思想。

时代赋予了纵横家和法家新的气质，脱出以前士人的迂徐委婉，更具有现实与重用的新特点，这是时代激荡的特点所决定的。由于时代的变革，在人性的认识上，他们从恶的方面去理解，并由此奠定了立论的根基。摒弃虚无，希望尽可能地接近现实情况以解决问题，则是两者共同的思想倾向。不同的是，纵横家采取的手法是计谋，衡量一切的标准是利益；法家则依靠法则，强调治国的手法，即法、术、势的结合，希望从人心以外确定规范社会的标准，在这一点上，将手段和目标具象化、实在化，两者有异曲同工之妙。

以上所说，为《战国策》和《韩非子》趋同的部分，同中有异，但强调的重点还是"同"，即实在化与具象化的思维，而在相似的方面之外，两者本质上还是有所区别甚至是对向的。这是因为虽然战国策士多有尊崇富贵之语，并不懈地追求势位，但在"分权势能"和"疆域势能"的影响下，其行为本质上是对"人势"的消解；而韩非终生维护的，是君主独一无二的权威，是不可侵犯的"人势"。这样尽管两者看似貌合，实际上却神离了。韩非虽然也生在战国，但当时闹哄哄的战国舞台已灯垂幕低，大势已去，一统局面正在形成。韩非因此主张绝对的"势"，也就是一切都应该被纳入唯一的权威之中，无论是"法"还是"术"，作用都是支撑和加强"势"。他的主张是从"势"这个点提出的，缜密集中、框架严密，没有《战国策》那种相对出位的势头，而且正相反，韩非对一个集中点的强调，使得其整个主张逼向了绝对化和极端化。

由此，战国策士所表现出来的是发散性的思维特征，而《韩非子》则和《战国策》有一种对向的思维，即逼仄式思维。这表现为韩非对极端的强调以及看待事物的对立角度，"故不相容之事，不可两立也"（《五蠹》)。他在思想上首先是确立一尊,打击其他,对儒、墨、纵横诸家大加排斥,韩非认为儒家等是"邦之蠹也"(《五蠹》),将纵横家的言论斥为"虚言",而极力强调法令的独尊地位,所谓"言无二贵,法不两适"(《问辩》),甚至主张以刑代教,以严刑峻法来达到治的境界。同样,在君臣关系上,他认为上下一日百战,从而君主必须掌握绝对的权威;在检验标准上,唯一的衡量尺度为功用,反对一切不实用的东西。在这里,韩非虽然是针对战国社会过于动荡的实际状况,而对认为必须强调的东西一再加以确认,但是他显然有着偏离一般准则和向极限逼近的倾向,或者说是通过强调以达到言出声震之效。但是韩非不会失掉其准则,其逼仄更显示出对准则的恪守。战国策士的思维相对发散且灵活,对事物的处理强调机变,如选择游说对象时即持有"合则留不合则去"的态度,在具体主张上崇尚巧计等,相对来说韩非的主张囊括性较小但更为系统深化,这种逼仄略显僵硬,整体上有缩进的动态但期待固定。

由此,在某些主张趋同,但本质不同甚至相消解的情况下,两者形成了以下具有对向特征的方面:第一,思维的特色不同,有发散式与逼仄式的区别。第二,理论的系统性与聚散性不同,由于强调"势"的绝对,《韩非子》的理论都围绕这个中心形成了严密的系统;《战国策》则以散对散,应对灵活,多为应时谋略。第三,表现的气质与行文特色相对,《战国策》雄奇阔论,恣肆滔滔,为策士行藏的一束奇葩;《韩非子》冷峻严密,观点尖锐,是法家言论法相的集中体现。这两种战国时期出现的对中国各领域影响重大的文化现象代表,一个是权宜策略、一个是治国方要,一个散棋佐枭、一个则纲绳历历,行文上更有狂雨不归与冷芒烁锋之别。在种种方面,均显示出对向的特征。

本书从实用的指导原则方面,对《战国策》和《韩非子》的思维又作了更深一步的探讨,认为两者在相同的实用逻辑之下其实具有对向的本质。然而要多角度地认识策士的行为,认识其在战国舞台中的位置,就必须将其他战国时的思想囊括进来,进行圆观宏照中的比较和分析。因此,将纵横家与儒家、道家进行纵向比较,也是不可缺少的。

从势能的角度来说,策士积累在游说中的心理和位置势能,追求把握全局的主动性,使自己占有解决问题的优势地位;韩非讲求的是以"法"、"术"来成全"势",隆"势"也就是对"人势"的追求;儒家则以

"仁"、"礼"来完成对层级社会的规范，将内在的道德势能转化为外在的对"人势"的维护。儒家在完成由内向外的转变之时，必然无法依靠纯粹的道德力量，这样，实用的法则必然会得到应用。因此，虽然儒家高声呼喊"何必曰利？亦有仁义而已矣"（《孟子·梁惠王上》），对于纵横家也是大力抨击，指责其思想主张为"妾妇之道"（《孟子·滕文公下》）、"小夫蛇鼠之智"①，对策士的思想言论唯恐避之不及。策士在其言谈行为之中，对儒家所宣扬的仁义也是不屑一顾，苏代就声称"臣以为廉不与身俱达，义不与生俱立。仁义者，自完之道也，非进取之术也"②，此番言论，令不止一个儒生跳踉叫骂。淳于髡解了魏患，收了魏国的礼物——宝璧和文马，当齐王问起此事，他却振振有词："伐魏之事便，魏虽刺髡，于王何益？若诚不便，魏虽封髡，于王何损？且夫王无伐与国之诽，魏无见亡之危，百姓无被兵之患，髡有璧、马之宝，于王何伤乎？"③ 好个淳于髡，真可谓是理直气壮，盛气之中雄辩滔滔，对齐王全无畏惧之心，又何来半点仪礼道德的规避！但是，虽然策士和儒者互相排斥，在某些地方两者却有着微妙的相通，甚至出现了"互用"的现象。

应该看到，儒家和纵横家的基本精神都以进取为特色。策士自不必说，费尽心机出谋划策；而孔子，怀着救世理想驾着破车老牛仆仆奔走，甚至困于陈、蔡之间，孟子出齐入宋、去鲁奔梁，提倡仁政孝悌。后来的儒者均以"修齐治平"为己任，为了"君君臣臣父父子子"的理想社会模式而努力。儒者的行为，就是为了建造一个水塔式的、具有高位势能的社会，按照层级发生作用，这样治理起来如风行草偃般自然而然。这种造"势"的努力，对层级的把握，都是对积极的人为努力的肯定，其入世的心态，天然上和策士有着极其相似的地方，都具有"知其不可为而为之"的特征。

儒家的一系列主张，如孔子提倡的"以德为政，譬如北辰，居其所而众星拱之"（《论语·为政》），要"德化"、"仁育"、"礼治"，孟子所说的"仁者无敌"（《孟子·梁惠王上》）、"以德服人"（《孟子·公孙丑上》），以及荀子崇尚的"以德兼人"（《荀子·议兵》）的王道，各种行为

① 宋濂：《鬼谷子辩》，转引自陈蒲清：《鬼谷子详解》，湖南：岳麓书社，2005 年，第 256 页。
② 《战国策·燕一·苏代谓燕昭王》。
③ 《战国策·魏三·齐欲伐魏》。

规范，如仁、义、礼、智、信、温、良、恭、俭、让、忠、孝、敏、宽等都体现了对人为努力改善社会的肯定，是在进取精神的敦促下形成的对自然状态的打破。这种人为打破，表现在以"仁"为中心的心理势能的蓄积和以"礼"为中心的外在规范势能的蓄积。儒家所努力的目标，虽然说法众多，但实际上可以划分为内外两个部分，也就是道德的内在规范和礼制、礼仪的外在约束，或者说是自我与社会、理论与实践的互相沟通和成就，这种关系亦可以用"内圣外王"来加以概括。"内圣外王"从孔子的"立己立人"、"达己达人"观念的提出，到孟子继承和发扬孔子的内圣思想，创建心性之学，成为后世儒家所褒扬的正宗，再到荀子王道思想的设计，为"外王"思想提供了完善的理论依据，似乎是两条脉络。后世褒孔孟而抑荀子，似乎导致了儒家道德至上的空疏理论的泛滥，实际上荀子的理论却无时无刻不在发生着作用。

荀子针对当时的状况，提出"隆礼"、"重法"的王霸综合论，主张用"礼义"来区分人们的名分和等级，并用法令来保障社会秩序，"礼义生而制法度"（《荀子·性恶》）；同时，荀子对霸道的态度也是褒多于贬，认为可以"信立而霸"，以威力服人，虽然较王道的以文德服人低了一个层次，但也未尝不可以强一国，况且两者是可以互相转化的，"信立而霸"可以转变为"义立而王"，在这里，荀子对霸道的提倡未尝不可以看作是对势力和实力的崇尚。荀子也直接对"势"作过多次强调，不同的是，他所说的"势"是与"义"结合的，"义荣势荣，唯君子然后兼而有之"（《荀子·正论》），因而，他对"势"是不排斥的。在儒家理论的骨子里，其实就有着对权势的向往和维护，只是荀子更多地陈述了这一点。他的王霸之论，为汉以后的封建社会"德主刑辅"的统治理论开启了先河，因此虽然荀子学说遭到冷落，但实际上它又一直隐藏在漫漫历史长河中并发挥着极大的作用，难怪谭嗣同说"二千年来之学，荀学也"①。

由此，我们可以看到，儒家的学说是具有相当的实用性的。从"内圣"到"外王"甚至"外霸"都体现了这个原则。从内在的道德修养来说，内省、修己以达到心性的至高境界，甚至成为"圣"，这样的过程是在不断积累内心的心理势能，不断靠近仁义礼智的善端，不断向"圣"的

---

① 蔡尚思、方行编：《谭嗣同全集·仁学》，北京：中华书局，1981年，第337页。

至高点接近，这样就会在道德上具有较高的地位，具有德行的势能。但是一个人追求这样的德行的最终目的为何？恐怕最终还得归结到"外王"的统治功用上来，纵然许多儒生不提，但并不等于这个目的不存在，也就是德行的势能终将转化为权势，终将为"礼"的外端服务，成为层级社会的辅助。因此德行似乎在儒家那里排第一，实际上却沦为第二。以虚辅实，由内而外，虚最终落实，内也最终形外，其实质不都为实用吗？况且除了强调心性的正统儒家，还有叶适、王夫之等强调事功的一派。因此，儒家实际上是奉行实用原则最力者。

另外，过度拔高的道德要求和不切现实的准则，导致了儒生心理和现实之间的脱节，这样就无法在心理道德上造"势"，反而容易流于虚无。在这种缝隙当中，难免会存在非道德的东西，尤其是要以道德之势来辅佐政权之势时，"术"的运用在所难免，实用的法则甚至比纵横家的谋略有过之而无不及。可以说，在道德的外衣下，统治者使用的不仅仅是仁德一手，因为一触及政权，道德和权术一样都只是工具。实际上，汉唐以来的统治者推行的也都是"王霸并用，义利双行"的统治术。在社会较为动荡的时代，当道德的教化显得十分虚弱时，术的运用甚至是纵横术的运用就会以种种形式出现，有的儒者更是直接吸收了纵横家的思想，像东汉的冯衍，魏晋的袁悦、王衍，唐代的魏征，宋代的"三苏"父子、叶适，明代的李贽、王世贞，民国的杨度等人，何尝不是或多或少地接受了纵横理论的影响，试图以此来实现自己的各种政治目标的？章太炎在《论诸子学》中评论说：

> 儒家不兼纵横，则不能取富贵。……纵横之术，不用于国家，则用于私人，而持书求荐者，又其末流。曹丘通谒于季布，楼护传食于五侯。降及唐世，韩愈以儒者得名，亦数数腾言当道，求为援手，乃知儒与纵横，相为表里，犹手足之相支，毛革之相附也。宋儒稍能自重。降及晚明，何心隐辈又以此术自豪。及满洲而称理学者，无不习掉阖，知避就矣。孔子称，"达者，察言观色，虑以下人"，"闻者，色取行违，居之不疑"。由今观之，则闻者与纵横稍远，而达者与纵横最近。①

---

① 章太炎：《国学概论》，北京：中华书局，2009 年，第 113 页。

　　章氏评论，可谓中的。"儒与纵横，相为表里，犹手足之相支，毛革之相附也"，儒者不仅在统治中运用手腕，在个人的社会生活中，也会巧妙地运用纵横家"以顺为正"的方法，来取得个人固宠，而且这一点实际上从孔子言"察言观色"就有发端了，这和纵横家的言行特色已经相差无几。因此，儒家从里到外，从理论到实践，从社会到个人每一个毛孔实际上都渗透着"实用"的血液。

　　纵横家实际上也在利用着儒家的某些理论，这样纵横家和儒家之间就出现了"互用"的现象，不同的是儒家借用的是策士的实用之"术"，而纵横家借用的则是儒家"仁义"的理论。在纵横家那里，所有的仁义道德都成了游说对方的技巧和手段，而失去了其本身所含有的精神层面的内容。《鬼谷子·内揵》说："由夫道德仁义，礼乐忠信计谋，先取诗书，混说损益，议论去就。欲合者用内，欲去者用外。"而在《战国策》的记载中，也时时可以看到这种利用礼乐忠信来进行游说的事例。像《楚三·苏子谓楚王》中苏子就说："仁人之于民也，爱之以心，事之以善言。孝子之于亲也，爱之以心，事之以财。忠臣之于君也，必进贤人以辅之"，以此游说楚王"无听群臣之相恶也，慎大臣父兄；用民之所善，节身之嗜欲，以百姓"。同样，秦攻赵，苏秦为解除秦攻而为赵游说，他来到秦王面前说："臣闻怀重宝者，不以夜行；任大功者，不以轻敌。是以贤者任重而行恭，知者功大而辞顺。故民不恶其尊，而世不妒其业。臣闻之：百倍之国者，民不乐后也；功业高世者，人主不再行也；力尽之民，仁者不用也；求得而反静，圣主之制也；功大而息民，用兵之道也"（《赵二·秦攻赵》），苏秦即以"仁"、"圣"来说服秦王息兵，当然其中也包含纵横家最上伐交而不轻易用兵的思想，但其游说的目的还是为赵国争取暂时回旋的时间。用仁义游说秦国其实也是无妄之举，一则在战国的"时势"下谈论仁义本来就是清谈，没有任何意义，二则秦国乃虎狼之国，岂会妄听？因此用仁义游说不过是为后面进一步的说服做好准备而已，仍然是铺垫和工具罢了，真正具有说服力的还是其论证"臣有以知天下之不能为从以逆秦也"的若干理由。

　　虽然纵横家认为仁义是"自为"而非所以"为人"的，因此不以为然，但是当需要用道德仁义来作幌子的时候，他们也会毫不犹豫地拿来使用，因为围绕着"利"的中心，仁义是可以沦为工具的。

纵横家和儒家的某些"互用"，说明尽管在名与实上两者互相背离，但其实又具有互通性。然而，由于纵横家是彻底意义上的"实用主义"，缺乏精神层面上的追求，其理论过于实用，而只能归结为"术"，所以终归略逊一筹。"虚"与"实"的差异，成为两者的分水岭，也造成了两者为"用"的不同，因此尽管有互通之处，两者上下层面的差别还是相当明显的。也可以说儒家以"德势"胜，而纵横家是以"术势"见长，千百年来"德势"不断浸润中华文化，而"术势"则隐藏在"德势"之中发生着作用，也从来没有消失过。

纵横家和法家、儒家思想或多或少、或明或暗地具有相通之处，但是纵横家却接受了道家更多的影响。应该说，从理论到实践，纵横家都从老子那里汲取着源源不绝的智慧并加以发扬，并从实用的角度对老子哲学进行了另外一种诠释。

《鬼谷子》这部奇书向来被视为纵横家的理论和纲领性著作，从中可明显看出其对道家思想的运用和扬弃。鬼谷子之名初见于司马迁《史记》，其中记载苏秦、张仪俱师侍鬼谷子，在扬雄《法言·渊骞》、王充《论衡》中都提到过此事，应劭在《风俗通义》中也说"鬼谷子，六国时纵横家"，可见鬼谷子为纵横家并非捕风捉影。虽然有人认为鬼谷子的思想杂糅了杂家、兵家、阴阳家、名家、儒家、墨家诸家，并且根据《鬼谷子》一书在《汉志》中无录而初见于《隋书·经籍志》，对其真伪持怀疑态度，但从《鬼谷子》的内容来看，其中所说主要为游说时的方略原则，体现了纵横家的思想，而《史记》、《法言》所记载之事应该不是子虚乌有，至少无法证实其不是纵横家的祖先或《鬼谷子》为伪书，因此将《鬼谷子》视为纵横家的理论著作也并非妄举，而结合《鬼谷子》来讨论《战国策》中策士的言行思维也在合理范围之内。

《鬼谷子》中的道家思想是比较明显的。《鬼谷子》与《道德经》的相似之处不仅在于对"道"的范畴的运用，也在于对事物的看法都基于阴阳、刚柔、开合等一系列相辅相成的观念，并根据这些观念制定离合、进退、取弃的行为方法。和老子的思想相通的是，鬼谷子特别重视事物中阴性和柔弱的一面，并将其看作是取得胜利的主要因素。老子说"人之生也柔弱，其死也刚强；万物草木之生也柔脆，其死也枯槁。故坚强者死之徒，柔弱者生之徒"①，"强大处下，柔弱处上"②，而鬼谷子也强调"安徐正静，柔节先定"③，"用之有道，其道必隐"④，以静和柔为进行游说和谋略的根本。高似孙说"夫一辟一合，《易》之神也，一翕一张，老氏之几也"⑤，此之谓也。

在某种程度上，老子相对于儒家和法家来说是纯粹的思想者和哲学家。他所强调的观点包含着不少治国理想、政治主张，但由于不甚实用而只能成为乌托邦式的幻想，对后人启发最大的莫过于其哲学思想了。因此从实用的角度来看，道家似乎和纵横家的思想实质背道而驰，但是，在老子强调雌、柔、静、弱的背后，却包含着珍惜生命的实质；看似消极的无为，却是对生命谨慎的呵护。老子说的"五色令人目盲，五音令人耳聋，五味令人口爽，驰骋畋猎令人心发狂，难得之货令人行妨，是以圣人为腹不为目"（《老子·十二章》），就体现了这种谨慎。既然有目的，那么，虽然老子否定种种积极入世之举动，其内涵却不得不是实用的；当否定了一种行为的时候，却是为了另一种目的。这种暂时的缩退是为了长久的胜利，是为了保存更多的势力，如此，脱尘的老子就和纵横家有了实用目的上的关联。纵横家对这种智慧是极力发扬的，从思想到行为皆是如此，从盛神、养志、实意的修炼，到"揣摩"、"反应"的探测术，到"捭阖"的引导术，皆引入了老子思想的精髓，并演化为实用的方略。所谓"先王之道阴"（《鬼谷子·谋》），"天地之化，在高与深，圣人之道，在隐与匿"（《鬼谷子·谋》），"欲高反下，欲取反与"（《鬼谷子·反应》），强调了智谋之中暂时的抑制与阴隐，是为了保全自己，探察别人的看家招数。从实用的方面来看，鬼谷子结合实践中种种可能出现的情况，对老子的弱用思想进行了最大程度的发挥。可以说，鬼谷子和纵横家将老子的思想进一步具体化，并引入到了变幻莫测的外交和谋略领域中来，虽然蜕尽了形而上的气质，却不可谓不是另一种传承和发扬。这种工具化和实用化、物质化，更多地沾染了人世的气息，也令老子思想的应用更为精密。

---

① 《老子·七十六章》。

② 《老子·七十六章》。

③ 《鬼谷子·符言》。

④ 《鬼谷子·摩》。

⑤ 高似孙：《子略·鬼谷子》，北京：中华书局，1985年，第34页。

老子所追求的，是事物本真的状态；希望达到的，是没有任何损耗的理想状态。因此老子虽然主张抱雌守朴，实际上却希望个体充盈生命的能量，不被外界消磨，这其实就是一种源于自然的生命"势能"，即以自然的心理优势，来把握外界转瞬即逝的变化，看似处于众物之下，却高居其上。纵横家将这种"势能"转化为一种动力，从目的转变为一种方式，也就是过程而不是终结。同样，这是一种形而下的演化。但是，这种转化会增加策士的势能，也就是"时势"作用下各种能量的聚集。

需要指出的是，虽然从入世和实用的角度来看，纵横家发展了道家思想，但从另一方面来看，又未尝不是一种遗失。过于关注实际，一切都为了达到目标而服务，就遗失了道家那种对终极精神的追求。十分的细致化，同时也是十分的实质化，没有任何上浮的物质，也就只能坠落了。老子思想的两朵花——庄子和纵横家，可以说是代表了向上和向下的两个极端。

关于道家和纵横家思想的关联，笔者将在下一节中从辩证逻辑的角度进行论述。

第二节　以辩证逻辑为内核

从《鬼谷子》的理论阐述和《战国策》的记载来看，辩证逻辑是纵横家谋策的核心逻辑，纵横家对其的理解和运用堪称典范。可以说，虽然其思维呈现明显的实用倾向，但这也正是纵横策士辩证逻辑的特点：思辨和现实的结合，成为辩证思想的多种形态演绎中的一种，虽遭封建卫道士指斥，却不能不说是朝向某种端口的发展；断然地加以否定，必然导致对策士思维简单化的理解。

对世界本体的认识，老子是这么说的："道生一，一生二，二生三，三生万物。万物负阴而抱阳，冲气以为和。"[①] 老子的理解是"道"是至高的，也是唯一的，由这个唯一的"道"，生化出阴阳的"二"，然后才是

① 《老子·四十二章》。

"三"，最后是多种多样的"万物"，这个先后次序是非常明显的。纵横家对此进行了"术"的层面上的发挥，一方面将其工具化和具体化，另一方面在"道"的含义之内添加了新的内容："捭阖者，天地之道。捭阖者，以变动阴阳四时，开闭以化万物"①，也就是认为"道"在浑一之中，本身就具有有差别的元素，"捭"与"阖"正代表了这两种相辅相成但又具有差别的元素，这样"这种认识，改变了阴阳的消极区分作用，赋予它以积极生化的功能"②。在最根本的"道"之中，阴、阳两种本来后生的元素就以"捭"、"阖"为具体形式成了最高本体。这样，"捭阖"就以形而下的形式具有了形而上的本质和地位，这不能不说是策士为了提高谋略技巧的良苦用心。另一方面，将"道"视为两种元素的构成，说明在原初问题的理解上，策士就已经具备了辩证的观念，这也是为什么在他们制定一系列方针的时候，不断地运用到了辩证逻辑。

这种在浑一中又看重差别的思维，使得策士认为"势"的差别是天然的，本原之内就有阴阳之别，"捭之者，开也，言也，阳也。阖之者，闭也，默也，阴也"③，更别说生化出的万物了。因此根据不同的情况，当策士需要说服对方的时候，会运用捭阖来缩小自己和对方的心理"势差"，最后达到目的。但是，有一种情况就是，当需要去除对方的时候，策士会利用这种差别制造"势差"，压低自己，抬高对方，推动双方差别的持续加大，最后促使两者达到形成转化的临界点，使对方由于过度张扬而走向失败。可见，对"道"的重新理解和诠释，正是策士形成其关键主张的基础：在"道"之内就含有"势差"，其能量的流动是不可避免的。而了解其流向，控制这种动态关系，是策士基于现实需要所行使的使命之一。

策士对"道"的理解是在对道家之"道"的继承中发展的，由此形成的辩证观念也是如此。中国人对于阴阳辩证学说的爱好是有传统的，从政治到天文、医学等领域中无不显示出此种观念，连建筑的审美观也崇尚对称美，无怪乎刘勰说："造化赋形，支体必双，神理为用，事不孤立。夫心生文辞，运裁百虑，高下相须，自然成对。"④ 就好像谈玄论道之于山水

---

① 《鬼谷子·捭阖》。

② 郑杰文：《鬼谷子天机妙意》，海口：南海出版公司，1993 年，第 196 页。

③ 《鬼谷子·捭阖》。

④ 周振甫：《文心雕龙今译·丽辞》，北京：中华书局，1986 年，第 317 页。

诗，文字狱之于考据学，阴阳辩证学说对策士辩证思维的促进作用不可不谈。"阴阳本是表示自然界明暗现象的概念。阴阳概念应该是形成于远古的概念"①，先秦古久之时，人们就注意到天地、日月、雌雄、表里等一系列有差别又统一的现象。"一阴一阳之谓道"（《易传·系辞上》），《易传》认为世界万物都由阴阳两个方面组成，这两个方面不但支配万物发展，也使万物发生转化。应该说老子继承了这种看法，也将事物看作是具有相辅相成的差别性质的，并且更加强调了它们之间的转化关系：

> 天下皆知美之为美，斯恶矣；皆知善之为善，斯不善已。故有无相生，难易相成，长短相形，高下相倾，音声相和，前后相随。是以圣人处无为之事，行不言之教。万物作焉而不辞。生而不有，为而不恃，功成而弗居。夫唯弗居，是以不去。②

美与不美、善与不善、有无、难易、长短、高下、音声、前后都是因为有了对方的存在而具有了意义，他们之间如此紧密的依存甚至可以随时转化，但都是短暂的，老子将《周易》原本客观的描述变得更为思辨，但也由此具有某些悲壮的色彩了。老子的思想在战国策士那里得到了继承和发展，并被应用到战国极其复杂的现实当中，战国的事态依人事的性质也被划分为具有阴阳性质的种种：

> 故言长生、安乐、富贵、尊荣、显名、爱好、财利、得意、喜欲，为阳，曰始。
> 故言死亡、忧患、贫贱、苦辱、弃损、亡利、失意、有害、刑戮、诛罚，为阴，曰终。③

而对于不同的游说对象，也必须依照阴阳不同的性质采取不同的方法："捭阖之道，以阴阳试之。故与阳言者，依崇高，与阴言者，依卑小。

---

① 张岂之主编：《中国思想史》，西安：西北大学出版社，1996年，第9页。
② 《老子·二章》。
③ 《鬼谷子·捭阖》。

以下求小，以高求大。"① 可见，阴阳学说已经演化成完全的手段和方式，被应用在游说过程中了。正是根据这种思想，纵横家的所有谋略、技巧才得以展开，其使用的长短、捭阖、抵巇、纵横等核心计谋才能有施行的基础。

但笔者认为纵横家在方法上，从中国古代文化中汲取的最重要的思想是"和"，是转化而不是强硬的斗争。这是因为较之于西方文化，中国文化本来就是偏于阴柔和母性的文化，讲求通和致化、天人合一。《老子》更是这种文化的突出代表，而纵横家正是继承了老子"反者道之动，弱者道之用"的思想，发扬了"弱者道之用"，主张阴、隐、静，以看似柔和的方式来实现并不柔弱的目标。同时，更值得注意的是"反者道之动"思想的发挥，他们运用这种思想促使游说之中的不利因素向有利因素不断转化，不断积累自己的心理势能。这样，即使是在"争于气力"的战国，策士也能够避免运用法家那么强硬的方式或战争那种头破血流的方式，而是用伐交、伐谋，采取相对巧妙的方式来实现外交和征战的目的。关于这一点，本文还将结合中国文化，在第三章里以"融通性思维"来进行更详细的阐释。

在《战国策》的记载中，我们可以看到许多应用到实际中的辩证思维。辩证逻辑包含在事件、情节、对话中，相对于《鬼谷子》，《战国策》的辩证逻辑更多是在外交、辩难中展现出来的，是其事件性的展开，也是其在特殊领域里的应用和发展。这些具体的事件，体现着战国策士杰出的"转化"意识，即将双方的地位和势能看作是可以变化的，只要采取一定的措施，就可以不断转变双方的角色和意识，并逐渐消减"势差"，使双方达到几乎接近的程度。我们可以就大家都熟悉的《赵四·赵太后新用事》来说明其辩证思维：

> 赵太后新用事，秦急攻之。赵氏求救于齐。齐曰："必以长安君为质，兵乃出。"太后不肯，大臣强谏。太后明谓左右："有复言令长安君为质者，老妇必唾其面。"左师触詟愿见太后。太后盛气而揖之。入而徐趋，至而自谢，曰："老臣病足，曾不能疾走，不得见久矣。

---

① 《鬼谷子·捭阖》。

窃自恕，而恐太后玉体之有所郄也，故愿望见太后。"太后曰："老妇恃辇而行。"曰："日食饮得无衰乎？"曰："恃鬻耳。"曰："老臣今者殊不欲食，乃自强步，日三四里，少益耆食，和于身也。"太后曰："老妇不能。"太后之色少解。

左师公曰："老臣贱息舒祺，最少，不肖。而臣衰，窃爱怜之。愿令得补黑衣之数，以卫王官，没死以闻。"太后曰："敬诺。年几何矣？"对曰："十五岁矣。虽少，愿及未填沟壑而托之。"太后曰："丈夫亦爱怜其少子乎？"对曰："甚于妇人。"太后笑曰："妇人异甚。"对曰："老臣窃以为媪之爱燕后贤于长安君。"曰："君过矣，不若长安君之甚。"左师公曰："父母之爱子，则为之计深远。媪之送燕后也，持其踵为之泣，念悲其远也，亦哀之矣。已行，非弗思也，祭祀必祝之，祝曰：'必勿使反。'岂非计久长，有子孙相继为王也哉？"太后曰："然。"左师公曰："今三世以前，至于赵之为赵，赵主之子孙侯者，其继有在者乎？"曰："无有。"曰："微独赵，诸侯有在者乎？"曰："老妇不闻也。""此其近者祸及身，远者及其子孙。岂人主之子孙则必不善哉？位尊而无功，奉厚而无劳，而挟重器多也。今媪尊长安君之位，而封之以膏腴之地，多予之重器，而不及今令有功于国。一旦山陵崩，长安君何以自托于赵？老臣以媪为长安君计短也，故以为其爱不若燕后。"太后曰："诺。恣君之所使之。"于是为长安君约车百乘质于齐，齐兵乃出。

　　这其中体现了若干层次的辩证逻辑。首先我们看到两人所处的"势位"和势能，显然赵太后是占据了绝对优势的，而赵太后对"以长安君为质"之事，也抱着彻底反对的态度，这和左师触詟的意愿处在完全对立的反面。但是触詟采取了温和巧妙的转化方法，运用辩证思维，采取了低调的切入方法，随着健康、饮食的问候，逐渐消解赵太后的怒气。这其中体现了：第一，体能与意志上的辩证。采用衰弱的表象，来换取太后的同情和意志上的松懈。第二，量变与质变的辩证。由自己推及他人，触詟在对自己的健康、对孩子的关爱的一系列事情的陈述中逐渐扭转了太后的态度。第三，时间与空间的辩证。当时间过去，长安君无以自托，其所处的环境必然被时间所改变，这也是触詟改变太后态度的充分论据之一。第四，国家与孩子的辩证。显然无论是舒祺还是长安君都必须在为国家作出贡献的前提下，才能立足，触詟认为看清了这一点，才是真正的爱子。在这个过程中，触詟并没有在太后强大的势能面前丧失勇气，而是成功地将自己的意志"势能"转化为太后的意志"势能"，这正是因为看到了改变的可能。

策士们经常采用的游说方法，是从"长"、"短"两方面来说，也就是从"利"、"害"两方面来说服对方的，而这也是捭阖术的具体运用之一。面对残酷的生存斗争，君王们"利害交战，志念摇荡"，对于利害锱铢必较，因此诱之以利、迫之以害便成为战国策士喜用的游说方法。他们说到利益则变本加厉，极尽渲染之能事；言害则不惜危言耸听，故作惊人之语，拉开两极，通过巨大的对比实现意图。利害相辅相成，通过这种辩证，策士们就能够引导对方的意志。楚顷襄王二十年，秦白起拔楚西陵，烧楚先王之墓。黄歇身担大任，前去游说秦昭王，所用方法就是晓以利害。由于处于劣势，要给秦王什么利益都显得很苍白，黄歇在大大地赞扬了一番秦王，使他放松警惕之后，便说起伐楚的危害：

> 王破楚于以肥韩、魏于中国而劲齐，韩、魏之强足以校于秦矣。齐南以泗为境，东负海，北倚河，而无后患，天下之国，莫强于齐。齐、魏得地葆利，而详事下吏，一年之后，为帝若未能，于以禁王之为帝有余。

气势流畅贯通，言之有据，不能不使骄矜的秦王冷静下来。要避免这样的情况，黄歇接着提出"莫若善楚"，这样的好处是：

> 临以韩，韩必授首。王襟以山东之险，带以河曲之利，韩必为关中之候。若是，王以十成郑，梁氏寒心，许、鄢陵婴城，上蔡、召陵不往来也。如此，而魏亦关内候矣。王一善楚，而关内二万乘之主注地于齐，齐之右壤可拱手而取也。是王之地一任两海，要绝天下也。是燕、赵无齐、楚，无燕、赵也。然后危动燕、赵，持齐、楚，此四国者，不待痛而服矣。①

---

① 《战国策·秦四·顷襄王二十年》。

"必受首"、"拱手而取"、"不待痛而服"显然是夸张之语，但是这样的对比生效了，给了秦昭王相当程度的震撼，楚国终于因为黄歇的努力而延缓了灭亡的脚步。黄歇所运用的，正是基于双方地位的辩证思维，在游说中虽然是从自己的利益着眼，却必须处处体现对对方利益的考虑，这样才可能将自己的意志和欲望转变成为对方的意志和欲望，动力和势能就能变为双倍乃至更多。利用辩证思维，使得对方最终和自己具有同一方向的运动指向，这正是策士们在危难之时所使用的杀手锏。策士在无形中求有形，将无形而微妙的外交关系按自己的需要理顺，并借助这种"势"来成事，最终使得有利的局面现之于形，这是需要比较高层次的思维来把握的。从黄歇对辩证思维的成功运用，可见对比的力量还是非常大的，一方面是益处的正面诱使，另一方面是害处的反向重压，符合游说对象趋利避害的心理，以巨大的反差成功。张仪则比较特别，他往往是把反面的威压当成主要手段，最后再对利益稍加阐述，这大概和他依恃秦国有关，凭借秦国的虎狼之力对各国施加压力，就不是说服而是压迫了。

应该说，除了行为中具体的运用外，从对话之中也可以较为明显地看到策士对辩证思维的思考。在《赵二·苏秦从燕之赵始合从》中，苏秦就在向赵王说明自己的择交之道时说："请屏左右，曰言所以异，阴阳而已矣。"在《燕一·齐伐宋宋急》中，苏代游说燕昭王："虽然，臣闻知者之举事也，转祸而为福，因败而成功者也。齐人紫败素也，而贾十倍。越王勾践栖于会稽，而后残吴霸天下。此皆转祸而为福，因败而为功者也。今王若欲转祸而为福，因败而为功乎。"这其中"转祸而为福，因败而为功"的思想的精髓就在于"转"和"因"二字，"转"表明了势能由低到高的积累过程，而"因"则体现了败中求胜、因势利导的思想，更是辩证思维应用于具体事件中的最好说明。在长沙马王堆汉墓出土的帛书《战国纵横家书》中也有着与《战国策》相一致的辩证思想，像第23章"于安思危，危则虑安"的思想、第17章的"察于见反"的思想等都体现了策士在战国错综复杂的局势中，力求抓住双方乃至几方关系的核心的努力，而辩证思维就提供了这种可能。

应该看到，无论是《鬼谷子》还是《战国策》，主导思维是对老子思想的继承中有扬弃、有反动。这主要体现在两个方面：第一，转化中注重人为，这是对老子"无为"说的扬弃。第二，阴阳依"势"而转化，这不同于老子主张的无凭依转化。可以说，在对老子思想的反动中，策士又推动了辩证思维的创新和发展。

注重人为努力的问题也可以看作是对动静、强弱等辩证范畴的把握问题。尽管《老子》所说的"将欲歙之，必固张之；将欲弱之，必固强之；将欲废之，必固举之；将欲夺之，必固与之"①，直接启发了策士的谋略思想，其中似乎对动静、强弱等问题作出平分秋色的等同看待，但是老子总体上是强调"致虚"、"守静"、"无欲"等相似的主张的。这也是许多研究者达成的共识："致虚极守静笃。万物并作，吾以观复。夫物芸芸，各复归其根。归根曰静，静曰复命。"② 所有的事物最终回归的状态是"静"，这是一个常态，并且老子强调说："知常曰明。不知常，妄，作凶。"③ 字里行间都可看出老子是一个谨慎的能量守护者。而《鬼谷子》也是以"静"、"柔"为基本立足点的，在根本问题上与《老子》的倾向是相同的："安徐正静，柔节先定。善静而不与，虚心平意以待倾损。"④ 而在此基础上，最重要的是能保证谋略的顺利进行："心欲安静，虑欲深远。心安静则神策生，虑深远则计谋成。神策生则志不可乱，计谋成则功不可间。意虑定则心遂安，心遂安则所得不错，神自得矣。"⑤ 安静是产生良策的必要条件，可见纵横家在基本问题上是倾向于赞同阴性做法的。

虽然都以静为本，但是对于动静、强弱孰重孰轻的看法，老子和鬼谷子却有着很大不同，也就是说在两者关系上的把握均衡度是不同的。老子显然永远强调守雌好静、无为、无争，"柔弱胜刚强"，"坚强者死之徒，柔弱者生之徒。是以兵强则灭，木强则折。强大处下，柔弱处上"⑥。而鬼谷子却在赞同静柔的做法上更走远了一步——对于动、强、有为同样是极其强调的，甚至将其视为所有行为的目的。"圣人谋之于阴，故曰神；成之于阳，故曰明"⑦，阴和阳在谋略的完成过程中处于同样重要的地位，并且两者真正是互为成就的，"阳动而行，阴止而藏；阳动而出，阴隐而入；

---

① 《老子·三十六章》。
② 《老子·十六章》。
③ 《老子·十六章》。
④ 《鬼谷子·符言》。
⑤ 《鬼谷子·本经阴符七术》。
⑥ 《老子·七十六章》。
⑦ 《鬼谷子·摩》。

阳还终阴，阴极反阳。以阳动者，德相生也。以阴静者，形相成也。以阳求阴，包以德也。以阴结阳，施以力也。阴阳相求，由捭阖也"①，主张两者不可偏废。正是在这种理解上，纵横家对老子的思想有继承，更有发展，也就是抛弃了老子过分强调的"无为"，而注重人为的努力，并最终形成了自己独特的思维方式。

这个特点可以从老子和鬼谷子所思考的几个层次问题的对比之中凸显出来。对于"道"，老子认为它不可言说，"道可道，非常道"②；无法看清，"道之为物惟恍惟惚。惚兮恍兮其中有象。恍兮惚兮其中有物。窈兮冥兮其中有精"③；听不到，"视之，不足见。听之，不足闻"④；甚至似有似无，"湛兮！似或存。吾不知谁之子，象帝之先"⑤，对"道"进行了神秘化的阐释，似乎以人的能力是无法去认识的。而纵横家却直接将"道"等同为"捭阖"的具体谋略方法，这种简单直接的概括看起来无法与老子高深的"道"抗衡，但正是具体化的解释表明了纵横家对"动"、"强"、"有为"的强调。"捭阖"是一个包含了阴阳两方面的概念，更重要的是，这是一种游说技巧和方略，它本身就是"人为"的化身。

相对于老子，纵横家是更强调人为之"势"的。老子是智者，纵横家是智辩的能手，对于人的能力和智慧，他们有着不同的认识。老子说，"绝圣弃智，民利百倍"⑥，"民之难治，以其智多。故以智治国，国之贼。不以智治国，国之福"⑦。不仅治理国家如此，个人也应该"俗人昭昭，我独昏昏；俗人察察，我独闷闷"⑧，即使有智慧，也最好隐藏起来，这样才能与"道"的运行相吻合。因此老子又说，"塞其兑，闭其门，终身不勤。开其兑，济其事，终身不救"⑨，堵住耳目口鼻，关上感知的大门，这样就不会有愁苦和担心了，只有彻底切断与外界的联系，才能不被迷惑，不被

---

① 《鬼谷子·捭阖》。
② 《老子·一章》。
③ 《老子·二十一章》。
④ 《老子·三十五章》。
⑤ 《老子·四章》。
⑥ 《老子·十九章》。
⑦ 《老子·六十五章》。
⑧ 《老子·二十章》。
⑨ 《老子·五十二章》。

扰乱，从而用心感受大道之光，也就是所谓的"知者不博，博者不知"①了。

而纵横家在顺应所谓的"捭阖"之道的同时，对老子的思想进行了内核上的改变，这也是某种程度上的反动。静是为了动，要揣摩、体察、掌握，是对老子"绝圣弃智"、"塞其兑，闭其门"的反动，"听贵聪，智贵明，辞贵奇"②，面对外界所需要的不仅仅是听、智、辞，并且要达到聪、明、奇的程度。要灵敏地把握周围的一切，绝对不能浑浑噩噩，因此应该充分地发挥各种器官的作用。纵横家认为，"口者，心之门户也。心者，神之主也。志意、喜欲、思虑、智谋，此皆由门户出入"③，"故口者，机关也；所以开闭情意也。耳目者，心之佐助也；所以窥瞷奸邪"④，心口耳目是了解外界的必要器官，是门户，是辅佐，因此在游说和外交活动中非常重要。而"故无目者不可示以五色，无耳者不可告以五音"⑤，耳目都不灵是无法展开更为玄妙的谋略工作的。在强调耳聪目明的基础上，智慧更需要刻意地锻炼，甚至达到"事之危也，圣人知之，独保其用；因化说事，通达计谋，以识细微"⑥，能够以小知大，通达计谋，具有准确的判断，如果承袭老子"闭"、"塞"的主张是不可想象的。要"审察其先后，度权量能，校其伎巧短长"⑦，并根据贤、不肖、智、愚、勇、怯、仁、义，"审定有无，以其虚实，随其嗜欲以见其志意"⑧，而"闻声知音"术、"解仇斗郤"术、"缀去"术、"却语"术、"摄心"术、"守义"术等无不需要精心的思虑、卓越的智慧，这似乎走向了老子智慧观的反面。隐匿不是为了无为，而是要生制，要"权"、要"谋"、要"决"，要保护和发展自己的势力，并在揣摩后作出决定，制造关键性的转化形势，而非老子主张的听凭自然。"司守门户"相当重要，但静默只是前提与手段，不是要保守的状态和目的，这就是两者最大的区别。因此在现实中无论是加

---

① 《老子·八十一章》。
② 《鬼谷子·权》。
③ 《鬼谷子·捭阖》。
④ 《鬼谷子·权》。
⑤ 《鬼谷子·权》。
⑥ 《鬼谷子·抵巇》。
⑦ 《鬼谷子·捭阖》。
⑧ 《鬼谷子·捭阖》。

快还是放缓阴阳的转变，无论是拉大还是减小自己和对方的"势差"，都需要策士精心把握，都必须有人为智慧的推动，而不是消极地随"道"而动。

老子认为人最终的归宿是"道"，应该放弃智慧，"知者不言。言者不知"，"挫其锐，解其纷，和其光，同其尘，是谓玄同"①，归于尘土就与大道齐同了。纵横家则认为阴是为了阳，虚是为了实，柔弱是为了刚强，最后的结果是努力的指向。无为是为了有为，不同于老子"归根曰静"的结果论，纵横家所希望达到的目标是"以观天地开辟，知万物所造化，见阴阳之终始，原人事之政理。不出户而知天下，不窥牖而见天道；不见而命，不行而至；是谓道知。以通神明，应于无方，而神宿矣"②，几乎是无所不知，无所不能了。

对于世间的富贵，老子主张及时而"退"的原则，"持而盈之不如其已；揣而锐之不可长保；金玉满堂莫之能守；富贵而骄自遗其咎。功遂身退，天之道也"③，甚至对自己的肉身感到厌恶，认为肉身是招致祸端的原因："何谓贵大患若身？吾所以有大患者，为吾有身，及吾无身，吾有何患？"④ 肉身消失的时候，也就是没有担忧的时候了。而纵横家的人生理想则是"外内者必明道数。揣策来事，见疑决之。策无失计，立功建德，治名入产业，曰揵而内合"⑤，不但进取且更具有浓厚的功利色彩。看来，从理想到现实，纵横家和道家都是在相似中有着极大的不相似，这何尝不是一种辩证的转化关系呢？

纵横家对老子思想的第二个反动和发展的表现，是在阴阳转化中依"势"而动，这不仅体现了纵横家思想中将辩证思维形之于物的特点，也对老子的相对论中的偏颇之处作出了纠正。

这种发展，首先仍是在继承老子思想的基础上进行的。老子认为万物在一定的时候都会向相反的方向发展，所有的事物都是两面依存的。"曲则全，枉则直，洼则盈，敝则新，少则得，多则惑。是以圣人抱一为天下

① 《老子·五十六章》。
② 《鬼谷子·本经阴符七术》。
③ 《老子·九章》。
④ 《老子·十三章》。
⑤ 《鬼谷子·内揵》。

式。不自见故明；不自是故彰；不自伐故有功；不自矜故长；夫唯不争，故天下莫能与之争。古之所谓：曲则全者，岂虚言哉！诚全而归之"①，曲、全，枉、直，洼、盈，敝、新，虽然是相反的概念，但是又互相包含，并且在一定的时候就会相互变化，因此老子认为将其等同看待也未尝不可。老子所推崇的"圣人"，就有先见之明能够先看到这一点，可以作出明智的举动。所有的事物，都沿着大道的轨迹而运动。所谓的大道，在一定的时候就会反向而动，"反者道之动"② 也，并且它独立存在，永不改变，沿着循环的轨道永无休止，"有物混成先天地生。寂兮寥兮，独立不改，周行而不殆，可以为天下母。吾不知其名，字之曰道。强为之名曰大。大曰逝，逝曰远，远曰反"③，寂寥无声的道独自运行着，同时带动万物也如此运动。老子的理论，虽然指出了事物运动的自然之理，但是这种运动之"势"带有偏颇。万物都消极地处于循环之中，而没有改变，其"势"显然忽略了事物间相互作用的痕迹，忽视了运动中物质带来的对"势"的改变作用，没有看到其对"反"加快或变慢，甚至改变性质的作用。

　　老子的理论是摒除了"物"的作用的。事物之间的转化是无甚可依、没有标准的，基本上可以看作是同一概念，所以他说："祸兮福之所倚。福兮祸之所伏。孰知其极，其无正。"④ 值得注意的是"其无正"之语，事物的转变没有穷尽，甚至也没有标准可依，那么何时变化、是否发生变化并非人力所能把握。这种思想在庄子那里更是得到了极端的发展，他直接提出了齐万物、等生死的观念。他认为"万物一齐，孰短孰长"⑤，"方生方死，方死方生"⑥，在《齐物论》中更说，"其分也，成也。其成也，毁也。凡物无成与毁，复通为一"，"物无非彼，物无非是"，将所有事物看作是没有差别的同一物体，正是将事物间本来分明的物质性化为流动性，进而抹杀区别。他的万物齐一、化异为同的观念，等同生死、始末、成毁、同异、彼此、大小，泯灭了是非，虽然在思想上达到了一个非他人可

---

① 《老子·二十二章》。
② 《老子·四十章》。
③ 《老子·二十五章》。
④ 《老子·五十八章》。
⑤ 《庄子·秋水》。
⑥ 《庄子·齐物论》。

企及的高度，但是也过度地消除了周围存在物在人类视野中的作用。

虽然纵横家由于过分强调实用而走向了另外一个极端，但是不可不指出他们在中国古代思想的发展史上尽管不显著，但并非不存在的作用。纵横策士由于其职能的限制，在战国弱肉强食的社会中不能像勇士那样使用武力，却要达到相同的目标：扭转时局，创造新机遇，使得所辅助的诸侯国能够生存下去，甚至强大起来统一天下。这样，就注定了他们必须采取和武士不同的方式来实现这一目标。这就是不用强力用巧力，必须在已有的局面上展开工作。这样，策士就得依"势"而行了。所谓的"势"，在策士这里具有两个必要的要素：第一，自然纹理，即事物合理的自然走势；第二，这种自然走势形之于物的具体形态和局面。由于"势"是策士回望过去、展望将来并最终作出决定的依据，所以他们必须对当前之"势"充分了解并作出判断，鬼谷子强调说："其变当也，而牧之审也。牧之不审，得情不明。得情不明，定基不审。"① 对此是必须顺应的，如《赵三·说张相国曰》中策士所说，"故事有简而成功者，因也"，对于"势"理是必须顺应的，并且要敏感地抓住其中有可能壮大的微小因子，准确地分析其走"势"，甚至从极为细小的事情中也应该觉察："故观蜎飞蠕动，无不有利害，可以生事。变生事者，几之势也。"② "几之势"正强调了萌芽中事物的走势，而能否明察这些也是判断一个策士机智与否的标准，所谓"揣情最难守司，言必时其谋虑"（《鬼谷子·揣》）。可见，纵横家是极其重视具体物质形态的影响的。

在"势"两个层面的理解中，纵横家在第一个层面上继承了老子思想，而第二个层面则属于其在此基础上对老子思想反动并自我发展的方面。老子所说的"道"以及他的辩证思维，是包含着深刻的哲学思考的，也显示了万物运行的自然之理，即万物都有相辅相成的两个方面，并且会互相转化，这是自然之"势"，也为纵横家所认同和吸收。但是万物转化的依凭为何？"道"过于玄妙，而纵横策士则给出了自己的答案，这就是"势"的第二层面的含义了，即"道"物质化显现出来以后的形态，具有显示过去、表现现在、预示未来的作用，也同样决定了阴阳因素转化的速

① 《鬼谷子·反应》。
② 《鬼谷子·揣》。

度、性质、影响的大小等。同时，根据这样的情况来对这个进程施加自己的影响，更显示了自己的物质影响力。这样，纵横家就以自己的行为，对老子思想进行了一种独特的诠释：万物的转化是需要依凭的，并且，"人为"也是这种具体形势中可能产生影响的因素之一。

第三节　以形式逻辑为方法

《战国策》论说的指导思想是"实用"，为了实现它，战国策士借助了形式逻辑的力量。策士语言雄奇阔论，恣肆滔滔，往往会产生比较强大的气势和说服力。对此人们一般把注意力集中在其论辩修辞上，但是正如瑰丽的画面必然有其底色，摩天大厦也必有坚固的基座，严密的逻辑思维是《战国策》充沛气势的基底所在。有了质实严密的形式逻辑，策士才能在论说中立于不败之地，集中思想的力量形成"势能"，给予对方较强的冲击，从而彻底说服对方。在战国策士所使用的逻辑方法中，最基本、最有说服力的是精辟深刻的分析，类推、演绎、归纳是常见手法，较为少见的则有二难推理、归谬法等。

应该说，思想的力量来自于语言能力的提高。战国时代士阶层的勃然兴起，使得论辩诘难成为风尚。由于士来自不同阶层，代表着不同阶层的利益，他们提出的解决社会生活现实矛盾的途径、富国强兵的主张各不相同，排斥异学、力主己说、相互攻讦成为风尚。荀子就认为"君子之于言也，志好之，行安之，乐言之，故君子必辩"（《荀子·非相》），《庄子》也讲"辩雕万物"（《庄子·天道》），而"擅养浩然之气"的孟子更是发出了"予岂好辩哉？予不得已也"（《孟子·滕文公下》）的感叹。"辩"成为各种思想交流、碰撞、发展的主要方式之一，也促使各个流派对论辩的方法、准则以及思维逻辑和修辞作出探讨和研究。中国古代很早就开始了对一些逻辑问题的思考，如名实问题，殷周之际就已经出现了"名"字，《礼记·月令》："勉诸侯，聘名士。"《周礼·天官·兽人》："辨其名物。""好刑名"的邓析最早将"名"纳入研究的视野，其"两可"之说对后来策士的论辩思维有直接的启发作用。而孔子的"正名"论，墨子论

"辩"与"名"，无疑都启蒙着后来者对名实以及诸多逻辑问题的思考。墨子的"三表法"，公孙龙的"白马非马"、"离坚白"的论题，可谓是中国古代逻辑史的提升之论。后期墨家写出的《墨辩》，讨论了名、辞、说各种思维形式，总结了思维规律，在当时的名辩思潮中取得了最高的成就。荀子结合儒家思想对名实问题的探讨，韩非子的"矛盾之说"、"刑名之学"，对战国士人语言和思维的提高都不无意义，尤其对其严密的逻辑思维的形成有极大的影响。先秦先哲对这些问题的探讨，虽然不能直接为战国纵横家的游说提供现成的依据，但对于形成当时论辩中寻求"气势"以及能够以理服人的风气非常重要。

战国策士的使命决定了他们对外交生活的重视，"安民之本，在于择交。择交而得，则民安；择交不得，则民终身不得安"①，思维是否严密、语言是否得当，可以说举足轻重，外交问题绝非华丽的辞藻能够解决的，具有说服力才最为重要。外交出使的时候，是否能够敏锐地觉察出问题所在，语言是否掷地有声，是否具有鼓动性或威慑力，事关重大，正所谓一言可以兴邦，一言可以丧国，更有人认为三寸之舌甚至有强过百万之师的功效。策士的成功，基本上都要通过言辞来实现。尤其是在战国时代，外交活动频繁，外交是政治活动的重要组成部分，更是协调军事活动的重要手段。就是谋取个人势位，也必须有雄辩的口才，"一言合意，立取卿相；一语不智，垂橐而归"②，因此策士们都把语言放到一个非常重要的位置。《燕二·燕饥》中赵恢就说："今予以百金送公也，不如以言。"同时由于论说是一项复杂的技巧，面对的往往是残暴的诸侯，也加大了游说的难度。韩非子在《说难》中就对游说之难有所描摹："夫龙之为虫也，柔可狎而骑也；然其喉下有逆鳞径尺，若人有婴之者，则必杀人。人主亦有逆鳞，说者能无婴人主之逆鳞，则几矣。"于是无论是取城还是谋国，却敌救急，策士都会精心揣摩锤炼，谨慎立论，填补漏洞，希望运用语言中凝聚的"势"力打动人主。因此，内在分析的细密纹理、逻辑手段的恰当运用，是策士在润色修辞之前所追求的。

《战国策》中的论辩方法众多，最基本也最有说服力的就是周密严谨

---

① 《战国策·赵二·苏秦从燕之赵》。
② 王焕镳著：《先秦寓言研究》，上海：古典文学出版社，1957年，第13页。

的论证、精辟深刻的分析。这些分析往往紧紧围绕论点，"其陈说厉害，历历如队列棋布，并文章之上诠也"（阮宗礼《战国策钞后跋》），透过表面的现象，深入实质层层剖析。要进行这样的分析，并不是件简单的事情，必须具备全面的知识和深刻的见解。策士们的过人之处也正在于此，他们对各国的情况，包括地理、历史、实力、统治者与臣子的情况及亲疏倾向都了然于胸，对这些国家的发展、远近期的目标和外交策略都必须知道得清清楚楚，并在此基础上作出具有预见性的分析，然后根据目的和意图，或说服，或诱导，使君王顺从自己的安排。他们论地形则囊括山河要塞，论政事则涉及得失利害，无不气势恢宏，语语中的。或归纳，或演绎，或类推，往往用"则"、"故"、"必"加以判断，水到渠成地推出论点，令听者只能叹服。如《秦一·司马错与张仪争论于秦惠王前》，司马错和张仪在秦惠王前为是伐蜀还是伐韩的问题展开了辩论，司马错据理力争，指出：

> 夫蜀，西辟之国也，而戎狄之长也，而有桀、纣之乱。以秦攻之，譬如使豺狼逐群羊也。取其地，足以广国也；得其财，足以富民缮兵。不伤众而彼已服矣。故拔一国，而天下不以为暴；利尽西海，诸侯不以为贪，是我一举而名实两附，而又有禁暴正乱之名。今攻韩劫天子，劫天子，恶名也，而未必利也，又有不义之名，而攻天下之所不欲，危！臣请谒其故：周，天下之宗室也；齐，韩、周之与国也。周自知失九鼎，韩自知亡三川，则必将二国并力合谋，以因于齐、赵，而求解乎楚、魏，以鼎与楚，以地与魏，王不能禁。此臣所谓"危"，不如伐蜀之完也。

他首先从正面论述蜀国的现状，认为其地僻而乱，可以轻取致利，而在名分上也是不暴不贪，有禁暴正乱之名，给秦惠王一个直接有力的冲击点，可谓开门见山。接着又从另一方面论述伐韩的不义不利之处，认为绝不可取，大大削弱了秦惠王伐韩的兴趣。接着对伐韩的前景作了预示，预见伐韩可能会导致众国合力攻秦的局面，即"危"局，点出了最危险的可能。这番分析力透纸背、入木三分，句句切中要害，一番论证让秦惠王只得称"善"，果伐蜀而"益强富厚，轻诸侯"，不可不谓是司马错之功。

有的分析则显示了更为深厚的谋略功底和内涵，特别是在国与国错综复杂的关系当中，作出正确深刻的分析，巧妙地利用各国间的微妙关系来获益，对在战乱中争取生存和发展是非常必要的。这些谋略中最主要、最核心的就是源于古老的阴阳交感观念的思想，即把任何事物都看成是有差别的两面，又可以相互转化，即"一阴一阳之谓道"，"寒暑相推，而岁成焉"（《易传·系辞上》），这点在上一节已经有所论述。策士们吸取了这种思想的精华，要正确客观地分析形势，少不了把它运用到具体的谋略中去。当魏将与秦攻韩时，情急之下，信陵君就运用了这种思想，对攻韩作出了相当有见地的分析。

他先以秦对太后母、穰侯舅、两个弟弟的态度，指出秦"有虎狼之心，贪戾好利而无信，不识礼义德行"，"此于其亲戚兄弟若此，而又况于仇雠之敌国也"，为后面的论述做好铺垫。然后他细致入微地从地理环境方面指出"韩亡之后，必且便事；便事，必就易与利；就易与利，必不伐楚与赵矣"，丝丝入扣，入情入理，很自然地得出论点"韩亡之后，兵出之日，非魏无攻矣"，然后回忆起"秦十攻魏，五入国中，边城尽拔"的往事，敲响警钟，提醒魏王"秦乃在河西，晋国之去大梁也尚千里，而祸若是矣。又况于使秦无韩而有郑地，无河山以阑之，无周、韩以间之，去大梁百里，祸必百此矣"，强调如果没有韩国的屏障作用，魏国的处境将会是非常危险的，给魏王当头一记棒喝。况且"今韩受兵三年矣，秦挠之以讲，韩知亡，犹弗听，投质于赵，而请为天下雁行顿刃。以臣之观之，则楚、赵必与之攻矣"，预见到将来各国的合盟，以瓦解魏王最后的希望。最后劝魏王"速受楚、赵之约，而挟韩、魏之质，以存韩为务，因求故地于韩"，如此还能"通韩之上党于共、莫，使道已通，因而关之，出入者赋之，是魏重质韩以其上党也。共有其赋，足以富国，韩必德魏、爱魏、重魏、畏魏，韩必不敢反魏。韩是魏之县也。魏得韩以为县，则卫、大梁、河外必安矣"①，从好处、利益方面说服魏王，促使魏王不能不认真思考这个问题。信陵君很善于发现敌、我、友三方中的统一关系，审时度势，透过现象看到本质，不把现有的魏、韩、秦的关系看成一成不变的，而是在利益统一中寻找对立，在暂时的对立中看到了长远利益的统一。他

---

① 《战国策·魏三·魏将与秦攻韩》。

认为虽然现在魏国可以借着秦国的势力暂时从韩国那里得到一些好处，但是魏国、韩国都是较弱的国家，失去了彼此的联盟，再无地理上的依靠，那么将来秦国将是魏国最大的对立者。因此联合较弱的国家，才是抗衡秦国的长远对策，才体现了各国的利益，其论说和分析相当中肯和精辟。

这种辩证的思想在策士的谋略中体现得很多，当时诸国纷争并存的局面迫使他们不得不仔细思考各国变幻莫测的关系，寻找策略和解决问题的出路，化敌为友，这有利于争取更多的利益。主张合纵的策士，则表现为能从各国的纷争中看到共同的利益，制止六国国君事秦或割地赂秦的妥协行为、以及他们之间的相互攻伐，像虞卿、淳于髡、冯忌、季梁等都曾提出过这样的主张。他们的目光较为长远，能使君王从眼前的短期利益中清醒过来，停止愚蠢的行为。这对减少无谓的争斗也极有益处。

当然，策士们在论辩时反复纵横，曲尽其意，但许多情况下他们的分析也不符合严格逻辑意义上的充足理由律，即"在论断过程中，只有可以提出充足理由证明其为真的那些判断才可以认为是确实可信的"[①]。人类生活本来就不像自然科学那样能遵循严密的定理，得出一定的结论；而战国社会疾风骤雨，策士也不可能百分之百以前因推出后果。往往何为利、何为害皆把握于心，很大程度依赖于主观判断。所以，很多时候策士们的论说表面上都很有道理，实际上却带有相当程度的主观性。在《赵三·秦攻赵于长平》中，楼缓和虞卿唇枪舌剑，展开争论，异常激烈。楼缓主张给秦献出六城，与秦结好，否则当秦为难赵时，天下各国会乘势瓜分弱赵；而虞卿则认为"以有尽之地，给无已之求，其势必无赵矣"，应该以五城结齐国以罢秦，否则割地给秦更是示弱于天下。两个人的说辞听起来都有道理，其争论并非源于"得情不明，定基不审"[②]，恰恰相反，他们对一切了然于胸，对天下各国的反应、态度的揣摩不同是分歧所在。其争持不下一方面反映了他们对情况明了的把握，另一方面反映了他们是为了达到自己的目的，只是由于所代表的利益不同，造成了倾向的不同，因而有各自的主观性。

这样一种主观上的机动性也造成《战国策》中的论辩有相当多的一种

① И. Я. 楚巴欣、И. Н. 布洛德斯基主编，宋文坚等译：《形式逻辑》，上海：上海人民出版社，1981年，第104页。

② 《鬼谷子·反应》。

情况:第三者游说一方，对另一方的言行、用意加以分析、点拨以达到自己或自己亲近的那一方的目的，有意识地变换游说的角度、方法，"深隐而待时"，通过对对方的熟知牵引对方，甚至利用表面的假象来实现另外的意图，这实际上是采用"迷惑术"，通过虚假的分析实现计谋。

中山作为一个小国，很容易招致大国的攻击，称王不慎，就招来了齐国的怒气，于是齐国欲割平邑以赂燕、赵，出兵以攻中山。蓝诸君非常害怕，于是张登就给他献了一计，他模拟游说齐王的情景说："……然则王之为费且危。夫割地以赂燕、赵，是强敌也；出兵以攻中山者，首难也。王行二者，所求中山未必得。王如用臣之道，地不亏而兵不用，中山可废也。……王发重使，使告中山君曰：'寡人所以闭关不通使者，为中山之独与燕、赵为王，而寡人不与闻焉，是以隘之。王苟举玉趾以见寡人，请亦佐君。'中山恐燕、赵之不己据也，今齐之辞云'即佐王'，中山必遁燕、赵，与王相见。燕、赵闻之，怒绝之，王亦绝之，是中山孤，孤何得无废？"似乎一心一意为齐王着想，担心齐王不但浪费兵力，且会遇上强敌，而"所求中山未必得。"先大大宣扬危害，然后话锋一转，表示愿为齐王指出一条捷径。这样的一抑一扬，必然使得齐王非常乐于倾听。他告诉齐王应对中山君表示出结好之意，这样在离间中山和燕、赵的关系后，再"王亦绝之"。这一番分析，不可谓不实际；而这条计策，更不可谓不妙。但是越容易打动齐王，张登就越容易实现自己的目的——阻止齐国的进攻，瓦解齐与燕、赵的结盟。这是因为他能估计到更长远的事情："齐以是辞来，因言告燕、赵而无往，以积厚于燕、赵。燕、赵必曰：'齐之欲割平邑以赂我者，非欲废中山之王也；徒欲以离我于中山，而己亲之也。'虽百平邑，燕、赵必不受也"（《中山·中山与燕赵为王》），巧妙地利用了各国之间的矛盾关系斡旋其中，而事实也证明，他的分析是正确的，计谋是成功的。

其他如《赵四·齐欲攻宋》、《魏一·张仪以秦相魏》、《韩二·胡衍之出几瑟于楚》、《燕一·齐伐宋宋急》等都是借分析情况来实现隐藏的意图。更有甚者，还替死者分析意图：魏惠王死，天大雨雪，群臣谏太子请弛期而葬，太子不允。犀首即以季历之葬引出文王之义，并认为天大雨雪是"先王必欲少留扶社稷安黔首也"①，终使太子弛期更日。由此可以看出，不管是真实的分析，还是分析之下另有图谋，这样一种论证手法是最为普遍和最常用的，因为它有源自现实的力量，是一种实实在在的论辩方法，特别是当策士条理明晰、思维缜密的时候，更具有逻辑的力量，很容易打动、说服人。

策士们的分析是在对所有情况的把握和了解上进行的，尤其是对君王诸侯的心理，必须要察其爱憎，然后有所针对。如上一节所论，诱之以利，迫之以害，运用双向作用的方式，是战国策士常用的游说方法。

策士们的言辞本有铺张的特点，他们说到利益和危害时都极力夸大，以两者鲜明的对比自然凸显出观点的力量。蔡泽见逐于赵，但他并不气馁，甚至准备取代应侯范雎的地位。这谈何容易，范雎可是为秦国制定远交近攻政策、说动秦昭王攘除太后和穰侯的权臣。但蔡泽居然硬是凭三寸不烂之舌成功了：围绕"四时之序，成功者去"，援引大量历史事件，一类是商君、白起、吴起、大夫文种这类成功而不去终致杀身之祸的例子，另一类则是像范蠡这样的聪明人，"超然避世，长为陶朱"，两相对比，孰优孰劣判如渭泾，使范雎心服口服地接受了蔡泽"君何不以此时归相印，让贤者授之，必有伯夷之廉；长为应侯，世世称孤，而有乔、松之寿"（《秦三·蔡泽见逐于赵》）的建议。在对比中呈现利害，是《战国策》中的分析说辞的一大特色。

类推是逻辑中常用的方法，是根据对两种事物的比较而进行推理的，是由特殊到特殊的推理，即两种事物在某些方面相同或所具有的条件相同，一个事物有一定的特征，则另一事物表现出来的特征也相同。《战国策》中作为推导基础的那一类事物种类丰富，具体来说可以分为历史故事、动植物故事以及随时引用的所见所闻。历史故事是策士们经常提到的，他们动辄谈及三皇五帝、先王先公，一番评古论今，接着由彼及此，联系到眼下所谈论的问题。《燕二·昌国君乐毅为燕昭王合五国之兵而攻齐》中，乐毅面对燕昭王假惺惺的悔恨之辞，就巧妙地利用伍子胥的旧事婉言说明了自己"善作者，不必善成；善始者，不必善终"的立场："昔者伍子胥说听乎阖闾，故吴王远迹至于郢。夫差弗是也，赐之鸱夷而浮之

---

① 《战国策·魏二·魏惠王死》。

江。故吴王夫差不悟先论之可以立功，故沉子胥而不悔。子胥不蚤见主之不同量，故入江而不改。"伍子胥的处境同样是侍奉两个君王，但他因为"不蚤见主之不同量"，所以被赐死沉江。由彼及此，乐毅和他的处境何其相似，同样是为国家作出大贡献的功臣，同样是侍奉的君主有所改变，那么如果继续"不蚤见主之不同量"，很明显是不会有好下场的。他没有明显地说出自己不愿再回去侍奉燕昭王这样的话，因为根据简单的类推，他已经表达得很充分了，所以只是委婉地表明原因："夫免身全功，以明先王之迹者，臣之上计也。离毁辱之非，堕先王之名者，臣之所大恐也"，辞未尽而意已达。《战国策》里引用的历史故事相当之多，如神农、尧、舜、桀、纣、比干等人物，据统计，在将近 500 篇文章里引用达到 143 次①，这种注重引用历史典故的情况在战国其他诸子的文章里也屡见不鲜，而且在中国历代的诗文中也是如此。究其原因，这大概和中国发达的史官文化有关。在国家的发展历史上，"君举必书"（《汉书·艺文志》），目的之一就是以古察今。观往者得失之变，就能发现历史现象中的因果关系，从而为君王臣子治理国家树立表率、表明教训、提供借鉴，这是历史的一个重要作用，墨子就曾在《非命》中说道："有本之者，有原之者，有用之者。于何本之？上本之于古者圣王之事……"提出判定言行的标准之一就是古者圣王之事。而引用历史，在阐述论点的时候也更具有说服力，因为历史是过去曾有的活生生的现实，借助史实的引述，往往令人深信不疑。历史的积累，也提供了这种可能，如《春秋》、《尚书》和策士的一些逸书。策士们为了增强说服力，必然将它们烂熟于心。

　　另外一类是动植物故事，也包括神仙鬼怪故事，相对于历史故事和现实之事，它们具有更大的随意性，可以根据自己的需要来进行改动或创造，之后再进行类推。信手拈来，也会使论说显得更为生动，例如《秦三·应侯谓昭王》中应侯为了说明掌握权势的重要性，对秦昭王讲了一个"神丛"的故事："亦闻恒思有神丛与？恒思有悍少年，请与丛博，曰：'吾胜丛，丛籍我神三日；不胜丛，丛困我。'乃左手为丛投，右手自为投，胜丛，丛籍其神。三日，丛往求之，遂弗归。五日而丛枯，七日而丛亡。"现在秦昭王的情况和神丛有相似的地方："今国者，王之丛；势者，

---

　　① 郑杰文：《战国策文新论》，济南：山东人民出版社，1998 年，第 81 页。

王之神。"由神丛灭亡的结果,自然而然地推出没有权势的后果是"籍人以此,得无危乎",故事虽然并不可信,但启发力还是相当强的。狐假虎威、鹬蚌相争、土偶桃梗都属于这一类型,不同于大家习见之事,因此会给听者以新鲜之感,唤起注意力,使听者在聚精会神中认真领悟、体会、思考,从而起到较好的游说效果。

　　还有一类范围较大的是生活中经常发生的事,为大家所熟知,较为平易,所以感召力和亲和力较强。《战国策》中这样的例子比比皆是,像《赵三·建信君贵于赵》,公子魏牟为了说明治国应仔细用人的道理,即用尺帛为冠尚且要"必待工而后乃使之"的眼前之事起兴作比,推出对于国家"今王憧憧,乃辇建信以与强秦角逐,臣恐秦折王之椅也",这就是以浅喻深的方法。其余还有《秦二·医扁鹊见秦武王》,扁鹊以治病时秦武王左右的昏庸之辞,断定"君一举而亡国矣";《魏四·魏王与龙阳君共船而钓》里,龙阳君以自己得到大鱼后"直欲弃臣前之所得鱼也",由"四海之内,美人亦甚多矣"推出"臣亦将弃矣"等。这些都是由眼前即景引入话题的例子,简短而贴切,但是并无生动的情节。而身边之事的精华则是那些较为曲折,有一定情节,更长、更为完整的故事。曾参杀人这个故事,就很有戏剧性:"昔者曾子处费,费人有与曾子同名族者而杀人,人告曾子母曰:'曾参杀人。'曾子之母曰:'吾子不杀人。'织自若。有顷焉,人又曰:'曾参杀人。'其母尚织自若也。顷之,一人又告之曰:'曾参杀人。'其母惧,投杼逾墙而走。"① 这也是生活中发生的事,但是相当有趣,从中我们可以看到一件并不存在的事是怎样变得连当事人最信任的人也相信了。甘茂用此来说明多人谗言的可怕,终于和秦武王结成息壤之盟,打消了后者的顾虑,成功地攻下了宜阳。还有"楚人有两妻"、"江上处女"、"画蛇添足"、"三人成虎"、"南辕北辙"等至今还脍炙人口的故事,都属于这一类。由于表面的情节自然生动,内在的含义又颇为深远,多被人引用来说明道理,实际上就是寓言了。

　　至于为什么《战国策》以及战国诸多著述都习惯使用类推,即以此事说彼事,主要的原因在于传统。最早的源头是民间诗歌,由于民间诗歌表现的是感受最直接、新鲜的事物,因而多采用比喻、起兴,如"兽恶其

---

　　① 《战国策·秦二·秦武王谓甘茂》。

网，民怨其上"（《国语·周语》），这样的民歌在《诗经》里随处可见，特别是十五国风。孔子曾说"诵诗三百，授之以政，不达；使于四方，不能专对，虽多，亦奚以为"（《论语·子路》），从一个侧面说明《诗经》在行事应对方面的重要，而随着春秋赋诗言志风气的兴起，赋比兴的手法为士大夫所接受并且成为风尚，凡事起兴、比喻也就直接影响到外交使者的语用习惯。而在战国，使者们不仅仅是引用诗句，在某些情况下自己也创造一些生动的故事，用更为丰富的内容说明复杂的道理。另外，由于中国文化中注重现实的特性，玄思和抽象理论并不发达，人们习惯通过一些具体、可感的形象来思考问题，这也是传统使然。从具体情况来说，又有区别。庄子是很喜欢运用讲故事的手法来说明道理的，但那是由于他认为"言不尽意"，只能通过故事最大范围地去启发内涵；《战国策》的说辞则非常实用，目的性很强，一个故事就是为了说明一个具体的道理，理解的范围越小越好，越明确越好。这是因为他们充分体会到，在外交生活中，游说是一件非常难且风险大的事，韩非就曾以四种遭到弃远、七种身危、八种易被误解的情形来说明游说的艰难与危险（《韩非子·说难》）。因此，把一个道理说得明白，既不得罪君王，又能达到目的，通过一个较为委婉巧妙的方法来实现这些目标是他们所追求的。

所以在论说过程中，策士们往往会通过故事或事件来引起和说明问题，"战国之文，深于比兴，即其深于取象者也"[①]，具体运用也很灵活：可以把历史故事、动植物故事、现实之事结合起来说明一个问题，也可以根据自己的需要，用一件事来说明不同的道理，着眼的角度不同，使用的方法也不同。像智伯的故事，中期用来说明不要对韩、魏掉以轻心[②]，黄歇用来说明不要只看见利益、忘了可能的祸患[③]，而苏秦则用来说明不要先用兵而要先掌握权籍[④]。可见策士们将游说的技巧掌握得非常熟练，能够随时贴切地运用故事，应变相当灵活。

另外很有特点的类推之一则是"古人如何，尚且怎样，你不如古人，那就更不用说了"，蔡泽说范雎即用此法。秦孝公、楚悼王、越王与商鞅、

---

①　章学诚著，叶瑛校注：《文史通义校注·易教下》，北京：中华书局，1985 年，第 19 页。
②　《战国策·秦四·秦昭王谓左右》。
③　《战国策·秦四·顷襄王二十年》。
④　《战国策·齐五·苏秦说齐悯王》。

吴起、文种的君臣关系要强于现在的秦王与臣子，而商鞅等人犹不免被戮辱，范雎若不功成身退，怎能避免祸终？蔡泽借势提出"君何不以此时归相印"①，从心理上击溃范雎，以达到让其退位的目的。其他如《秦四·秦昭王谓左右》、《秦五·文信侯欲攻赵以广河间》、《楚四·汗明见春申君》、《燕三·燕饥赵将伐之》等都运用了这种力量比较、古今类推的方法。这样的方法更能强调游说对象所处的处境，突出危险的程度，从而使游说对象最终被说服，这也是类推里比较有说服力的一种技巧。

《战国策》中的论说方法是多样的，有一对一的类推，也有多对一的类推，这便是归纳。归纳相对于类推更具有完整性和可信性，是更为有力的论据，避免了一个例子可能带来的偏颇，从而较好地支持了论点。以《秦三·蔡泽见逐于赵》为例，倘若蔡泽仅仅举出孤证，就显得势单力薄，似乎功成不退招致灭顶之灾只是偶然发生的事。但是他列举了商鞅、白起、吴起、大夫文种等多人的例子，说明其论点在历史上是一再被证明过的，内质上使得论说的气魄充盈起来，使范雎不得不垂首称是。演绎则是把已知的一般性的道理和一个具体的情况结合，推出这个情况的结论。由于具体情况包含在一般情况之中，所以一般性道理对具体情况的结论的推导是很适用的，从而增强了可信度。蔡泽在作出"此四子者，成功而不去，祸至于此。此所谓信而不能诎，往而不能反者也"的归纳结论后，如果就此打住，而不点明范雎的处境，当然也会有发人深省、余味悠长的效果，但这样他就不能进行更为明确细致的分析，让这个结论在范雎的身上起到进一步的效果。所以他又针对范雎说道："今君相秦，计不下席，谋不出廊庙，坐制诸侯，利施三川，以实宜阳，决羊肠之险，塞太行之口，又斩范、中行之途，栈道千里于蜀、汉，使天下皆畏秦。秦之欲得矣，君之功极矣。"正是"秦之分功之时"，他明确得出结论，如不功成身退，"则商君、白公、吴起、大夫种是也"，把这种极大的可能性剖白在范雎面前，指出这种他们共有的结果对范雎也同样适用，连威吓带利诱，终于使范雎退了位。归纳的运用显示了战国策士深刻的观察、杰出的抽象思维和左右材料的能力。他们通过对罗列的种种现象进行层层剥茧，凸现出其论点。归纳往往与演绎结合起来使用，把论点与实际情况结合。一位不知名

---

① 《战国策·秦三·蔡泽见逐于赵》。

的策士在谏魏王不可恃楚时，先举曹、缯、郑、原、中山五国恃别国而亡的例子，总结出"此五国所以亡者，皆其所恃也"，又分析原因是"夫国之所以不可恃者多，其变不可胜数也"，再把别国不可恃的结论运用到魏国的具体情况中，提出一个假言演绎："即春申君有变，是王独受秦患也。"① 也是将两种论说方法结合，周密严谨，滴水不漏，以一个道理推及其他，也显得展开自然，如水波层层荡漾，顺势荡开，一针见血地预见当前时局的发展，君王诸侯或进或退不言自明。

上面是《战国策》的论辩中常用的论证方法，其他较为少见的有二难推理、归谬法等。《秦二·秦宣太后爱魏丑夫》中，庸芮即在其言辞中构成二难推理：人若无知，没有必要殉葬幸人；若有知，先王在地下积怨已深，又怎能殉葬幸人呢？秦宣太后左右为难，只得放弃了殉葬魏丑夫的愚蠢做法。《秦四·或为六国说秦王》则使用了归谬法：说客谈到"土广不足以为安，人众不足以为强。若土广者安，人众者强，则桀、纣之后将存"，这是以土广人众可恃的论断作为前提，推出桀、纣之后将存的荒谬结论，从而显示出前者的错误。

《战国策》中多种论证手法的运用十分娴熟，使其论辩毫无半点羸弱，守则无懈可击，攻则强健有力，是外在修辞技巧的附丽所在。这些论辩言辞在战国的政治外交生活中发挥了巨大的作用。王充在《论衡·物势》中说："夫物之相胜，或以筋力，或以气势，或以巧便。小有气势，口足有便，则能以小而制大。"旺盛的内在气势，往往是以弱胜强的关键。而策士面对和自己有很大"势差"的人主，必须要依靠自己稳健的内力、敏捷的头脑、卓越的见识，方具备缩小双方势差的可能，这些都要求策士必须有较好的临场发挥，而形式逻辑则为策士加强说服气势、增强游说的临场效果起到了较大的作用。《战国策》中《齐三·孟尝君在薛》的作者在结尾不无赞赏地评论那些"善说者"，"陈其势，言其方，人之急也，若自在隘窘中，岂用强力哉"，说的就是善说的逻辑力量胜过强力。内在论辩逻辑的运用，使得策士的论辞阳刚之气充沛，形成冲击力很强的"势"，再加以外在的修辞，甚至达到了"一人之辩，重于九鼎之宝；三寸之舌，强于百万之师"（《文心雕龙·论说》）的效果。

---

① 《战国策·魏四·八年谓魏王》。

第三章 新势能的生成：融通性思维指导下的谋略和技巧

第一节 中国文化的"水性"特色与诸子思维

对势能的顺应与转化，在客观结果上必然形成不同于以前的新情况。难能可贵的是，对势能转化而形成的新情况，策士们不是一味顺从，而是按照自己的愿望来进行引导和塑形，形成有利于自己的形势，造成具有新势能和隐含力量的局面，并借助这种局面中形成的与对方之间的势差，来实现自我力量对对方的冲击。在这里，战国势能通过策士表现出来，并发挥出改形造势的巨大作用，雕塑着战国时代的一个个细节。

面对复杂的情况，策士们小心地讲求应对策略，策略可以说是其活动的核心，实际上，他们的确以"术"闻名。但同时，其思想秉性却因先秦文化的浸润，既能顺势以去执，又能柔顺而不失灵慧，在沉潜升发、藏风聚气中，推进局面，演成春秋。这些特点与受中国传统文化的"水性"特色的启发、感化不可分割，是其外化与工具化的一种发展。可以说它们浸润在中国文化的大背景中产生，和中国文化有着天然的一致性和血脉相通之处。笔者在此一申管见，以作求知津梁。

"文化"是一个庞大而复杂的概念，定义有上百种，在此本文拟不展开讨论，但基于克罗伯、克拉柯亨对文化是人类群体"外显和内隐的行为模式构成……文化代表了人类群体的显著成就，包括它们在人造器物中的体现；文化的核心部分是传统的（即历史地获取和选择的）观念，尤其是它们所带的价值"①这个概念的理解下，仍可抽出中国传统文化的一些主要特点，作为研究战国策士思维的前提。关于中国文化与"水"的关系，关注者颇多，然"水性"可以不局限于一种具体物质，而概括提高为一种文化的独特个性，区别于其他文化——"水是华夏文化的原色，也是华人品位的原点"②，其显著的特点是：

一、顺和

从根本上讲，与希腊活跃的海洋多岛文明不同，中国文化是农业文化，其文明形态具有规律性和稳定性，注重顺应自然节奏，注重人与自然的和谐。这与西方的思辨型的数理逻辑是截然不同的，其本质善于分析，逻辑十分严密，将自然和人类、主观和客观、理性和情感对立起来。中国文化从心态上把人看作是自然的一部分，认为人与自然应和谐共振，因而极力模仿自然。《老子》提出"人法地，地法天，天法道，道法自然"③，《吕氏春秋》即有伶伦模仿凤凰之鸣而创十二乐律之说。甚至品鉴观察自然，从中考察和领悟人事规则，"观乎天文，以察时变；观乎人文，以化成天下"（《易·贲·象》），西汉时期，董仲舒更明确提出"天人之际，合而为一"的主张。在这种背景之下，"和"文化观念的产生就显得自然而然了。《易·乾·象》说："乾道变化，各正性命，保合大和，乃利贞。"大和，周振甫注曰："太和，指冲和之气，即四时之气谐调，无疾风暴雨旱涝灾害"④，即万事要求得稳定、均衡和和谐。"和，故百物皆化"（《礼记·乐记》），"和"之思想，令自然万物，无论是处于支配地位的"天"，还是种种生灵都达到一个和谐共振的状态，无论是阴阳、情理、节奏、气脉都蕴为一团和气，在各归其位中焕发出更多的生机。

与自然的互融、互鉴，对万物怀有的融合、和谐情怀，使中国文化具

---

① 转引自傅铿：《文化：人类的镜子——西方文化理论导引》，上海：上海人民出版社，1990 年，第 12 页。

② 栾栋：《水性与盐色——从中西文化原色管窥简论华人的文化品位》，《唐都学刊》，2003年第 1 期。

③ 《老子·二十五章》。

④ 周振甫：《周易译注》，北京：中华书局，1991 年，第 3 页。

有充满灵性和本质柔和的特点，由此各个领域都有了艺术化的思维方式。例如，琴曲往往表现高山、流水、梅花、松竹、渔樵的静雅悠远；山水画则是以体现自然之灵韵、活势为宗旨，所谓"笔墨相生之道，全在于势"①；书法艺术则讲求"字外求字"，通过点线给予的直接意象，达到与自己内心生命律动的呼应，来产生对美的强烈体悟；还有音乐要与自然共振、园林要与自然融为一体的思想，"虽由人作，宛自天开"，无不显示出崇尚自然的特点。不仅纯审美的艺术领域具有这样的特点，其他领域也显示出中国文化浑融的形象思维的特点，不强调严密和系统，也不强调分析与确定，而是在感受中领悟着宇宙的规则和精神。《老子》这样具有哲学色彩的论著，也以"象"来蕴含不可穷尽之妙道，将最为幽眇高深的"道"比作"谷神"等一系列生命形象；具有进取精神的孔子，所赞同和向往的大同社会竟然是这样一幅充满艺术气质的画面："暮春者，春服既成，冠者五六人，童子六七人，浴乎沂，风乎舞雩，咏而归"（《论语·先进》），希望在春季美好的天气，人们充分享受自然带来的欢愉，在这暮春之时，生命的频率和自然达到了高度的和谐。可见对自然生命的崇尚，是先秦学者不自觉表现出来的思维特点。人生之和谐，更是其希望达到的目标。

中国传统文化中的个人，能将自我容纳到全体之中，"清正守谦，润身化物。成己不张，立人不矜，随和处顺，忍辱持重"②。"和"提倡万物之间融合无际，以温润的态度加以包涵，用亲缘、情感、礼节加以微调，不划定生硬的界限，有着动态调和却遵循一定方向的特点，似水之阴柔和顺、谦卑就下，一种呵护的、慈爱的母性文化心态始终贯穿其间。她重视培养人本性中可以与自然融合、达到一致的因素，这同西方文化颇有暴戾色彩的解剖型、思辨型逻辑和重外在严密的律法约束截然不同，西方文化惯于将万物加以对立，分析异同，划定界限，形成思想的疆域与物种的牢笼，有很强的控制欲望。比较起来，水性文化能消弭强行划分带来的畏惧与不安，强调的是双方内在的互通与和合、互相欣赏与协调，有抚慰与滋养万物的意味。老子提出的"万物负阴而抱阳，冲气以为和"，强调阴阳

---

① 沈宗骞：《芥舟学画编·取势》，济南：山东画报出版社，2013年，第83页。
② 栾栋：《水性与盐色——从中西文化原色管窥简论华人的文化品位》，《唐都学刊》，2003年第1期。

相合的和谐精神；《论语·学而》从社会与人的角度提出的"礼之用，和为贵"，成为中国社会奉行的一条不二法则；《管子》亦指出"蓄之以道，则民和；养之以德，则民合，和合故能习"，更是"和"之思想的具体发挥。这些简练而内涵丰富的文字，都体现了一种贵和、重生的观念。

二、注重物我内在融通、消弭界限的思维模式

在古老的农业文明中，水具有极为重要的地位，观水成为许多先秦哲人的哲思来源。由水而得到启发的事例在很多先秦诸子的著作中都可以找到例证：

老子视水为道的化身：

道冲，而用之或不盈。渊兮，似万物之宗。（《老子·四章》）

上善若水。水善利万物而不争，处众人之所恶，故几于道。（《老子·八章》）

江海之所以能为百谷王者，以其善下之，故能为百谷王。是以圣人欲上民，必以言下之。欲先民，必以身后之。（《老子·六十六章》）

譬道之在天下，犹川谷之于江海。（《老子·三十二章》）

天下莫柔弱于水。而攻坚强者，莫之能胜。以其无以易之。弱之胜强。柔之胜刚。天下莫不知莫能行。（《老子·七十八章》）

孔子曾面对山水发出感叹：

知者乐水，仁者乐山。知者动，仁者静。知者乐，仁者寿。（《论语·雍也》）

感叹光阴淹速历历，欲挽安得：

逝者如斯夫，不舍昼夜。（《论语·子罕》）

孟子称孔子"观水有术"：

> 孔子登东山而小鲁，登泰山而小天下，故观于海者难为水，游于圣人之门者难为言。观水有术，必观其澜。日月有明，容光必照焉。流水之为物也，不盈科不行；君子之志于道也，不成章不达。(《孟子·尽心上》)

以水喻君子之德：

> 源泉混混，不舍昼夜，盈科而后进，放乎四海。有本者如是，是之取尔。(《孟子·离娄下》)

还将民心比喻为水：

> 民之归仁也，犹水之就下、兽之走圹也。(《孟子·离娄上》)

《墨子·兼爱下》也曾谈到人的天性：

> 我以为人之于就兼相爱、交相利也，譬之犹火之就上，水之就下也，不可防止于天下。

《荀子·宥坐》记载孔子观水的原因是：

> 夫水，大遍与诸生而无为也，似德。其流也埤下，裾拘必循其理，似义，其洸洸乎不淈尽，似道。若有决行之，其应佚若声响，其赴百仞之谷不惧，似勇。主量必平，似法。盈不求概，似正。淖约微达，似察。以出以入以就鲜洁，似善化。其万折也必东，似志。是故君子见大水必观焉。

庄子以静止的水强调心情的恬淡寂漠：

> 水静犹明，而况精神！圣人之心静乎！天地之鉴也，万物之镜也。夫虚静恬淡寂漠无为者，天地之平而道德之至。(《庄子·天道》)

老庄认为水道与天道、人道圆融贯通，不可分裂，取水顺应、无为、守弱的自然天性，借鉴水的特点诠释了"道"，如水般寂漠恬淡却充盈着生命的品德，有着不凝滞于物而通于四海的气度，深沉而不失灵动的个性。而孔孟取其动态、有为、进取之德性精神，水在这里成为理想人格的化身。他们总的思维特点都是视二为一，从自然中思考着人世的规则，从人世中领悟着天道，即以水性比喻人性，将人性融入水性，体现出融通、祥和的特点。他们的确都是从自然之水中得到启发，并以此为比喻来说明各自的主张的。这与物的互鉴，某种程度上正表现了中国文化不固执于此在彼在，而非常在乎融通和化解，具有乐于潜入和润物的特色，也可以说与性质较为刚强的西方文化比较，中国文化呈现出偏于阴柔的特色。因此，中国文化是一种本质上类似于"水"的文化，"水文化不计较抛入，还是喷出，也不固执此在，而非常在乎融通和化解，乐于潜入和润物"，"和实生物是水文化的基本色调"、"无为有为是水文化的潇洒风度"、"化感通变是水文化的高超境界"。若将西方文化作为"盐"文化加以对比，"水人于大千世界中看重缘域的种种契合，盐人在宇宙万物中强调规律的不可逆转"，"水文化的本性是中和，其为人处世的特点是兼济……盐文化的实质是划一，其社会生活的原则是同化"，"水文化的终极本能是原道，盐文化的最大优势是重器"①，以"水"之柔、化、通变来比喻中国文化的本质，指出相对于西方文化中人类对自然过强的控制欲望，由此产生的暴戾之气，中国文化更强调双方内在的互通与和合、互相欣赏与协调。这里的"水性"是相对"盐色"提出的，对中西文化的剖析鞭辟入里，深刻地指出了双方的本质区别。

此说法具有较强的对比性，"水性"在中西方文化的差异中更能彰显出来。中国文化里，出于对生命本身的思索，万物互相品鉴，天人可以合一，没有偏执的自我中心意识，人与自然互融、互鉴、互乐，理想的状态便是环声共鸣，彼此间有着和谐与天然的联系。这种联系由于建立在相似的生命特征上，较之于西方观念，更忽略相互的区别，更趋向于融合与取消界限，"机械观以非此即彼的方式给出各个事物的确定不变性和区别性，

---

① 栾栋：《水性与盐色——从中西文化原色管窥简论华人的文化品位》，《唐都学刊》，2003年第1期。

宇宙论却以事物的彼此相因与互易成就整个宇宙的关联性"①（冯达文《两性本乎阴阳·序》），这是水性文化中很重要的注重内在联系、认为万物浑然一体的特色。

三、强烈的生命动态意识

与西方文化比较，中国文化总体具有柔和灵动的特点。柔和，不仅表现在与自然合而为一的心态，不将人与天对立，不用人力暴虐地去对待自然，也表现在对中和、和谐的强调。灵动，则是在艺术中追求"势"的活力和幽美深远的意境，在社会生活中品鉴自然之物，从而得到诸多启发，在自然中吸取灵气，运诸人事，达到天人合一的生命最佳组合方式。

美国汉学家艾兰（Aarah Allan）认为水与植物是中国早期哲学思想的本喻，她在《水之德与道之端——中国早期哲学思想的本喻》里写道：

> 水，滋养生命，从地下汩汩涌上，自然流淌，当其静止时变得水平如仪，并沉淀杂质，澄清自我，忍受外在的强力而最终消磨坚石，可以硬如坚冰而散为蒸汽，是有关宇宙本质的哲学观念的模型。植物发芽、生长，直至开花，一旦结果便开始枯萎，夏天繁荣而冬天凋零，这为理解人类本性提供了意象。自然界成了本喻的源泉，被用于抽象概念系统化的过程之中，自然的意象埋置于中国哲学的语言与结构之中。②

她提出水和植物为中国早期哲学提供了一系列的具体模型，即是本喻，内在于"抽象"观念的概念化之中，而抽象观念来源于类比推理的过程中。她认为由水的意象生发出来的概念有"道"、"无为"、"心"、"气"等，而与植物相关并能用植物生命的基本隐喻解说的概念有"物"、"性"、"仁"、"才"等。

---

① 贺璋瑢：《两性本乎阴阳》，成都：巴蜀书社，2006 年，第 2 页。

② 艾兰：《水之德与道之端——中国早期哲学思想的本喻》，上海：上海人民出版社，2002年，第 5 页。

《老子·三十四章》中写道："大道泛兮，其可左右。万物恃之以生而不辞，功成而不有。衣养万物而不为主。"大道如水一般流淌，化感万物，生养万物。"虚而不屈，动而愈出"（《老子·五章》），"绵绵若存，用之不勤"（《老子·六章》），水尽管不是实体，却蕴藏着万物生发的能量。可见，老子力主静柔，然其所言之道，却是一个充满了生命体征的"动"字，万物的聚散消息皆源于不断运动的大道。《老子·二十五章》曰："有物混成，先天地生。……吾不知其名，字之曰'道'，强为之名曰'大'。大曰逝，逝曰远，远曰反。"《老子·四十章》更言"反者道之动"，说出了"道"的核心特征为"反"和"动"。人处在这种被带动的运动状态中，在精神上处于没有物累的状态，与物婉转，便可顺和、委和、保和，精气神可得到保持，减少亏损。而儒家所强调的人与人之间的关系，也是一个由于人的自身修养提高而带来的调整、变化的过程，这是随着其核心理念"仁"的逐步形成而变化的。仁的形成，有着动态生命特征，需要不断滋养使之成长。这个过程，礼乐的修养是很重要的途径。礼是最基本的土壤，尚带有理性规范的色彩，是外在的修行方法，而乐则上升了一步，可使"情深而文明，气盛而化神"（《礼记·乐记》），这就带有娱乐性情、养护性命、至顺而和的色彩了。乐可保存、调养人性，保存人性才可能不断培养仁的善端。仁的由低到高，更是"对自己人格的建立及知识的追求，发出无限的要求"①，这是流动的、渐进的过程。道家从人的自身寻找与道婉转的真如，儒家挖掘人内在修养与自律的规则，较之于西方，中国哲学是寄托于人内在的一种文化，关注人的道德与精神，而不是依赖必须遵从的铁一般凝固不变的客观外在准则，所以这种文化具有活体的诸多特征，是动态的。只不过，对于各种生长的动态过程，儒家侧重取其如新生之蓬勃的一面，而道家注意到的是其不断衰减、知返的一面。

不过，如果抛却了中西文化间的比较，将中国文化概括为"水性"则是偏颇的。尽管中国文化表现出明显的与自然互通的特点，柔和而富有血脉之气，但只能说其是"水性"文化，而非特别崇尚"水"的文化。中国文化虽然讲求天人和谐，但倘若与其他崇尚自然的文化比较，如某些古老的印第安文化，这种崇尚就不能说具有独特性。而古代典籍中对水进行关

---

① 徐复观：《中国人性论史·先秦篇》，上海：上海三联书店，2001 年，第 81 页。

照的记录，也不能说明中国文化对水有特别崇尚的情结。对水的尊崇，是生命生长的本能，世界各处的文化多是如此。中国讲究风水，古希腊、古埃及也讲究风水，西方的神话、典故中也多可找到水的影子，像关于海中神女的古希腊神话等，所以中国典籍中对水的关注并非独一现象。因此，认为中国典籍中对水的关照与思考是独有现象，因而简单地以"水"文化来称呼中国文化是不恰当的。"水性"强调一系列区别性的特点，而非"水"是一种明确的物质。

如果单从对"水"的借鉴和具体运用方面来看，诸子之间还是有着很大区别的。对于诸子各家来说，浸润在中国文化中的与水互鉴的思维方式，充其量只是表达其思想的手段和方法。其思想内核仍然具有坚决的主张，尽管各家在争鸣、辩论的同时，在互相的思想撞击中多少都融合了其他各派的思想，受到其他各派的影响，因而并没有纯白无杂的独一思想，但是其坚持的核心内容仍是非常明确的。从这点上来说，与水互鉴仅仅是先秦诸子用来更好地表达其主张的方法，更能成就各家的允执一端。从这点上，我们看不到水的阴柔。

各家对水的借鉴，明显带有一定的倾向性。孔子的名言"知者乐水，仁者乐山。知者动，仁者静。知者乐，仁者寿"（《论语·雍也》），对山水与人的对照，是结合其核心主张"仁"的。《荀子·宥坐》则记载了孔子认为水"似德"、"似义"、"似道"、"似勇"、"似法"、"似正"、"似察"、"似善化"、"似志"，具有儒家所要求君子须具备的若干品质，"是故君子见大水必观焉"。孟子不仅称赞孔子"观水有术"，也曾以水喻人性的向善，与告子进行过关于人性的辩论：

> 告子曰："性犹湍水也，决诸东方则东流，决诸西方则西流。人性之无分于善不善也，犹水之无分于东西也。"孟子曰："水信无分于东西，无分于上下乎？人性之善也，犹水之就下也。人无有不善，水无有不下。今夫水，搏而跃之，可使过颡；激而行之，可使在山。是岂水之性哉？其势则然也。人之可使为不善，其性亦犹是也。"（《孟子·告子上》）

告子和孟子的说法，就显示了对水的不同理解，其理解都依附在他们各自的主张之上：人性无善恶和人性本善。告子以水的无东无西来比喻人性没有善恶，而孟子则以水"无有不下"来证明人性本善，其不得已改变形态，只是外力使然而已。可见，虽然他们都注意到水的一些自然属性，但是用来说明问题的不过是和其主张联系起来的某些方面，各取所需而已。

荀子有个很有名的说法是将水和舟的关系比喻为人民和君王的关系："君者，舟也；庶人者，水也，水则载舟，水则覆舟。"（《荀子·王制》）还将君主和人民比喻为源与流，认为君王就像水之源头，人民就像流水，源头清澈，流水就清澈，反之亦然，即"君者，民之原也，原清则流清，原浊则流浊"。在《荀子·君道》里，他还将君王比作容器，强调"仪正而景正"的重要性："君者，盘也，盘圆而水圆。君者，盂也，盂方而水方"，认为君王对于人民的教化是决定性的。这一系列的比喻，虽然利用了水的某些自然属性，但仍是建立在服从其整体理论构建的基础之上的。无独有偶，荀子的学生韩非曾说过和老师类似的话，"为人君犹盂也，民犹水也，盂方水方，盂圆水圆"（《韩非子·外储说左上》），可是，尽管所引用的现象类似，韩非要说明的却是权势的重要性，主张君王要操生杀权柄，具有驾驭人民和臣子的绝对权威，这样才能"盂方水方，盂圆水圆"。可见，即使是水的相同特性，当被用来说明不同问题的时候，就具有了不同的意义，被附加上了各家主张的鲜明个性和色彩。

道家之道，无形深远，幽眇难言，沃溉万物，与水的特性十分接近。所谓"道冲，而用之或不盈。渊兮，似万物之宗"（《老子·四章》），"上善若水。水善利万物而不争，处众人之所恶，故几于道"（《老子·八章》），似乎最摒弃人为，最强调接近自然的本性，因而最接近水的天然特性而较少附加色彩，但这又何尝不是围绕道家之"道"而进行说明呢？尤其是道的无为柔弱，更像是水："天下莫柔弱于水，而攻坚强者莫之能胜，以其无以易之。弱之胜强，柔之胜刚，天下莫不知，莫能行。"（《老子·七十八章》）但是这仅仅是水的一方面性格，水是静柔的，其的确拥有柔韧的力量，可是未尝不具有另外多姿的形态。当它受到外力推波助澜的时候，往往会形成宏大的景象，或者，我们用"崇高"这个词来形容比较恰当。这时，水这种柔弱以外的形态甚至是可怕的，"水火，吾见蹈而死者矣；未见蹈仁而死者也"（《论语·卫灵公》），从一个侧面体现出水的威力。水的形态是多样的，尤其是在外力的驱使下，可能形成洪水、海啸等形态，因此道家之说，其实也只是以一家之言夸大了水柔弱的一面。

综观诸子，皆是如此。也就是说，对自然的借鉴只是其思维的一种方式，并不代表实质上的任何屈从和柔和，正相反，对水的借鉴是服从其核心思想的表达的，即便是被认为思想最接近水的特点、最接近自然的道家也是如此。虽然都在观水，儒家看到的是君子的性格、人性之善，道家看到的则是柔弱胜刚强的大道，而法家看到的是权柄之威力，墨家则找到了"兼爱"的特性。尽管同在中国文化的浸润之下，他们却由于坚持了各自的主张而形成独特的一家，学术传统源远流长而得以泽被后世。战国策士也是如此，在具体思想内容和倾向方面有自己的特点，但是从思维特点来看，则显示出"水性"文化对其巨大的影响。

第二节　水性文化启发下的战国策士融通性思维

水性文化当中蕴含着融通、关联、柔性与动态，她对战国策士之浸润与滋养的作用不可谓不大。纵横家被某些人认为是没有学术之派，讲求实用，毫无方向可言的一群人，然而从战国策士的理论性书籍《鬼谷子》来看，他们是有学术传承的，当然这种继承更偏向于生发为实用的技巧和策略。其技巧和策略，是在继承了道家思想并将其加以发扬的基础上形成的。《鬼谷子·反应》有言"己欲平静，以听其辞，察其事，论万物，别雄雌"，这也正是《鬼谷子》中《揣篇》和《摩篇》的立意所在。抱雌守弱，善于顺应，以有形胜于无形，以无间入于有间，因势而利导，可以说，阴隐之术，善寻隙者，皆在其中了。无为，其实包含着有为；无为，也只是策士策略的一个方面，只是基础。策士更多的是有为胜于无为，所谓"进取有为"也。这样策士的思维就没有拘泥于一端，不执着于任何模式化的理论，这是其思维流动起来的原因，也是形成其灵转思维的前提。不像诸子那样有深邃的理论，而只有指导言行的具体主张，就使得策士思维融通，具有柔性，没有高深的理论却具有现实的灵活，不会被困死在框架中，而向无形中求生存。没有了教条的束缚，纵横策士将中国文化中的融通彻底贯彻在行为中，从而具有柔和、静谧、圆融、灵活，善于掩盖又善于引导的特点。既善于成就，也能够毁坏，似乎没有方向，却又围绕着利益的重心而流动。这是柔软而又在平静中蕴积力量，继而进行着破坏性改变的水性思维。

战国是"六经泥蟠，百家飙骇"（《文心雕龙·时序》）的乱世，策士思维秉承了水性文化的灵动与融通，论计谋则波诡云谲、师心独见，行游说则折冲尊俎、能毁善成，可谓有翻云覆雨之能。战国策士的融通性思维颇为惊人，诡谲多变就在于对"奇"说、"奇"计出神入化的运用。"奇，流而不止者也"（《鬼谷子·谋》），奇说奇计就好像多变的水流那样无法阻止，主流、暗流、漩流交相行进，变化无穷而使对方难以捉摸。奇计的威力在于各方因素的融会贯通，通过出其不意的组合与运用，达到纵横物表的目的以及无法穷尽的境界。当然，将水性文化由内在的文化品格，外化为实用的工具与谋略，其中丰富的内涵，已经被十分地简化了；尤其是祥和的精神，已经大大地失落。它被风干成为直指目的的方式和方法，同我们上文提到的文化品格不可同日而语。但总结策士的思维特色，也相应地表现在三个方面：融通性、融通中的生命化关联与转化观、阴隐与柔顺的方式。

一、融通性

水性文化圆融、通转，视万物为一体，是相互包容、无时不变的整体关系，物与物之间的界限是流动的、不固定的，策士思维亦具有融通的基本特点。首先是看待形势的视角：他们视各国为一体中的各国，视利益为变化的利益，敌我关系并非绝对横亘不变。苏秦始将连横说秦惠王曰"大王之国，……天下之雄国也"（《战国策·秦一·苏秦始将连横》），即将秦视作"天下"中的秦国，以各国之联系为前提。策士所看待的各国，当然有相互吞并，即整合的一面，但是他们也充分注意到了化敌为友、成为联盟的可能。《战国策·中山·犀首立五王》里，张登和张丑提出的两种应对紧急情况的观点的差异，也不过是对中山、齐、赵、魏之间的敌友关系有着不同的理解罢了。在战国局势这张大的军事图面前，敌、我、友都应该用变化和融通的角度去看待，因为各方之间，既可以为敌，也可以互相牵制，更可互相结盟。以流转的视角消除视野中的盲点，不固执、不凝滞，随时保持灵动的思维，也随时准备变换对方与自己的位置。

这种善于融通的思维方法，在战国策士的具体核心谋略——"捭阖"的运用上，则体现为处理对立统一的矛盾时更重视事物统一、和合、互融的一面。所谓"捭阖"，是策士游说所采取的主要方法。《礼记·礼运》记载"其燔黍捭豚"，捭即为分开、撕裂；阖，本义为门扇，引申为关闭。将捭阖连接起来成词，则是指运用大开大合、大启大闭的方法来达到游说目的的手段。它具体是什么样的手段呢？尹知章解释说："捭，拨动也；阖，闭藏也。凡与人之言道，或拨动之令有言，示其同也；或闭藏之令自言，示其异也。"① 也就是在游说当中要针对具体情况，或者拨动或者闭藏，自己开口说话对对方进行引导，使对方发言表示对自己的赞同，就属于"捭"，即"开"的方法；反之，自己闭口保持沉默，不发表自己的观点，而让对方表明自己的真实想法，因此发现对方和自己观点的异同，此方法即为"阖"，也就是闭藏了。

《鬼谷子》开篇即为《捭阖》："捭阖者，天地之道。捭阖者，以变动阴阳四时，开闭以化万物。"前文已经论述过，其将捭阖等同于"道"，使得捭阖具有了元初的意义，但值得注意的是，其认为"二"蕴含在"一"当中，改变了老子认为"二"，也就是阴阳，后生于"一"的观念。这个观念本身就含有"捭"与"阖"两种具有区别又无法独立存在的元素，且其生化的万物也都具有类似阴阳的性质。"道"由纯一的本体分裂为二，两种元素一"道"而来，因此天然有着互融的本性；正因为本质之内具有浑一性，因此事物的双方尽管具有差异，但其运动却又具有无限趋向浑一的可能。这无限趋向浑一的可能就是策士发挥"奇计"的通道了，因而相对于差异更为策士所看重——因为其中的联系性更容易被利用，更容易产生"奇计"，更易于控制并促使事物之间阴阳转化，最终达到目的。因此，策士在运用捭阖术的时候，尤其注重发现和掌握敌我双方之间互融、转化的关键，努力挖掘双方共有并可加以利用的因素，"微摩之，以其所欲测而探之，内符必应"（《鬼谷子·摩》），必须要体察对方的心思。《战国策》中，昭阳已经"覆军杀将，得八城"，正是志得意满之时，如何能劝

---

① 郑杰文：《鬼谷子天机妙意》，海口：南海出版公司，1993年，第219页。

服对方不再攻齐？陈轸游说的巧妙之处，就在于摒除了双方处于敌对状态的成见，抓住战争不过是为君主效命，将领无法主宰命运这个双方都认同的事实，以此为中心运用"捭"与"阖"术，一方面以"今君相楚而攻魏，破军杀将，得八城，又移兵，欲攻齐，齐畏公甚，公以是为名足矣"①进行正面引导，另一方面以"战无不胜而不知止者，身且死，爵且后归，犹为蛇足也"②闭藏对方的心意，一正一反地施力，拨动了楚国大将昭阳内心深处敏感的神经——畏祸好利，终使他"解军而去"。这就是利用双方可以产生共鸣的地方，不以敌我为界，尽量以同化异，通过替对方推心置腹地设想，寻找最能沟通的地方加以利用，从而力挽狂澜，彻底扭转了局势，胜过外在强制的武力。而于游说中统一使用"捭"、"阖"术，也体现了策士对两者本于一者的融通理解。

二、融通中的生命化关联与转化观

《捭阖》认为，圣人"观阴阳之开阖以命物"，尹知章注曰："阳开以生物，阴阖以成物。生成既著，须立名以命之也。"③可见，捭阖是产生万物的根本方法。并且，如前所论，由于具有"道"的至高能量，捭阖具备了生化万物的功能，因而改变了其低下的"术"的身份，能够给予他物生机。"道"原本为纯一的本体，现在却分裂为二，由其生化的万物因而产生了阴阳差异，它们之间就有了发生运动的基础，这也是策士"生命"化关联与转化观的基础。浑成之性根植在两者当中，表现出生机勃勃的有机结合状态，所以应该以潜静的渗透、转化改变性质而不必采取外在的矛盾斗争的形式。所谓"阳还终阴，阴极反阳"（《鬼谷子·捭阖》），它们是一种自然结合的生命状态，有着深层次的关联部分，所以，两者的此消彼长也应该看作是如生命消长一样动态的、顺畅自然的变化。策士注意到的是两者相关与类似的因素，考虑的是如何能加以引导而不是胁迫，如何能使之生长而不是威逼，如何能进行消退而不是杀戮，如何能完成反转而不

---

① 《战国策·齐二·昭阳为楚伐魏》。
② 《战国策·齐二·昭阳为楚伐魏》。
③ 郑杰文：《鬼谷子天机妙意》，海口：南海出版公司，1993年，第220页。

是截断，这些都是一种渐进的、持续性的变化过程。这之前又有诸多探察活动，如揣、摩等，"揣情不审，不知隐匿变化之动静"（《鬼谷子·揣》），其实也是随时关注双方的动态变化，寻找事物之间可供顺应，能加以自然变化、沿袭动态生长模式的部分。这种考虑，可以使我们看到水性文化中借鉴生命、启发自我的态度。

燕人蔡泽游说秦相范雎并欲取而代之，看似不可能，却的确做到了。蔡泽的游说，就是在"四时之序，成功者去"（《史记·范雎蔡泽列传》）的基本理念上展开的，这是万物皆然的真理，也是沟通两者的核心方式。蔡泽和范雎是对立者，但更多的是延续这种自然法则的承担者，他们因此有了关联的基础，事态也有了承前启后、动态发展的可能。蔡泽列举商鞅、吴起、文种的反面例子和范蠡等人得以善终的正面例子，说明"日中则移，月满则亏"、"物盛则衰"是"天地之常数"，范雎若不功成身退，也难免祸终。蔡泽注意到的并不是两人对相位的争夺关系，而是两人彼此互补与替代的状态，这是和合的一面，这种天然存在的、具有极大改善潜力的关系比对立的一面更加重要，因此他采取了引导事态发展的方法，利用这一关联进行游说，找到了能量流动的通道。范雎虽然炙手可热，但由于王稽等事，已经有颓败的势头，正需要解决的方法，顺着这种要求产生的关联，使范雎过盛、蔡泽无势的局面得到了扭转，双方处境中的"阴"（不利）都向"阳"（有利）的方面转化了。阴性的事物中的阳性的因素如果逐渐变大，就会最终变为阳性；阳性的事物也会在没有明显征兆的情况下变为阴性。"摄祸为福，裁少为多"（《战国策·楚四·或谓楚王曰》），说明战国策士对这种渐变认识得非常清楚，善于顺应原有的有利因素对事物加以质的改变，所谓"事有简而功成者，因也"（《战国策·赵三·说张相国》）。因此，运用"捭阖"顺应事物中连贯的部分，推动渐变的发生，在《鬼谷子·捭阖》中也是得到强调的："以下求小，以高求大"、"阴阳相求，由捭阖也"、"捭阖者，以变动阴阳四时，开闭以化万物"。这些都强调了捭阖与顺应方法的重要。

正是由于游说与计谋的良好效果，在战争中也可以"不费斗粮，未烦一兵，未战一士，未绝一弦，未折一矢，诸侯相亲，贤于兄弟"（《战国策·秦一·苏秦始将连横》），因此策士对这两者极力加以提倡，甚至认为"计谋者，存亡之枢机"（《鬼谷子·本经阴符七术》），应以巧力而不是武力去达到目的。因此，策士是反对残暴的战争的，"战者，国之残也，而都县之费也"（《战国策·齐五·苏秦说齐闵王》），战争更会使"鬼神狐祥无所食，百姓不聊生，族类离散"（《战国策·秦四·顷襄王二十年》）。从其反对穷兵黩武的态度来看，颇有一些呵护苍生的意味，这显然是水性文化中护生、重生思想残存的遗迹。

三、阴隐与柔顺的方式

捭阖术的运用颇为巧妙，这同其方式大有关系，显示了对柔顺、百折善下的水性文化的借鉴，也吸收了老子"反动寂寥"、"弱者道用"的思想。

《老子》五千之言，力主静柔，然而通篇所言，却是一个"动"字，认为万物聚散消息，沉潜生发，皆处在通和致化、不断运动的大道中。《老子·二十五章》言："有物混成，先天地生。寂兮！寥兮。……吾不知其名，字之曰道，强为之名曰大。大曰逝，逝曰远，远曰反"，《四十章》更言："反者，道之动"，说出了"道"的核心特征为"反"和"动"，即阴阳双方发展到一定程度就会在性质上发生反转。"当道以原理导控的身份全体掌理了天地万物之律动之后，它的操作方式就是一个'反'的作用原理。"① 这种"反"以淡定的面目出现，并非激烈暴戾的抗争，而是一种涵摄之中的流变，所谓"逝"、"远"、"反"，所谓"寂兮"、"寥兮"也——物本混成，其"反动"也必然沿着原本的性质悄然变化。老子思想在后代生化出各流各派，然而知其一更知其二，不仅吃透了老子核心思想中双方互化的"反动"观，更掌握了其潜静和合之内涵精髓的，是被许多思想研究者忽略的战国策士。他们运用捭阖术，吸取了其中的思想，采取了以柔顺为先、以反动为核心的方法。柔顺的态度是双方交流的前提和保障，因此，纵横家必须放低姿态迎合别人，以自然之情揣摩、品度他人之心，寻找时机提出自己的见解，"计事者务循顺"（《鬼谷子·内揵》），否则，"夫内有不合者，不可施行也"（《鬼谷子·内揵》）。为了游说的成功，这些"循顺"是策略性的，很有必要。

---

① 杜保瑞：《反者道之动——老子新说》，北京：华文出版社，1997年，第150页。

同时，在"反"的过程中，策士也借鉴了老子"弱者道之用"（《老子·四十章》）的思想。老子说："天下莫柔弱于水。而攻坚强者，莫之能胜"（《老子·七十八章》），策士也以静为动、以静制动，来隐蔽自我、迷惑对方。《史记·周本纪第四》中，秦召西周君，西周君恶往。于是有人替西周君游说韩王，提出秦召西周君，是想攻打魏的南阳，如果魏王出兵于南阳，则西周君将以之为辞于秦而不往，而秦也就不敢攻打南阳了。在解决西周君去还是不去秦国这个难题方面，游说的无名策士不仅显示了融通的思维特点，还呈现出对事物动态的、关联化的理解，韩国虽然处于与周对立的局面，但当危险来临时，他们之间就是依存、互助的关系了。而这些谋略，都是在极度阴隐的状态下进行的，因为此计的核心就在于制造假象，使秦王产生判断上的错误。任何风声的走漏，都会改变计谋中意图与行为不一致的状况，从而导致全盘筹划失败。所谓"圣人之道阴，愚人之道阳"、"天地之化在高与深；圣人之制道在隐与匿"（《鬼谷子·谋》），说的就是这个意思——以表面的平静来掩盖真实的目的，达到高深而人莫知其所为的境地，不被发觉，避免受人牵制，"阴道而阳取之也"（《鬼谷子·谋》）。

对于"反"的过程中的阴隐、顺柔，一个"转"字即可道出其中奥妙，《战国策·燕一·齐伐宋宋急》中，苏代游说燕昭王说："臣闻知者之举事也，转祸而为福，因败而成功者也。"其中"转"与"因"，既有方式上的顺应，也有方法上注重反动的特点，以不知不觉的拨动、持续的渐变，来完成局势性质上的改变。具体说来，就是再三揣摩对象的特点，在要害处针对对方的弱点和漏洞进行游说与引导，不让对方察觉，不进行强制的改造、说教。以无形取有形，顺形顺势自然展开，成功来得更加轻易、巧妙。这是一种类似于水性的融通而柔和的转化思想，上文提到的陈轸说昭阳、蔡泽说范雎，都充分地体现了这种思想。策士采取"转"的方式而不以强行改变的方式变动局面，亦是生命化关联与转化观的体现。

当然，两者的不同之处也是明显的。老子认为天地万物的"反动"是自然而然的，人力无法控制，但在"贵无尚柔"的主导思想下，老子却努力延缓、抑制和防止这种反动的发生，并对这种反动表现出厌弃，力图将所有变化恢复"静"的状态。他说："夫物芸芸，各复归其根。归根曰静；静曰复命"（《老子·十六章》），这是因为"坚强者死之徒，柔弱者生之徒"(《老子·七十六章》)，因而他的运动观表现出一种简单的单向趋势，"发出了去盈去泰等等妄图防止对立面的一面向自己矛盾的一面转化下去的议论"①。而策士的捭阖术则对形势的转化、力量的流向表现出双向的控制，视不同的情况，运用捭阖术来减小或加大自己和对方的心理"势差"，延缓或者推动转化的发生，按照自己的需要掌握转化的方向。捭阖术这种双向的对"反动"的控制，可以看作是继承了老子大道"寂寥"思想的同时，对其"反动"思想之"反动"了。

策士的谋略，正如上文论述中所提到的，受道家与阴阳思想的直接影响较多。然而，不可否认，策士的融通性思维，与中国传统文化这个更大的圈子的浸润、潜移默化不可分割，它不能够独立于一个民族的文化与思维习惯之外存在，两者的联系似远实近，尤其是对物本同性的认同、在处理对立统一的矛盾中更趋向重视事物统一、和合、互融一面的思想方式、行为习惯。

当然，策士的谋略在水性文化的启发下与之有了一些极其相似的部分，但终究是一种应用于现实的工具；策士的谋略虽然也有护生的思想，但已在内核上失落了水性文化注重和谐的精神，而沦为争斗的帮凶，只在方式方法上显示了水性文化的特征。《战国策》中对策士运用融通性思维产生的计谋多有记载，如《秦五·献则谓公孙消》、《东周·周最谓石礼》、《韩二·公叔将杀几瑟》、《东周·昌他亡西周》都体现了策士出谋划策的心机之巧妙与复杂：或借助同盟之力，免除被攻；或资助权臣，使己重之；或借外权甚至敌人的力量达到自己的目的；或借助他方驱除对手。使人不得不赞叹策士尽巧智而应万变、竭思虑而擅口舌的能力。其思维以隐蔽制胜——像水之遮掩事物，以弱胜强——像水之柔韧，圆转多方——像水之流向无定，正所谓"流而不止"了。运用流畅、通转的融通性思维，战国策士灵光乍现，运筹帷幄，计出而权制，谋成而威生，所指之处尽为披靡，可以用"圆"来概括其最完满的境界。

我们可以将"水"的具体特点继续与战国策士的思维作比较。相对于其他诸子，策士思维具有圆转突出的水性；而相对于道家，策士却更具有

---

① 李泰棻：《老子研究》，转引自胡道静主编：《十家论老》，上海：上海人民出版社，2006年，第211页。

水的力量，更富有进取精神和塑造形势、蓄积势能的力量。比道家更积极，更注重行为的效果，这是其转化势能并形成新势能的关键。这时，策士的水性已具有了"流"的特征。

流性，必由水得。水过于柔性，而流富有激情，决怒、多姿、漫衍；水成流，源于地壳势压之助。战国策士的言行波诡云谲，看似无常，但"流性"二字则可统其精神，纳其神光，从自然的比喻得枢机之妙。

水虽善下而百折入海，却也是重力所致；水之为"流"，必有力量驱使。尤其是战国策士的言行，展现出的风貌远非柔弱的静水之态，而显得风云凌厉、势不可遏，与西方论辩——如柏拉图《会饮篇》、《斐德罗篇》那种智者式的平和讨论有很大不同。现在学术界将这种风貌看作是士人精神的张扬，甚至"大有'无冕天子'的味道"①，这种看法是值得思考和商榷的。对于任何时代任何人的状态，我们都应该回到真实的情况中考察，而不是任意地拔高或贬低。战国时代固然由于连年纷争出现了相对自由的局面，策士们也确实在历史的舞台上挥洒风流、翻云覆雨，所谓"所在国重，所去国轻"、"一怒而诸侯惧，安居而天下熄"（《孟子·滕文公下》）。但在夸张的修辞之外，我们应该仔细分析。任何真实的生活，都不会只有单纯的一色，若没有凝重的苦痛和威压，那只能是虚假和欺骗；简单的概括会失之片面，不作贴近的审视则难免使真实被掩盖。策士们的奔走游说不是没有原因的，他们的苦心经营造就了"看起来"很威风的叱咤景象，但这样一种生命异常活跃的状态必然有强大的驱动力，有着根本的深层原因，这就是"势"。"势"的压力体现在时代、生活与观念等多个层面，如前所述，策士奔走游说的状况根本就是由"时势"造成的。无奈、苦涩与沉重，是构成彼时生存状态的底色，而荣耀只是刹那间的光芒。巨大的隐在"势"压造成策士毫无方向感的投靠，《战国策》被后世斥为"叛经离道之书"②，"为学者心术之巨蠹"③ 之语，正从侧面反映了策士面对势压的茫然状态和对传统的不能恪守。换言之，策士的活跃源于压力，他们也远没有"无冕天子"般的得意。他们需要面对的是不得不为的复杂

① 郑杰文：《〈战国策〉的刚健文气》，《文史哲》，1997 年第 4 期。
② 李梦阳：《刻战国策序》，转引自北京大学中文系古代文学教研室选编：《中国文学史参考资料简编》（上册），北京：北京大学出版社，1998 年，第 54 页。
③ 叶适：《习学记言》卷十八，北京：中华书局，1977 年，第 249 页。

局面。析其大要，可列如下方面：

第一，时代的胁迫。

战国时代"杀人盈野"、"杀人盈城"（《孟子·离娄上》）。战如虎穴取子，不胜则亡，诸侯努力在激变中求得一席之地，贵族们勾心斗角，依附权贵，不甘衰亡，平民则颠沛流离，无立锥之地。生存，成为首要问题。人们的安全感被完全剥夺，没有任何保障。策士们投靠谁，并无固定目标；投靠之后如何在各国势力微妙的起承转合中施加作用并能自保，也需大加留意——各国尊士的风气是显然的，但尊士的原因是希望取得帮助和胜利——否则如张仪之遭逐离魏，苏秦之车裂于齐，均是不可避免的下场。在这样恐怖的气氛中，策士们怎能不如芒在背，怎能不尽力腾口舌施展计谋？时代的压迫是巨大的，没有这种压迫，策士们也许仍是从容辞令的行人；但策士的生命力也因这势压喷薄而出，水具有了流的冲击力量，他们的思维由此动态加剧，环转不已。

第二，生存压力的逼仄。

战国时代的确涌现出许多闻名遐迩的人物，如苏秦、张仪、范雎、蔡泽，但是还有更多的策士隐没在历史的后面苦苦挣扎。战国时代需要大量策士，战争也迫使许多人放弃安稳的耕种，走上游说之路。四公子、吕不韦各养门客数千，可见策士的盛极一时，这其中当然有些鸡鸣狗盗之徒，但也不乏聪明睿智之士，应该说竞争是激烈的。可以想见，策士一方面饱受生存的压迫，没有稳定的职业，另一方面面对激烈的竞争，争取显露头角的机会并不容易，像毛遂之类的人物，也是靠了不怕死的精神才"一鸣惊人"的，这些人的生存状态绝非轻松。《战国策》中记载的风云人物有名有姓者不外若干，有相当多的人只被以"或谓"提起，昙花一现就匆匆隐没，有的人干脆连进谏的机会也没有。他们离"无冕天子"的地位恐怕不止一步两步了。面对生存的压力，苏秦发奋竟以锥刺股，至今被当作勤学的典范；冯谖以贫身归孟尝君，用"弹铗"作敲门砖，引起主子的注意；更有甚者，以"海大鱼"的奇特方式期望入纳谏者的慧眼，不可不谓用心良苦。

第三，心理压力的逆煎。

战国的乱世，使得策士只相信利益的作用，因为只有利益才能见之于形，才能使他们在激荡的战国社会把握自身命运。张仪认为"亲昆弟同父母，尚有争钱财"（《史记·张仪列传》），苏秦则从内心发出了这样的感叹："嗟乎！贫穷则父母不子，富贵则亲戚畏惧。人生世上，势位富贵，盖可忽乎哉？"（《秦一·苏秦始将连横》）可以说崇尚富贵、注重利益的思想中，隐藏着策士们这样的信念：人性本恶。拥有这样的信念是容易的，但浸润其中则会产生巨大的心理阴影；而当他们以这样的观念去看待别人的时候，也得谨防别人以此待己。《战国策》中绵延不绝的勾心斗角的记载，正说明了情况的严重。张仪、樗里疾、郑强之间即是如此，这是一种恶性循环，在显示斗争的严酷的同时，也表现出策士们紧张甚至有些变态的心理。

策士们处在"势"的压力之下，生存在种种夹缝之间，其生存状态可谓沉重。《鬼谷子·中经》有言"盖士遭世异时危，或当因免填坑，或当伐害能言，或当破德为雄，或当抑拘成罪，或当戚戚自善，或当败败自立"，或者可以说明当时策士生存的复杂局面。然而也正是势压让他们有更强烈的竞争意识，使其勇而向上，努力摆脱挤压以取得胜利，甚至不择手段至极致，夸大其词至极致；同时也让他们的生命力形成激越的迸射，而绝不仅仅是轻浮的张扬。也因为势压，策士的思维与策略得以冲破柔缓，偏离中庸，形成湍急的水流。

水与流最大的不同之处，即在于流比水具有更大的速度与力度。中国人的思维中，水本深含动态与时间，水蕴含着动态，也孕育着流的萌芽。从《周易》的"寒暑相推，而岁成焉"，到儒家注重人格完善的动态过程，再到庄子以与道融合化一为主旨的动态努力，都显示出"同希腊和印度的主导思想相比，对中国人来说，时间充满于万物之中，是不可否定的，它并非物质的派生物，而是物质的根本属性，事物则永远在变化（物化），这不同于为了追求无时间性和永恒从而贬抑时间和变化的希腊与印度宇宙观传统"①。战国策士绝非任何流派的思想家，简单地说，他们仅仅行动，但观物之融入动态，却是策士的基本方法。势压使得他们的思维顺着某种可以实现的道路去发展，而他们内在的动态更呈现出加速度的发展，势压还使其言论、行为呈现出激进的联系、变化、延伸的特征，尤其是策士的

---

① 《汉哲学关联思维模式》，见安乐哲著，温海明编：《和而不同：比较哲学与中西会通》，北京：北京大学出版社，2002年，第122页。

思维仿若天风海雨，水击三千而后培风，在《中山·犀首立五王》里，齐因羞与中山并为王，欲举兵攻之，张登挺身而出，见婴子，认为攻中山"是君为赵、魏驱羊也，非齐之利也"，并建议"今君召中山，与之遇而许之王，中山必喜而绝赵、魏。赵、魏怒而攻中山，中山急而为君难其王，则中山必恐，为君废王事齐。彼患亡其国，是君废其王而亡其国，贤于为赵、魏驱羊也"，张登的想象体现出了极大的延伸感，又非常流畅自然，是借助思维的快速流动伸展来企图牵引对方的尝试。当策士们为此努力时，如果对方思维的流动与延伸程度不及他迅速，那就极有可能被说服。在这里，对时间的展示就是力量。对被游说的对象来说，当他看到了一种可能而这种可能未实现时，他的压力最大。如果说罗丹认为最美的雕塑在于趋向于完满动作前的一刹那（见《罗丹艺术论》），那么胁迫力量最大的一种辩说也在于展示一种未实现而将要实现的可能，虽然这种可能并不会完全落定，策士们在思维里进行着纵横，这也正是游说的价值所在。

　　策士们看待的各国，当然有相互吞并，即整合的一面，但是彼时彼刻的紧急情形，已让他们快速地撒开奔流的思维，思考出各国的地理位置与差异。在这里"圆融"可以被"关联"这个词代替，因为"圆融"强调变化，而"关联"强调分别。正是在确认差别的基础上，策士们的努力才是有效的，他们的思维才能得以延伸和流转，因此比圆融更具有活力和冲击力。在《中山·犀首立五王》里，张登的意见是"召中山，与之遇而许之王，中山必喜而绝赵、魏。赵、魏怒而攻中山，中山急而为君难其王，则中山必恐，为君废王事齐"，而张丑却认为"致中山而塞四国，四国寒心，必先与之王而故亲之，是君临中山而失四国也"。张登和张丑提出观点的前提，都是先确认中山、齐、赵、魏之间的差异，强调他们中间的利益间隔，形成四国关系的张力巨网，并在此基础上揣摩各国意图与反应，用思维的总线贯穿其间，连辟亲疏，由意志导流，以实现主张和谋略。在这里策士的思维显示出横向扩张的特点，他们的意图在于将所有的相关因素——不仅仅是各国之间的关系，还包括各国地理、历史、实力，都既分布在触手可及的范围里，又尽力思考每一类对象的差别，借着这中间形成的张力，策士们的冲击力也就实现了。这是对圆融施力后呈现出的一种分散，由分散成就了流动。由于融入了意志的牵引，策士的谋略便体现出流的决控力量，是与水的特点的大不同之处。

　　策士的思维湍急如流，经由势压，阅历现实，则变化更大：第一，浑浊不清，泥沙俱下。浑浊是有意卷起的泥沙，泥沙刻意造成壁障，为的是混淆视听，掩人耳目。此时，流早已失去了水的清澈、柔静，意欲在意志的导流中实现目标，不惜浊浪滔天。这其中或有若无其事的伪装，或有明暗交错制造的假象，或有阴暗甚至不择手段的攻击。第二，流无定向，择道而行。无向并非无目标，而是不拘泥于一定的水道与方法。策士投主即显示出此种端倪，为了实现自己，为了追求名利，投靠谁并不重要，重要的是通过何种渠道能够胜出。他们具体的言行思维更是如此，转圆之术，需能通晓，诸道皆通，方为上策，弄巧卖乖，总希望能得到名、利其中一面，总之，绝不能出现破局。水之中性，无偏无左，在这里发展成为极无原则的实用论，这就是鬼谷子所说的"转圆法猛兽"①。第三，能毁能成，善于抵隙。水流善于寻找缝隙，因而施力，扩大裂缝进而摧毁之；也能借助缓力，不断堆积，雕琢新的面貌。战国策士正是如此，他们在游说之时，迎合人主，尽用趋利之语，或夸大其词，尽言害处之甚，无不是希望人主顺从己意。因而，策士们是善于扭转和改变局面，除旧布新的，在某种程度上，他们的作用相当重要。正是借助了流动的思维与辩说，策士们才从势压和严酷的现实中努力挣脱出来，焕发出异于常人的生命光彩。他们借此成为行为中的人，并不断地推动战国社会产生一次次的变化。这也许正是策士思维虽多有鄙陋之处，却不无价值的原因所在。从这种意义上说，纵横家真正将中国文化中的融通、动态与柔性贯彻到了行为中，若以"水"作比，则不仅有水的忍让和平静，圆融无向，更具有水的势能和力量。在以下的章节中，笔者将会详细阐述战国策士如何以融通性思维为向导，对各种策略加以具体运用。

---

　　① 《鬼谷子·本经阴符七术》。

第三节　融通性思维的具体运用——谋策

一、静与动的互化

水的原态是静柔的，但是由于地心的引力，本身蕴积了动态的能量，所谓"避高而趋下"之性也。这样的一种天性，是对自然无际的贴合。随物而赋形，显示了无成见的包容之心。策士的思维也是如此，对于外在的万事万物，包括人势、时势、地势、事势，均持有纳括一体的心态。其中，对地势横向维度的考察，对时势纵向维度的理解和对人势、事势的综合斟酌，都是对既有情态的附着。这些元素构成浑然的外在世界，是策士考虑问题的根本。《鬼谷子·谋》就说"凡谋有道，必得其所因，以求其情。审得其情，乃立三仪"，《内揵》也说"圣人立事，以先知而揵万物"，说明策士谋划的前提就是对一切情况都掌握于心，这样才能作出正确的判断。《鬼谷子》一再强调此观点，仅这个问题就有《反应》、《揣》、《摩》、《权》等多篇文章作出了说明。

在这一系列的工作之前，策士所要具备的是心态上的"养志无欲"。"志者，欲之使也，欲多则心散，心散则志衰，志衰则思不达也"[1]，要做到内心平静，这和老子所说的"致虚极，守静笃"、"归根曰静，静曰复命，复命曰常"有着一脉相承的渊源关系。只有内心平静，才能驱除过多的欲望，不被外在的负累消磨志气，才能收敛神气，强健心气，因而集中精神，对思考之问题作出正确判断。"心欲安静，虑欲深远。心安静则神策生，虑深远则计谋成"[2]，要达到无欲的境地，才能深谋远虑。当然，这种无欲和老子所说的"致虚极，守静笃"显然不能同日而语，因为那种状态是处在战国分权势能的重压下、处在生存的水深火热中唯利而为的策士无论如何都无法达到的，他们只能在需要之时，暂时抛却欲望，集中精神进行思考，因而这种静更多的是策略上的准备。但是这种暂时的静是必需

---

① ②　《鬼谷子·本经阴符七术》。

的，因为它是有为而动的基础，在此基础上，策士们进而"盛神法五龙"、"养志法灵龟"、"实意法腾蛇"，盛神、养志、实意，为进一步的游说工作打好基础。

除了心态上的平静之外，策士们的信息搜集工作更显示出与物合一的趋向和特征，这细致的"与物合一"又包括对静态情况入微的体察和对游说对象动态的观察。对外在环境的了解主要有诸侯的货财、地形、君臣关系、人心所向、与别国的外交关系等方面。《鬼谷子·揣》有详尽的说明：

> 古之善用天下者，必量天下之权，而揣诸侯之情。量权不审，不知强弱轻重之称。揣情不审，不知隐匿变化之动静。何谓量权？曰：度于大小，谋于众寡；称货财有无之数；料人民多少、饶乏、有余、不足几何；辨地形之险易，孰利孰害；谋虑孰长孰短；揆君臣之亲疏，孰贤孰不肖；与宾客之智慧，孰少孰多；观天时之祸福，孰吉孰凶；诸侯之交，孰用孰不用；百姓之心，去就变化，孰安孰危、孰好孰憎、反侧孰辨。能知此者，是谓量权。

可见，要衡量天下的情况，通晓各国的政局，就必须知道各国详细的资料，否则，就会"不知强弱轻重之称"、"不知隐匿变化之动静"，这和兵家强调"知己知彼，百战不殆"[1]是一样的。《三略·上略》、《军谶》也说"用兵之要，必先察敌情：视其仓库，度其粮食，卜其强弱，察其天地，伺其空隙"[2]，在作战之前，要将对方的一切情况了然于心，才能为正确的作战方针做好准备。

然而纵横家和兵家不同的是，兵家面对的是"狭路相逢勇者胜"的敌人，而纵横家面对的是可能出现各种反应的对手，所要完成的是瞬息万变的外交工作，所以最复杂的是在静中掌握人性的"动"，这就要求策士充分运用水性策略，以至柔至静之心，观其形态，在贴合之中对总体态势进行把握，进而积极出击，最终完成对不利之"势"的改造，重新塑造有利于自己的新"势"。这个策略中包括游说之前对游说对象的了解，制定有

---

① 《孙子·谋攻》，见郭化若：《孙子译注》，上海：上海古籍出版社，1996年，第109页。
② 唐书文：《六韬·三略译注》，上海：上海古籍出版社，1999年，第158页。

针对性的方法，并在观察中进行及时的策略调整。

对人的观察是非常重要的，因为针对不同特性的人，就要有不同的游说方略。"夫贤、不肖；智、愚；勇、怯；仁、义；有差"①，指出了人与人之间天然的差别。如果预料到这种差别，"用之于人，则量智能，权财力，料气势，为之枢机。以迎之、随之，以箝和之，以意宣之，此飞箝之缀也。用之于人，则空往而实来，缀而不失，以究其辞，可箝而从，可箝而横，可引而东，可引而西，可引而南，可引而北，可引而反，可引而覆，虽覆能复，不失其度"②，掌握了游说对象的特征，对其施以相应的方法，以"飞箝"这种先赞扬再钳制的方法灵活应对，就可以达到可纵可横、可引可覆的效果，虽然不无夸大之词，但是也的确说明了对游说对象特性的把握是非常必要的。

在游说的时候，要根据对象的特点来因地制宜地制定方法。《周易·系辞上》说"方以类聚，物以群分"，有相同特点的人在一起必定感到容易沟通，所以策士要做的就是作出相应的姿态，来迎合别人的特点、要求、态度、观点，进而寻找时机提出自己的见解，这样就必须缘域解蔽，化解和对方之间的块垒，以自然之情进行揣摩，以己之心去品度他人之心。《鬼谷子·摩》就如何探测别人的特点提出了十种方法，可谓细致入微："其摩者，有以平，有以正；有以喜，有以怒；有以名，有以行；有以廉，有以信；有以利，有以卑。平者，静也。正者，宜也。喜者，悦也。怒者，动也。名者，发也。行者，成也。廉者，洁也。信者，期也。利者，求也。卑者，谄也。"可谓为掌握对方的真实情况而费尽心机了，揣摩之功由此可见一斑。而面对君王的时候，则务必做到"循顺"，才能迎合对方的心意，使对方乐于接受自己的见解，所谓"计事者务循顺"③，否则面合心不合，即使勉强接受也不可能真正施行，"夫内有不合者，不可施行也"④。因此，虽然孟子对公孙衍、张仪等纵横家进行了猛烈的抨击，认为他们的"循顺"毫无原则，类似于妇人之道，"以顺为正者，妾妇之道也"（《孟子·滕文公下》），但不能不说为了游说的成功，这些

---

① 《鬼谷子·捭阖》。
② 《鬼谷子·飞箝》。
③ 《鬼谷子·内揵》。
④ 《鬼谷子·内揵》。

"循顺"是非常必要的，尤其是面对虎狼之君时，不讲究方法显然会导致严重后果。

游说之中还要随时对整体情况进行动态的把握。观察游说对象的反应，及时调整策略。"因事而为制"，应该说这就是对"势"的了解，对即时情态的明了。"故因其疑以变之，因其见以然之，因其说以要之，因其势以成之，因其恶以权之，因其患以斥之"①，如果对方疑惑，就要消除疑点，还要随声附和他的见解，并根据他的势力成全他，根据他厌恶的东西加以权衡，同时排除他忧虑的地方，这样就可以做到胸有成竹了。在这里，已经不是被动的顺循和附和了，而是更有针对性的有为之举。在"静"中融入"动"态，动静无间之中，策士已经将自己的计谋付诸实现了。这种无间的动态正是策士的融通性思维不同于纯粹静态的特殊之处，其中有把握，有顺从，有迎合，但更多的是"动"的有为心态；是形与势的贴合，但其中更融入了积极的改变。了解是权衡的前提，迎合是改变的先声，体现出策士对游说对象积极的纳括心态。

这种纳括心态是建立在对"势"的把握之上的。那一种有如春种秋收、夏耘冬藏的自然节律，是策士考察问题的前提。"势"在甲骨文里象种植草木之形，本身具有对自然的模拟和对生命之光的崇尚，浸润在中国文化与自然互通的精神里的战国之士也深受影响，而战国策士虽然奉行实用主义，但社会本与自然规律一脉相承，人世本有活气，把握人与人的关系虽复杂但合乎自然的脉动，是策士们擅长的。唯有把握了人与人之间微妙的关系和形势，考虑到人势、地势、时势，才能"因事为制"，掌握主动，达到最好的游说效果。《文心雕龙·定势》说"势者，乘利而为制也。如机发矢直，涧曲湍回，自然之趣也"②，则是除了描述自然情态外，还阐发"势"暗含力量之本质。策士揣摩情意，是游说的基本功夫，这种练习是对形、对势的考察，审时度势更是必然举动，在考察对方力量、极力贴合现实的同时，也在积累自己的"势"，为以己之力在悄然无痕间扭转局势做好准备。

这种对势的把握，尤其是对时势的理解是策士们所看重的，因为有利

---

① 《鬼谷子·谋》。
② 周振甫：《文心雕龙今译》，北京：中华书局，1986年，第278页。

时机难以控制，瞬间即逝。而把握时机必须符合自然节律，方能切中肯綮，有效解决问题。《六韬·龙韬·军势》曰："圣人征于天地之动，孰知其纪，循阴阳之道而从其候，当天地盈缩因以为常，物有死生，因天地之形。"①《鬼谷子·持枢》也说："持枢。……谓春生、夏长、秋收、冬藏，天之正也，不可干而逆之。逆之者，虽成必败。……生、养、成、藏，亦不可干而逆之。逆之者，虽盛必衰"，说的是为人君者要掌握天下大政，就不能忽视"势"的作用。掌握现状，体察分析个中关系，并预测将来形势发展的态势，都只有符合事物的内在脉动，才能掌握要害。由于时机非常难得，那种变化的状态，若失去则不再回来，所以策士必须抓住并加以利用，借助其中的力量和势能助己成功。借风飞行自然省力，并且成功的概率也大大增加，蔡泽可以说就是抓住时机而成功的典型范例。他看准范雎荐人不当，法当连坐、面临困窘之时，以"物盛则衰，天之常数也；进退、盈缩、变化，圣人之常道也"的道理，以商鞅、白起、吴起、大夫文种功成不退招致祸患是因为"信而不能诎，往而不能反"的例子游说范雎退位，这样就很好地掌握了当时的局势，蔡泽再在范雎心理上反面施压，正面劝说，最终成功。但由于对形势了解偏颇，苏秦游说之初在秦国吃了闭门羹。他只是一腔热情去游说秦惠王，却没有考虑到"在其事业正如日中天的情况下，秦惠王怎能撇开张仪不用，而用一个初出茅庐的苏秦呢"②，因此他上书十次竟然都没有被采纳，只得狼狈地"资用乏绝，去秦而归"，可见苏秦正是因游说的时机不成熟而失败的。

以上所说为策士融通性思维的本真之静，或者说动静相随、动静互融之静，策士基本上是处于先被动然后主动的地位的；其静之第二层含义还包含着本质为动之静，也就是以静为动，用作隐蔽、迷惑的静，在这里，静态完全是一种伪装，为策士主动和用心之举。以无为去造成假象，所谓"圣人之道阴，愚人之道阳"，所有的计谋必须在暗中完成，而表面上不能使外人察觉。"智用于众人之所不能知，用于众人之所不能见"，"天地之化在高与深；圣人之道在隐与匿"③，以表面的平静来掩盖真实的目的，达到高深而人莫知其所为的境地，可谓神妙："齐王夫人死，有七孺子皆近。

---

① 唐书文：《六韬·三略译注》，上海：上海古籍出版社，1999 年，第 68 页。
② 郑杰文：《中国古代纵横家论》，济南：山东人民出版社，1995 年，第 472 页。
③ 《鬼谷子·谋》。

薛公欲知王所欲立，乃献七珥，美其一，明日，视美珥所在，劝王立为夫人"①，竟然通过美珥的去向来辨明君主的喜好，真可谓用心良苦。在看似平常的行为中却隐藏着不可告人的心意，以小事来掩盖别有用心，这种表面上用作幌子的平常行为和小事实际上是策士整个计谋中非常重要的一部分。以有形胜于无形，以无间入于有间，此时如水虽善于掩盖，但已具向生之态，是有源活水。一方面荡涤假象，不致自污，不断同潜伏的谬误斗争，另一方面用水之善循制造假象，为自己的真实心意服务。这种同对象无际的贴合、渗入，尽管看起来是以无形迎合坚硬的有形，但它在隐忍中已露出杀机，显出生气，在本质上已经具有了"动"的特点。关于策士策略中的掩盖和迷惑术，还将在下一节详细论述。

策士之与物迎合，是为了更好地出击；其静态，貌似无为，却是在蕴积力量，是为了在必要时刻的"动"，所谓"鸷鸟将击，卑飞敛翼；猛兽将搏，弭耳俯伏；圣人将动，必有愚色"（《六韬·武韬·发启》），这种由静而动的策略，如水般避实就虚，在静察中绕开对方的优势而选择对方的弱点出击。且动并非一动到底，动静结合，方为上计，成功的谋略包含了动静两方面，有的时候是由静而动，有的时候则由动返静。

"由静而动"中比较典型的是"暗察以决"的谋策，刚才所说的以美珥视王之宠爱所在算是一例，这里还有一例：

> 魏之围邯郸也，申不害始合于韩王，然未知王之所欲也，恐言而未必中于王也。王问申子曰："吾谁与而可？"对曰："此安危之要，国家之大事也。臣请深惟而苦思之。"乃微谓赵卓、韩晁曰："子皆国之辩士也，夫为人臣者，言可必用，尽忠而已矣。"二人各进议于王以事。申子微视王之所说以言于王，王大说之。②

这个例子和上个例子有异曲同工之妙：为了查明君王的喜好所在，借助他人来帮助自己取宠。申不害刚开始接触韩王，想要取得宠信，面临韩王的发问，回答自然要合乎韩王的意见倾向。但贸然回答，显然是不明智

---

① 《战国策·齐三·齐王夫人死》。
② 《战国策·韩一·魏之围邯郸》。

的，这就需要揣摩的功夫了。申不害采取了"借他明之"的方法，表面上说服赵卓、韩晁进言尽忠，自己却暗暗观察韩王的反应，再取悦于韩王。赵卓、韩晁在这里了充当了使韩王意见现之于形的工具，使其隐在的意图明晰化，从而使申不害能够在此基础上作出自己的判断。申不害对问题的暂缓回答，即"静"是为了作出更有利的举动，由"静"而"动"，亦是以"静"成就"动"。

这是个人取宠的例子，在军事斗争中，先静后动往往也能反映出策士的心机。周显王十六年的邯郸之难，楚国臣子之间关于是否救赵的争论就很有代表性。昭奚恤的意见是"王不如无救赵，而以强魏。魏强，其割赵必深矣。赵不能听，则必坚守，是两弊也"，等待两虎相争而乘其敝，已经颇为老辣，而景舍思虑更远，认为"夫魏之攻赵也，恐楚之攻其后。今不救赵，赵有亡形，而魏无楚忧，是楚、魏共赵也，害必深矣"，是不可能达到两弊的效果的，"且魏令兵以深割赵，赵见亡形，而有楚之不救己也，必与魏合而以谋楚。故王不如少出兵，以为赵援。赵恃楚劲，必与魏战。魏怒于赵之劲，而见楚救之不足畏也，必不释赵。赵、魏相弊，而齐、秦应楚，则魏可破也"①，不如少出兵力迷惑赵国，这样就可以使赵国在心理上形成依恃，必然和魏国努力作战，赵、魏才可能打更持久的战争，从而两方疲敝，然后楚国才能从中得到好处。正像缪文远所评论的，"昭奚恤与景舍之议，均为两虎之策，而景舍'少出兵以为赵援'之议，用心更深"②，景舍的谋略是更高层次上的以逸待劳，能够"困敌之势，不以战"（《三十六计·胜战计》），不仅要借助双方的力量让他们疲敝，使自己不需花费力气就能取得利益，而且要用少量的增兵来加强这种效果。果然，最终"邯郸拔，楚取睢、涉之间"。

不仅用由静而动、以静为动作铺垫需要智慧，由动返静亦显示了大勇气和大智慧。从个人来说，"功成身退"正是最明显的例子，像范蠡、张良皆是如此，懂得"自误"却能全身远祸；而策士则借助"功成身退"的道理来说服别人，以达到自己的目的，如《西周·苏厉谓周君》：

---

① 《战国策·楚一·邯郸之难昭奚恤谓楚王》。
② 缪文远：《战国策新校注》，成都：巴蜀书社，1998 年，第 413 页。

苏厉谓周君曰:"败韩、魏,杀犀武,攻赵,取蔺、离石、祁者,皆白起。是攻用兵,又有天命也。今攻梁,梁必破,破则周危,君不若止之。谓白起曰:'楚有养由基者,善射;去柳叶者百步而射之,百发百中。左右皆曰善。有一人过曰,善射,可教射也矣。养由基曰,人皆善,子乃曰可教射,子何不代我射之也。客曰,我不能教子支左屈右。夫射柳叶者,百发百中,而不已善息,少焉气力倦,弓拨矢钩,一发不中,前功尽矣。今公破韩、魏,杀犀武,而北攻赵,取蔺、离石、祁者,公也。公之功甚多。今公又以秦兵出塞,过两周,践韩而以攻梁,一攻而不得,前功尽灭,公不若称病不出也。'"

白起的善战使得敌手无可奈何,苏厉只能用他自身的利益来打动他,使他知难而退,明白必要之时也应该适当后退,才能不前功尽弃,否则"物极必反",必然招致恶果。得情定基,使得对方由动而静,是具有说服力的。

由动返静也常常用在其他的计谋中,策士们的流性思维使他们的思考触角往往延伸很长,一步看三步,这样当预测到不利的形势的时候,他们就会采取"消灭萌芽"的策略,将可能导致消极结果的因素消除在尚未发展的萌芽状态,遏制其将要产生的行为,使其回复到静止状态。秦伐楚,楚令昭鼠以十万兵力驻守汉中。昭雎这时候在重丘打败了秦兵,苏厉即对昭鼠分析说,楚王想要昭雎更加彻底地击败秦军,必然分出汉中的兵力,而这样秦兵必然乘机出兵汉中。因此不如在楚王分兵之前,告诉他秦军将要攻打汉中,这样昭鼠的兵力就可以保全了①。这里苏厉就是采取了"消灭萌芽"的方法,在楚王作出决断以前,先作出判断,抢先针对可能出现的问题采取对策,及时地消除隐患,将不利的情况控制在最小的范围之内,因此说策士运筹帷幄,折冲尊俎,并不为过。

"巧设障碍"是策士以静制动的计谋之一,旨在减缓甚至消除对方的动态力量,并借此形势达到控制对方的目的。赵国唯恐秦、魏连横而于己不利,因此想"效地于魏而听薛公",但李欬却提出应该在魏国设置一个离间各国关系的人物,形成各国关系结好的障碍,这就是周公子,即主亲

① 《战国策·楚二·术祝伐楚》。

齐的周最，让他当上魏国的相国，则魏、秦不可能连横；如果魏王不愿意这样，则"是轻齐也"①，秦、魏没有齐国，也不可能对赵国构成威胁。这虽然被疑为是为周最游说之辞，但我们仍可看到策士利用静止和设置障碍的智慧，将障碍横亘在对方力量结盟的过程当中，使有害力量得到缓冲，利用已有的形势，如周最亲齐——来形成自然的有利新形势，策士们可谓会因势而造势了。

不管是由静而动还是由动返静，在战国策士的思维当中都具有了新的含义。静止，已经不是老子所提倡的纯粹的闭目塞听了，不同于老子的自然无为，策士的"静"是顺应自然而拨动的，为动而静，甚至静中已经包含动态；动，也非盲目地出动，而是巧妙地利用静止来辅佐，在动中无间地融入静态，使其虽然仍处于自然的态势，但形势已远非从前，而是以彼势成就此势了。这种动静之间的转化，正显示了策士思维之圆融、通融。

动静的转化不仅是主动的，更多的时候也是被动的，乃是受制于形势，不得不如此，因此动静互化，位置互迁，皆因为情势如此。在战国，各国位置没有绝对的静止或者绝对的动态，因为结好交恶，往往瞬间就换了天地。这样，无论是处在什么位置，实际都是暂时的。而且角色的转变，有时候并非兵火相见，而是在外交关系微妙的变化中完成的。战国中各国的位置，可以分为进攻者、承受者和盟军（助手）三种角色，任何的角色，都只是暂时的，因为无论何时，进攻者都可能变为承受者，而盟军更可能变为敌人，在战国的战火中，任何国家都不可能完全掌握自己的状态。

以静为本，去对周围情况作出周详的了解，是策士谋略的根本。然而，由静而动，才是最终目标。纵横家所面对的是活生生的人，需要在贴合之中把握总体态势，进而积极地出击，最终完成对不利之"势"的改造，重新雕塑新"势"，蓄积精、气、神，分人威散人势，最终动而有利。但动非盲动，以静来制造缓冲力，更为大智慧。由静而动，"暗中静察"、"坐山观虎"之计固然颇有用心，但由动返静，"功成身退"、"巧设障碍"等计更显示出以静制动的高层次智慧。动静互化，无有间隙。

---

① 《战国策·赵三·魏因富丁且合于秦》。

二、捭与阖的互动

高似孙《子略》曰："战国之事危矣，士有挟隽异豪伟之气，求骋乎用，其应对酬酢、变诈、激昂，以自放于文章，见于顿挫、险怪、离合、揣摩者，其辞又极矣"，所形容的正是在战国势能的压迫下，策士所显现出来的一种能量被激发的状态，"应对酬酢、变诈、激昂"，甚至"顿挫、险怪、离合、揣摩"。在此状态下，策士个人能量得到了极大的释放，较动静互化的形态更积极有为，强调力量的主动性、对"势"的追求与把握。

"势"，是一种凌驾于对手之上的优越地位，是左右整个局面时比较强的力量。对"势"，也就是对双方形势中的控制权、主动性的把握，是至关重要的。无论是谁，如果能占有有利而不是被动的局势，胜算就会增大若干。因此《孙子·势篇》就说"故善战者，求之于势，不责于人，故能择人而任势"[1]，只要掌握了"势"，就具有了天然的压倒对方的优势，是不用靠指挥人员来指挥这种费力的方法的。《六韬·龙韬·奇兵》也说："古之善战者非能战于天上，非能战于地下，其成与败皆由神势，得之者昌，失之者亡"[2]，将"势"放在了决定存亡的关键位置。先秦兵家和谋略家都如此重视"势"，是因为其的确能够在不过于耗费实力的情况下帮助人们取得胜利。战国策士对此也是极为重视的，《鬼谷子》就提出"势者，利害之决，权变之威"[3]，要"立势而制事"（《飞箝》），如果能这样，就会"譬若决水于千仞之堤，转圆石于万仞之谷"（《本经阴符七术》），得胜是相对容易的。

既然"势"如此重要，如何才能有效地掌握并利用其中巨大的能量呢？策士的方法即为"捭阖"，运用此种方法制造有利局势，转化和堆积能量，使得旧局面中消极的势能渐渐向积极的新局面发展，最终将决定和控制力量的权力掌握在自己手中。"捭阖"的运用相当灵活，作用也很多，

---

① 郭化若：《孙子译注》，上海：上海古籍出版社，1996年，127页。
② 唐书文：《六韬·三略译注》，上海：上海古籍出版社，1999年，第71页。
③ 《鬼谷子·本经阴符七术》。

"故捭者，或捭而出之，或捭而内之。阖者，或阖而取之，或阖而去之"，无论是捭还是阖，都可以根据需要出、内，灵活运用。它已经成了策士特征的标志性词语，囊括了策士活动的整个特点，这是战国策士也被称为"纵横家"的原因之一，策士是通过纵横、捭阖、抵巇等两两对应的方法来游说外交、谋划驰骋的。"捭阖"，可以用"短长"来进行更好的说明。"短长"，既是《战国策》一书的别名，又是一种游说方法的称呼。刘向《校战国策书录》即有说明："是以苏秦、张仪、公孙衍、陈轸、代、厉之属，生从横短长之说，左右倾侧。"《史记·田儋列传》也说："蒯通者，善为长短说，论战国之权变，为八十一首。"这些都表明短长是策士使用的一种核心的游说方法。东汉应劭说"短长术兴于六国时，长短其语"，简单地说，短长术就是言利以劝说——此为长术，言害以威吓——此为短术，长短结合，视情况需要来使用，像苏秦合纵主要使用"长"术，张仪连横则主要使用"短"术来进行压制①。短长，也就是捭阖术，都通过截长续短来进行人为的造势，形成双方之间的势能差异，制造雕塑新形势的动力。利用这种势能差，顺"势"行事，正是策士运用纵横捭阖之术的目标所在。"捭阖"的方法，体现了策士个体力量的勃发，也是各种势能综合作用的结果。

以上我们强调了策士思维和策略的力量激发状态与他们在此状态下对"势"的追求，以及利用"势"、运用"捭阖"改造形势的主动状态，其虽"无形"却非无力。这表现在三个方面：第一，以柔弱胜刚强。策士们在游说对象面前往往弱小和没有权势，但是正是因为身处这样的位置，策士们才充分发挥了柔性的长处，善于贴合而后改造。以柔弱驯顺的假象赢得君王的信任，有利于"势"的转变。第二，以无形胜有形，捭与阖都在不为人知的情况下进行。策士的游说在无形中蕴含巨大力量，他们善于在巧妙处施力，从制定方略到完成方略，均是根据游说对象的特点一再揣摩，在何处施力都颇费心思。捭阖抵巇间施力得当，就能得到四两拨千斤之功效。并且，从制定方略到完成谋略都讲究无形，充分掌握"势"而绝不现形让对方识破。第三，遵循贵微贵密，滴水不漏的原则。无论是捭还是阖，都要有周密的准备，"即欲捭之，贵周；即欲阖之，贵密。周密之

---

① 参见熊宪光：《纵横家研究》第四章，重庆：重庆出版社，1998年。

贵微，而与道相追"①。如果是"捭"，放言以引导，就要思维缜密；如果是"阖"，闭藏以观察，就要不露声色。

"捭阖"的方法，正体现了策士对两种性质的方法互融充分的理解，并意识到其转化之间蕴藏着扭转乾坤的伟力，甚至可以将其上升到"道"的地位。"捭阖者天地之道，说之变也"，"捭阖者，道之大化"②，这个"道"是天地自然的规律、法则，而捭阖是遵循"道"而动的，具有无上的威力。并且，认识"捭阖"是掌握事物的关键，所谓"圣人"就是"在天地间也，为众生之先，观阴阳之开阖以名命物；知存亡之门户。筹策万类之终始，达人心之理，见变化之朕焉，而守司其门户"之人③，因此，能了解"捭阖"并很好地加以利用，不但能守住门户，且能把握事物的要害，了解存亡之机。

"捭阖"的观念，明显受到阴阳思想的影响。其本身就由性质相反的两个元素构成，而相应的，许多事物也可以用两种概念划分。以这种认识作为基础，游说活动才可能展开：

> 故言长生、安乐、富贵、尊荣、显名、爱好、财利、得意、喜欲，为阳，曰始。
> 故言死亡、忧患、贫贱、苦辱、弃损、亡利、失意、有害、刑戮、诛罚，为阴，曰终。④

施行长短术或进行纵横捭阖以前，必须先掌握各类现象的阴阳性质，并且知道它们的作用所在。若是人们所喜闻乐见的，像"富贵"、"尊荣"、"显名"等具有鼓励性质的事物，可以用来引导对方响应并付诸积极行为；而容易使人们有挫折感的，如"死亡"、"忧患"、"贫贱"等事物，则可以用来使对方的心理产生压迫感，从而使对方放弃自己的行为。

在运用捭阖术之前，必须考察当时的情况、对方的特点。首先是要看清当时的大局如何，也就是是否有必要进行努力，避免做无用功：

---

① 《鬼谷子·捭阖》。
② 《鬼谷子·捭阖》。
③ 《鬼谷子·捭阖》。
④ 《鬼谷子·捭阖》。

　　天下纷错，土无明主，公侯无道德，则小人谗贼，贤人不用，圣人鼠匿，贪利诈伪者作，君臣相惑，土崩瓦解而相伐射，父子离散，乖乱反目，是谓萌牙巇罅。圣人见萌牙巇罅，则抵之以法。世可以治，则抵而塞之；不可治，则抵而得之①。

　　有两种可能：如果天下已经出现惑乱，有了败坏的萌芽和缝隙，但还可以施行自己的见解，则顺着缝隙进行补救；如果已经濒临崩溃，就干脆扩大裂缝，取而代之，这也就是策士使用的捭阖之术的另一种具体运用方法：抵巇，即针对漏洞或补救或毁坏的方法。而无论是哪种情况，均需要进一步对游说对象的性质进行确定：

　　　　捭阖之道，以阴阳试之。故与阳言者，依崇高。与阴言者，依卑小。以下求小，以高求大②。

　　要根据对方的主要特点，即属阴还是属阳来确定是用阴还是用阳来对付他，崇高者言崇高，卑下者言卑下，才能了解对方的心思。同样，对对方与自己的亲疏也要有所洞察，有所针对地采取不同方法："故外亲而内疏者，说内；内亲而外疏者，说外。"③ 若对方表面亲近而内心疏远，就要说些知心话来打动他的内心，反之，则要消除造成表面疏远的障碍。要充分发挥积极主动性，不但要左右形势，还要左右视听："符而应之，壅而塞之，乱而惑之，是谓计谋。"④先要顺从他，在其放松警惕以后，"壅而塞之"，也就是闭塞对方的视听，只挑选那些对自己有利的信息来包围他，使对方无法进行更多的选择和判断，甚至要"乱而惑之"，提供干扰信息以达到让对方迷惑的目的，这样自己才好从中斡旋。

　　在这个过程中，一定要注意守住自己的"威"和"势"，同时使对方的"威"和"势"得到分散。首先，需要静和养气，"无为以包志虑思意，而行威势"；其次，要修养自己的意志，"志意实坚，则威势不分，神明常固守，乃能分之"，做到坚实自己的意志，不被别人轻易分散神势，

———————————

① 《鬼谷子·抵巇》。
② 《鬼谷子·捭阖》。
③④ 《鬼谷子·谋》。

而能集中力量去分散别人的神势，还要能够充实自身，这样才能"不出户而知天下，不窥牖而见天道"①，充分把握主动权。

具备了这些，就可以在与对方较量的时候，"分威法伏熊"、"散势法鸷鸟"了。对于"分威法伏熊"，杨慎注曰"伏者，藏也，静也。静藏者明，以乘彼暗，无物不可得而攫也"②，用充盈的神气压倒对方，"威覆盛，则内实坚；内实坚，则莫当；莫当，则能以分人之威而动其势，如其天"，同时要"以实取虚，以有取无"，并善于寻找对方的漏洞，制造对自己有利的形势。"故神存兵亡，乃为之形势"（《鬼谷子·本经阴符七术》），对形势进行把握，并能像潜伏的熊那样在找到对方的弱点时扑上去，分散对方的威力，就可以打败对方。"散势"也是同样的道理：

> 散势者，神之使也。用之，必循间而动。威肃内盛，推间而行之，则势散。夫势散者，心虚志溢；意衰威失，精神不专，其言外而多变。故观其志意，为度数，乃以揣说图事，尽圆方，齐短长。无间则不行散势者，待间而动，动而势分矣。故善思间者，必内精五气，外视虚实，动而不失分散之实。动则随其志意，知其计谋。势者，利害之决，权变之威。势败者，不以神肃察也。③

即像鸷鸟那样抓住时机，"待间而动"来彻底使对方威分势散。

下面以《楚一·苏秦为赵合从说楚威王》为例对战国策士捭阖互动的策略作一分析。苏秦在游说楚国这个大国的国君之时，显然做好了预先顺应的准备，使其在心理上更靠近自己，因此他说"楚，天下之强国也。大王，天下之贤王也"，接着他顺理成章地运用了"捭"术，用光明积极的语言对楚王进行引导："楚地西有黔中、巫郡，东有夏州、海阳，南有洞庭、苍梧，北有汾陉之塞、郇阳。地方五千里，带甲百万，车千乘，骑万匹，粟支十年，此霸王之资也。夫以楚之强与大王之贤，天下莫能当也。"然而至此只是做好了准备工作，必须在巧妙处施力，使得对方继续在自己的引导下改变观点，还要使用"阖"术使对方威分势散，指出不按自己的

---

① 《鬼谷子·本经阴符七术》。
② 转引自郑杰文：《鬼谷子天机妙意》，海口：南海出版公司，1993年，第315页。
③ 《鬼谷子·本经阴符七术》。

观点行事的害处："大王不从亲，秦必起两军：一军出武关；一军下黔中。若此，则鄢、郢动矣。臣闻治之其未乱，为之其未有也；患至而后忧之，则无及已。故愿大王之早计之。"在使用"阖"术也就是"短"术后，为了更稳固对方的心意，针对对方的罅隙，即贪恋名利，进一步以柔力引导，在柔韧中暗藏力量进行说服：

> 大王诚能听臣，臣请令山东之国，奉四时之献，以承大王之明制，委社稷宗庙，练士厉兵，在大王之所用之。大王诚能听臣之愚计，则韩、魏、齐、燕、赵、卫之妙音美人，必充后宫矣。赵、代良马橐他，必实于外厩。

然而正面的游说还必须再加大力度，解除楚王原有心意的"势"，因此苏秦再次使用捭阖术从正反两面对合纵和连横的后果作出比较："故从亲，则诸侯割地以事楚；横合，则楚割地以事秦。此两策者，相去远矣，有亿兆之数。两者大王何居焉？"巧妙运用捭阖术，使楚王无法作出其他选择："今君欲一天下，安诸侯，存危国，寡人谨奉社稷以从。"彻底消除威势，而整个局势也发生了巨大的改变，主动权相对以前较多地被掌握在苏秦主持的策士一边了。纵横策士通过将捭与阖不停转换使用，巧妙引导，充分发挥势能激发出个人的能量，善于抵塞缝隙，掌握威势，将战国的风云局势移形换位，使新局势中隐含的势能对己方更为有利。

捭阖不仅仅是针对一种具体的游说方法而言，它对于策士还往往表明了一种思路，或者说是对其整体理论的核心诠释，即将任何事物区分为阴阳两种性质，"阳动而行，阴止而藏"，就有如天道。因此，任何具有阴阳性质的方法都可以概括为捭阖，我们将策士的计谋也作扩大和引申理解，以"捭"术和"阖"术来命名策士的种种谋略，运用促成手段的称为"捭"术，而运用离散、消解手段的称为"阖"术。捭阖之术可谓多矣，下面将一一分析。

捭术主要有"连之以利"、"微告明之"、"两面得利"等方法，而阖术有"离散消歇"、"连环解锁"、"以金间之"、"暗中谗害"等方法。

（一）捭术

1. 连之以利

　　东周与西周争，西周欲和于楚、韩。齐明谓东周君曰："臣恐西周之与楚、韩宝，令之为己求地于东周也。不如谓楚、韩曰，西周之欲入宝，持二端。今东周之兵不急西周，西周之宝不入楚、韩。楚、韩欲得宝，即且趣我攻西周。西周宝出，是我为楚、韩取宝以德之也，西周弱矣。"①

　　齐明所采取的方法，就是向楚、韩阐明他们和东周的共同利益只有在联合攻打西周的前提下，才有可能取得，否则西周的宝物是不会进贡给楚、韩的。这样，就巧妙地在与强国结成联盟的同时，又离间了西周和楚、韩的关系，解除了对方对自己的威胁，从而牢牢地占有了有利形势。这种斗争，充分显示了战国关系中不被侵害，就侵害别人的残酷。

2. 微告明之

　　周共太子死，有五庶子，皆爱之，而无适立也。司马翦谓楚王曰："何不封公子咎，而为之请太子？"左成谓司马翦曰："周君不听，是公之知困而交绝于周也。不如谓周君曰：'孰欲立也？微告翦，翦令楚王资之以地。'公若欲为太子，因令人谓相国御展子、廧夫空曰：'王类欲令若为之，此健士也，居中不便于相国。'"相国令之为太子。②

　　谓齐王曰："王何不以地赍周最以为太子也。"齐王令司马悍以赂进周最于周。左尚谓司马悍曰："周不听，是公之知困而交绝于周也。公不如谓周君曰：'何欲置？令人微告悍，悍令王进之以地。'"左尚以此得事。③

————————

① 《战国策·东周·东周与西周争》。
② 《战国策·东周·周共太子死》。
③ 《战国策·西周·谓齐王》。

此种策略和"借物明之"有相似之处，不过这里是直接从当事者口中得知其倾向，然后再公开表示资助，以更明确地达到交好的目的，避免了盲目性。《孙子·虚实》说："故形人而我无形，则我专而敌分"，将对方的心意以某种方式显明出来，就可以有针对性地施行相应的方法了。

3. 两面得利

　　张仪逐惠施于魏。惠子之楚，楚王受之。冯郝谓楚王曰："逐惠子者，张仪也。而王亲与约，是欺仪也，臣为王弗取也。惠子为仪者来，而恶王之交于张仪，惠子必弗行也。且宋王之贤惠子也，天下莫不闻也。今之不善张仪也，天下莫不知也。今为事之故，弃所贵于仇人，臣以为大王轻矣。且为事耶？王不如举惠子而纳之于宋，而谓张仪曰：'请为子勿纳也。'仪必德王。而惠子穷人，而王奉之，又必德王。此不失为仪之实，而可以德惠子。"楚王曰："善。"乃奉惠子而纳之宋。①

　　梁王伐邯郸，而征师于宋。宋君使使者请于赵王曰："夫梁兵劲而权重，今征师于弊邑，弊邑不从，则恐危社稷；若扶梁伐赵，以害赵国，则寡人不忍也。愿大王之有以命弊邑。"赵王曰："然。夫宋之不足如梁也，寡人知之矣。弱赵以强梁，宋必不利也。则吾何以告子而可乎？"使者曰："臣请受边城，徐其攻而留其日，以待下吏之有城而已。"赵王曰："善。"宋人因遂举兵入赵境，而围一城焉。梁王甚说，曰："宋人助我攻矣。"赵王亦说曰："宋人止于此矣。"故兵退难解，德施于梁而无怨于赵。故名有所加而实有所归。②

　　宜阳之役，杨达谓公孙显曰："请为公以五万攻西周，得之，是以九鼎印甘茂也。不然，秦攻西周，天下恶之，其救韩必疾，则茂事败矣。"③

　　翟章从梁来，甚善赵王。赵王三延之以相，翟章辞不受。田驷谓柱国韩向曰："臣请为卿刺之。客若死，则王必怒而诛建信君。建信君死，则卿必为相矣。建信君不死，以为交，终身不敝，卿因以德建

① 《战国策·楚三·张仪逐惠施于魏》。
② 《战国策·宋卫·梁王伐邯郸》。
③ 《战国策·韩一·宜阳之役》。

信君矣。"①

　　徐州之役，犀首谓梁王曰："何不阳与齐而阴结于楚？二国恃王，齐、楚必战。齐战胜楚，而与乘之，必取方城之外；楚战胜齐败，而与乘之，是太子之仇报矣。"②

以上的五个例子都显示了策士"两面得利"的心机，无论是哪种结果，都可以从中得到利益，捭阖的力量可见一斑。其中，前两个例子更侧重盟交与名声，而后面三个例子则看重取得实际的利益。他们进退自如，左右逢源，主要在思维的"巧"上用力，以应对困境。解决矛盾有两种方法：一是正面解决，二是再制造一个矛盾，将以前的矛盾包容在新的矛盾中，用新的思路进行化解。像第三个例子当中，杨达非常巧妙地采取了第二种方法，既然无法正面应对甘茂，那就再制造新的矛盾来对付他，如果成功，则可以以功劳来对其进行压制，就算失败，也能利用国际力量来打击国内势力，无论成败，都可享受其利，真可谓机关算尽。

（二）阖术

1. 离散消歇

　　赵且伐燕，苏代为燕王谓惠王曰："今者臣来，过易水，蚌方出曝，而鹬啄其肉，蚌合而拑其喙。鹬曰：'今日不雨，明日不雨，即有死蚌。'蚌亦谓鹬曰：'今日不出，明日不出，即有死鹬。'两者不肯相舍，渔者得而并禽之。今赵且伐燕，燕、赵久相支以弊大众，臣恐强秦之为渔父也，故愿王之熟计之也。"惠王曰："善。"乃止。③

阖术主要的功用即在于停止、消歇、闭藏。赵想要攻伐燕，苏代巧妙地通过"鹬蚌相争，渔翁得利"的故事，打消了赵惠文王攻燕的想法，是一个典型的使用阖术的例子。

---

① 《战国策·赵四·翟章从梁来》。
② 《战国策·魏一·徐州之役》。
③ 《战国策·燕二·赵且伐燕》。

2. 连环解锁

秦兴师临周而求九鼎，周君患之，以告颜率。颜率曰："大王勿忧，臣请东借救于齐。"颜率至齐，谓齐王曰："夫秦之为无道也，欲兴兵临周而求九鼎，周之君臣，内自尽计，与秦，不若归之大国。夫存危国，美名也；得九鼎，厚宝也。愿大王图之。"齐王大悦，发师五万人，使陈臣思将以救周，而秦兵罢。

齐将求九鼎，周君又患之。颜率曰："大王勿忧，臣请东解之。"颜率至齐，谓齐王曰："周赖大国之义，得君臣父子相保也，愿献九鼎，不识大国何涂之从而致之齐？"齐王曰："寡人将寄径于梁。"颜率曰："不可。夫梁之君臣欲得九鼎，谋之晖台之下，少海之上，其日久矣。鼎入梁，必不出。"齐王曰："寡人将寄径于楚。"对曰："不可。楚之君臣欲得九鼎，谋之于叶庭之中，其日久矣。若入楚，鼎必不出。"王曰："寡人终何涂之从而致之齐？"颜率曰："弊邑固窃为大王患之。夫鼎者，非效醯壶酱甄耳，可怀挟提挈以至齐者；非效鸟集乌飞，兔兴马逝，漓然止于齐者。昔周之伐殷，得九鼎，凡一鼎而九万人挽之，九九八十一万人，士卒师徒，器械被具，所以备者称此。今大王纵有其人，何涂之从而出？臣窃为大王私忧之。"齐王曰："子之数来者，犹无与耳。"颜率曰："不敢欺大国，疾定所从出，弊邑迁鼎以待命。"齐王乃止。[①]

颜率所采取的方法，是解一急再解一急：先许诺齐归之九鼎，借助齐师解除秦兴师临周而求九鼎的燃眉之急，再以种种借口告诉齐王九鼎无途可出，使得齐王不得不放弃问鼎的心思。这种方法充分利用障碍的功能来缓解过大的冲击力，保证自己的威势不被一下消灭。战国政权林立，这也就是混战无法在很短时间内结束的原因。

3. 以金间之

天下之士，合从相聚于赵，而欲攻秦。秦相应侯曰："王勿忧也，

---

① 《战国策·东周·秦兴师临周而求九鼎》。

请令废之。秦于天下之士非有怨也，相聚而攻秦者，以己欲富贵耳。王见大王之狗，卧者卧，起者起，行者行，止者止，毋相与斗者；投之一骨，轻起相牙者，何则？有争意也。"于是唐雎载音乐，予之五十金，居武安，高会相与饮，谓："邯郸人谁来取者？"于是其谋者固未可得与也，其可得与者，与之昆弟矣。"公与秦计功者，不问金之所之，金尽者功多矣。今令人复载五十金随公。"唐雎行，行至武安，散不能三千金，天下之士，大相与斗矣。①

秦王欲见顿弱，……秦王曰："山东之建国可兼与？"顿子曰："韩，天下之咽喉；魏，天下之胸腹。王资臣万金而游，听之韩、魏，入其社稷之臣于秦，即韩、魏从。韩、魏从，而天下可图也。"秦王曰："寡人之国贫，恐不能给也。"顿子曰："天下未尝无事也，非从即横也。横成，则秦帝；从成，即楚王。秦帝，即以天下恭养；楚王，即王虽有万金，弗得私也。"秦王曰："善。"乃资万金，使东游韩、魏，入其将相。北游于燕、赵，而杀李牧。齐王入朝，四国必从，顿子之说也。②

金钱的力量是巨大的，况且在混战的战国，唯利是图已经司空见惯。因此使用金钱来离散对方，使之凝聚力涣散，就成了有效的手段。秦国能击败六国，成为最后的胜利者，固然和其一心图强、决策正确有必然联系，但是用金钱进行收买、离间活动，无疑也功不可没，正是在此方法的辅佐下，秦国最终离散六国，统一天下。

4. 暗中谗害

楚王将出张子，恐其败己也，靳尚谓楚王曰："臣请随之。仪事王不善，臣请杀之。"楚小臣，靳尚之仇也，谓张旄曰："以张仪之知，而有秦、楚之用，君必穷矣。君不如使人微要靳尚而刺之，楚王必大怒仪也。彼仪穷，则子重矣。楚、秦相难，则魏无患矣。"张旄果令人要靳尚刺之。楚王大怒，秦构兵而战。秦、楚争事魏，张旄果大重。③

---

① 《战国策·秦三·天下之士合从相聚于赵》。
② 《战国策·秦四·秦王欲见顿弱》。
③ 《战国策·楚二·楚王将出张子》。

　　郑强之走张仪于秦，曰仪之使者，必之楚矣。故谓大宰曰："公留仪之使者，强请西图仪于秦。"故因而请秦王曰："张仪使人致上庸之地，故使使臣再拜谒秦王。"秦王怒，张仪走。①

　　战国时的朝秦暮楚，令局势更为复杂，而策士自身安全也更没有保障。特别是国家间的利益纠葛、臣子间的勾心斗角，更容易混淆视听。像魏之张旄利用楚、秦矛盾自重，郑强之走张仪于秦即是明例。

　　当然，捭阖之间，有的时候是无法清楚地区分是捭术还是阖术的，因为从这方面来看为捭，从相应的另一方面来看就是阖了。捭阖的运用，较为复杂的是"迷惑术"，如《孙子》所说："能而示之不能，用而示之不用，近而示之远，远而示之近。"②"迷惑术"或捭或阖，或抵或巇，运用之妙，系于一心，往往是捭阖互用，互为成全。其目的在于掩盖自己的真实意图，令敌人或者敌人的同盟作出错误的判断。张孟谈既固赵宗功成身退后，韩、魏、齐、燕谋赵，赵襄子往见张孟谈告之，以期寻求解决的方法，张孟谈就嘱咐"君其负剑而御臣以之国，舍臣于庙，授吏大夫"，并差使"其妻之楚，长子之韩，次子之魏，少子之齐"，终使"四国疑而谋败"③。此为救急，迷惑的成分还相对较小，下面一则为攻取土地而采取的迷惑术就可谓颇费心机了：

　　秦取楚汉中，再战于蓝田，大败楚军。韩、魏闻楚之困，乃南袭至邓，楚王引归。后三国谋攻楚，恐秦之救也，或说薛公："可发使告楚曰：'今三国之兵且去楚，楚能应而共攻秦，虽蓝田岂难得哉！况于楚之故地？'楚疑于秦之未必救己也，而今三国之辞去，则楚之应之也必劝，是楚与三国谋出秦兵矣。秦为知之，必不救也。三国疾攻楚，楚必走秦以急；秦愈不敢出，则是我离秦而攻楚也，兵必有功。"④

---

① 《战国策·韩一·郑强之走张仪于秦》。
② 《孙子·计》，见郭化若：《孙子译注》，上海：上海古籍出版社，1996年，第83页。
③ 《战国策·赵一·张孟谈既固赵宗》。
④ 《战国策·秦四·秦取楚汉中》。

三国为了攻取楚地，必然要去除秦这个可能出现的强大的援军，因此先采取了和楚共谋的姿态，看起来是将要共同攻秦，实际上却是为了制造假象，让秦相信三国和楚是盟军，这样，在攻楚的时候，就算是楚会向秦请求支援，秦也不会答应，反而会更加疑惑。在这里，三国更多地采取了"阖"术，以离间来成就自己的利益，这也是三国善于利用战国国家之间虽可能形成同盟，但不可能完全信任对方的心态，先孤立对方再攻取之。以下这个例子与上一个例子有相似之处，显示了樗里疾善为应变之策：

> 秦、楚攻魏，围皮氏。为魏谓楚王曰："秦、楚胜魏，魏王之恐也见亡矣，必舍于秦，王何不倍秦而与魏王？魏王喜，必内太子。秦恐失楚，必效城地于王，王虽复与之攻魏可也。"楚王曰："善。"乃倍秦而与魏。魏内太子于楚。
>
> 秦恐，许楚城地，欲与之复攻魏。樗里疾怒，欲与魏攻楚，恐魏之以太子在楚不肯也。为疾谓楚王曰："外臣疾使臣谒之，曰：'敝邑之王欲效城地，而为魏太子之尚在楚也，是以未敢。王出魏质，臣请效之，而复固秦、楚之交，以疾攻魏。'"楚王曰："诺。"乃出魏太子。秦因合魏以攻楚。[1]

楚欲两边得利，因而"倍秦而与魏王"，果然魏国纳太子为人质，秦国也很恐慌，准备献地以重新换回和楚的结盟，樗里疾却认为应该与魏攻楚，可是魏太子还在楚国，这样魏国一定不肯出兵，因此如何游说楚国交出魏太子就很关键。樗里疾献地游说之，使楚王认为只要交出魏太子解除和魏的同盟，就可以得到土地。结果楚王在这种虚假信息的干扰下，交出太子，也正中秦国下怀，遭到了秦魏的合攻。由此，我们可以看到"迷惑术"主要有三个功能：第一，掩盖。以和意图不同甚至相反的表象，来遮盖真正的目的，使对手在不明就里的情况下，误中圈套而马失前蹄，樗里疾就是通过献地之说来掩盖攻楚的目的的。第二，引导。采取合适的方式来引导对方按自己的意图行事，被自己牵着鼻子走，樗里疾即以献地的虚假信息来引导楚国，令其上钩。第三，分化。上例中的三国和此例中的樗

---

① 《战国策·魏二·秦楚攻魏围皮氏》。

里疾都是运用了迷惑术来分化敌人的同盟，再实施攻打的目标，这样面临的压力就要小得多，孙子所谓"我专而敌分"也。

捭阖，显示了策士思维和策略的激发状态与策士在战国特定场域中焕发出的生命能量。捭阖互动，长短相形，掩盖、引导、分化，无不可成。"捭"术繁复，"借物明之"、"两面得利"可谓精粹；"阖"术神妙，"连环解锁"实为精粹。捭阖互辅互动，神力愈出。

三、奇与正的互生

战国策士主要的活动是围绕合纵连横而展开的，这些活动，从展开的手段来看，是捭阖，而从实现的方式来看，则是外交游说的正面方法和奇谋的相结合，这种互为成就的方式，可以以"奇正"来概括之。"奇正"，是古代军事术语，"正"强调正常正面的方法，而"奇"强调出人意料的突袭、暗袭。孙子曰，"凡战者，以正合，以奇胜"①，就是以"奇"、"正"两个互为补充的概念来区分作战部署的，"以正合"是以正面接触来牵制敌人，"以奇胜"则是从旁侧击，趁其不备而突袭之。

战国策士运用这个概念，具有相似的含义。《鬼谷子·决》说"圣人所以能成事者有五，有以阳德之者，有以阴贼之者，有以信诚之者，有以蔽匿之者，有以平素之者"，陶注说"圣人善变通，穷物理，凡所决事，期于必成。事成理著者，以阳德决之；情隐言伪者，以阴贼决之；道诚志直者，以信诚决之；奸小祸微者，以隐匿决之；循常守故者，以平素决之"②，可见，各种不同的方法中，惯常使用的方法也是相当重要的手段。这种通常情况下都使用的方法即"以平素之者"，对战国策士来说，"正"者为正面游说、外交、结盟，也就是他们通常情况下承担的任务。

然而，战国策士奇谲的色彩在于对"奇"出神入化的运用。战国时候风云突变，君主尔虞我诈，贪得无厌，许多问题无法依靠正常途径得到解决，因此，出奇谋、奇计是策士一项更为重要的任务，其效用甚至超过了

---

① 《孙子·势》，见郭化若：《孙子译注》，上海：上海古籍出版社，1996 年，第 121 页。
② 许富宏：《鬼谷子集校集注》，北京：中华书局，2008 年，第 170 页。

"正"的方法，所以，策士们提出"正不如奇"①，相当强调"奇"的地位。一般情况下，"正"的方法应该居于主导地位。但是在战国，通过《战国策》的记载，我们可以看到，"奇"往往是取得胜利的决定性方法，甚至使得"正"不为正，倒成了运用"奇"时的辅助性方法，成了运用"奇"时的外衣和幌子。苏秦来到齐国，似乎一心合纵攻打秦国，但这"正"之后却隐藏着促使齐乘机取宋的用心，然而，这还不是最终目的，使得各国的矛头指向齐国，削弱齐国，为燕国雪耻才是根本目标，这后面掩藏的"奇"谋是策士势能转化的最主要方式。奇正互用，奇正互生，环转不息；奇和正，正体现了战国策士不竭的智慧。

可以说，策士主要的智慧表现在"奇"上而不在"正"上。通过外交上的口舌之利、结盟会场中的巧言便辞取得胜利，固然展现了他们的善辩风采，但技巧和奇谋似乎更能代表他们的特色。对"奇"的运用，可以说是变化多端，层出不穷。"奇，流而不止者也"②，孙子也说："故善出奇者，无穷如天地，不竭如江河。终而复始，日月是也。死而复生，四时是也。声不过五，五声之变，不可胜听也。色不过五，五色之变，不可胜观也。味不过五，五味之变，不可胜尝也。战势不过奇正，奇正之变，不可胜穷之也。奇正相生，如环之无端，孰能穷之。"③ 所说也是这个意思，即奇和正互相转化成就，就好像一个环那样没有破绽，也没有产生不出计谋的时候；多变的计策，不竭如江河，充满力量而不可穷尽。

"奇"的核心在于"谋"，对此《鬼谷子》有《谋》专门论述。正因为"奇"的特殊之处，《谋》提出"故说人主者，必与之言奇声，说人臣者，必与之言私"，游说君主，就应该和他谈奇计，而游说人臣，则应该谈论他的私利。而最重要的原则就是"阴隐"，这既是"谋"的前提，又是"谋"实施的保障，所以《谋》又说，"圣人之道阴，愚人之道阳"，"天地之化，在高在深；圣人之制道，在隐与匿"，有了这个前提，实施之前才不至于走漏风声，进行当中才能尽施迷惑而不被人识破，甚至实施完

---

① 《鬼谷子·谋》。
② 《鬼谷子·谋》。
③ 《孙子·势》，见郭化若：《孙子译注》，上海：上海古籍出版社，1996 年，第 121 页。

毕还有修正的可能，因此在明处张扬是愚人的方法，也是策士出"奇"行"谋"的大忌。想要制人而不制于人，"阴隐"的原则是必须贯彻的，这在兵家也是如此，"兵者，诡道也"①，"微乎微乎，至于无形，神乎神乎，至于无声，故能为敌之司命"②，"阴其谋，密其机，高其垒，伏其锐士，寂若无声，敌不知我所备"③，只有在无形之中，才能不被敌人窥破，才有可能更充分地发挥主动性。

在掌握前面所说的要点的情况下，具体的计谋要因地制宜，因而"谋"可以说是种类繁复，但是最有代表性的莫过于"借力术"了，仅仅一种借力术，就可以无限发挥，欲纳欲去系于一心，显示了奇正无方的神妙。"借力术"可以用在不同的情况下，主要作用如下：

（1）借助同盟之力，攻战或者免除被攻。

（2）欲得：①资助权臣，使己重之；

②借外权使己重之；

③借敌人使己重之；

④借君主之意。

（3）去：借助他方驱除对手。

第一种情况应该说是最为普遍的了，战国烽烟四起，无论是弱国还是强国，倘若不借助他国的力量，很难生存下来。弱国需要合纵来对付强国，而如秦、齐这样的强国，单单依靠自身的力量面对攻战，也会多面受敌而导致失败。所以，从这种情况，也就是从"连横合纵"来说，其本身就是借力术的一种，更是在战国独特情况下产生的不得不如此的生存方式。借他国之力，一方面是免除被吞并的危险，另一方面要吞并别国，诸侯国之间牵一发而动全身，是息息相关的。正如我们上面所说，任何一国的角色都不是固定的，动静之间，同盟可以变成敌人，反之亦然，因此借力也可以是多方向的，可视当时的具体情况而定。

---

① 《孙子·计》，见郭化若：《孙子译注》，上海：上海古籍出版社，1996 年，第 83 页。

② 《孙子·虚实》，见郭化若：《孙子译注》，上海：上海古籍出版社，1996 年，第 134 页。

③ 《六韬·文韬·兵道》，见唐书文：《六韬·三略译注》，上海：上海古籍出版社，1999年，第 37 页。

秦召周君，周君难往。或为周君谓魏王曰："秦召周君，将以使攻魏之南阳。王何不出于河南？周君闻之，将以为辞于秦而不往。周君不入秦，秦必不敢越河而攻南阳。"①

虽然这位策士是为周君而游说，但是他所说的周、魏两国的依存关系，却不无道理，因此，依照这个逻辑，周以魏攻为借口免除了不虞之灾，而魏也正好去除了南阳被攻的隐患，这种借力，可以说是互惠的了。此外，无论是结盟、求助，还是令别国互相斗争而承弊击之，都可以说是借力术，只不过前者是正向借力，而后者是反向借力削弱对方，坐山观虎，更为巧妙，这在前面已经多作论述，此不赘述。

第二和第三种情况更多地用于臣子固位取宠，显示了内部勾斗的复杂，更显示出策士的费尽心思。想要得到更稳固的地位，必须在顺势的基础上再着力为之，制造有利的形势，而第二种情况也具体分为四种，要针对不同的情况采取不同的措施：

第一，自己地位不稳固，需要借助强势人物来巩固自己的地位。秦国的献则对公孙消说："公，大臣之尊者也，数伐有功。所以不为相者，太后不善公也。辛戎者，太后之所亲也。今亡于楚，在东周。公何不以秦、楚之重，资而相之于周乎？楚必便之矣。是辛戎有秦、楚之重，太后必悦公，公相必矣"②，分析了公孙消当前不能为相，是因为不能让太后相善。他指出了一条借力的方法，即借助太后同父弟辛戎，就可以和太后亲善，因此只要资助辛戎为东周相，公孙消自己也可以得势为秦相了。

第二，借助外权使自己成为重臣。巧妙的一例见于《魏一·陈轸为秦使于齐》，陈轸经过魏国，为公孙衍献计说："魏王使李从以车百乘使于楚，公可以居其中而疑之。公谓魏王曰：'臣与燕、赵故矣，数令人召臣也，曰无事必来。今臣无事，请谒而往。无久，旬、五之期。'王必无辞以止公。公得行，因自言于廷曰：'臣急使燕、赵，急约车为行具。'"犀首答应了，果然，"诸侯客闻之，皆使人告其王曰：'李从以车百乘使楚，犀首又以车三十乘使燕、赵。'齐王闻之，恐后天下得魏，以事属犀首，

① 《战国策·西周·秦召周君》。
② 《战国策·秦五·献则谓公孙消》。

犀首受齐事。魏王止其行使。燕、赵闻之，亦以事属犀首。楚王闻之，曰：'李从约寡人，今燕、齐、赵皆以事因犀首，犀首必欲寡人，寡人欲之。'乃倍李从，而以事因犀首。魏王曰：'所以不使犀首者，以为不可。令四国属以事，寡人亦以事因焉。'"终于，"犀首遂主天下之事，复相魏"，实现了陈轸的计谋。这其中，有两层"借力"：第一，借李从出使的机会也出使燕、赵，以疑惑天下，使得天下以为魏国将有外交上的大动作，因而争相事犀首。第二，借天下争重犀首，使魏王更重视犀首，因而使他复相魏，这样的两重借力，可谓巧妙非常。

甚至还有借助强力来取得地位的，周最就对石礼说："子何不以秦攻齐？臣请令齐相子，子以齐事秦，必无处矣。子因令周最居魏以共之，是天下制于子也。子东重于齐，西贵于秦，秦、齐合，则子常重矣。"① 但是，这样取得的地位并不见得稳固，屈服于威力之下的国家，不可能真正给予相权，就没有上例来得巧妙。

第三，借助敌人使己重之。令自己的政敌消失并不是任何时候都是好事，因为政敌在某种程度上正是加重自己筹码的要素，认识到这一点，就会明白敌人其实也是可以用来借力的。韩国的公叔和几瑟就是如此的关系：

> 公叔将杀几瑟也。谓公叔曰："太子之重公也，畏几瑟也。今几瑟死，太子无患，必轻公。韩大夫见王老，冀太子之用事也，固欲事之。太子外无几瑟之患，而内收诸大夫以自辅也，公必轻矣。不如无杀几瑟，以恐太子，太子必终身重公矣。"②

公叔和几瑟虽然存在矛盾，但退一步讲，却又具有依存关系，因为太子是在借助公叔来对付几瑟，除掉了几瑟，公叔自然会被看轻。所以，利用矛盾，借助敌人的力量，正是这位无名策士的高明之处，其对"圆转"的策略可谓熟稔。

第四，借助君主之意，来达到巩固自己的目的。在某些特定的情况

---

① 《战国策·东周·周最谓石礼》。
② 《战国策·韩二·公叔将杀几瑟》。

下，君主的意志正好可以为臣子所利用，像《魏二·魏王令惠施之楚》中的惠施：

> 魏王令惠施之楚，令犀首之齐。钧二子者，乘数钧，将测交也。楚王闻之，施因令人先之楚，言曰："魏王令犀首之齐，惠施之楚，钧二子者，将测交也。"楚王闻之，因郊迎惠施。

惠施利用魏王令他和犀首同时出使，来试探楚国和齐国哪国更看重魏国的机会，将魏王的心意透露给楚王，这样为了争取魏国，楚国当然会给予惠施隆重的接待，魏国也不会看轻惠施了，惠施借助魏王的心意使自己为两国所重视。

要说到第三种去除对手的方法，除了直接铲除之外，借助他力也是常用的方法，这样更不易被察觉，可以说是更为狠毒的方法，也更为轻易，正如《三十六计·胜战计》中的"借刀杀人"一计，"不自出力"：

> 昌他亡西周，之东周，尽输西周之情于东周。东周大喜，西周大怒。冯且曰："臣能杀之。"君予金三十斤。冯且使人操金与书，间遗昌他书曰："告昌他，事可成，勉成之；不可成，亟亡来。事久且泄，自令身死。"因使人告东周之候曰："今夕有奸人当入者矣。"候得而献东周，东周立杀昌他。①

冯且以此计谋杀掉昌他，正是反间和借力双管齐下，令东周以为昌他是间谍。此计在后来的历史上也频频被使用，像三国时候"蒋干盗书"一幕，不也正是"借力术"的演化吗？

一种"借力术"，就表现了策士融通性思维的变化多端和圆转通透，尽现"奇"矣。不可否认，在强力不能制胜的情况下，使用"奇谋"无疑是更为明智和便捷的方法，而且往往会取得更好的效果，也就难怪无论策士还是兵家都奉"谋"为上策，发挥了《老子》五十七章"以正治国，

---

① 《战国策·东周·昌他亡西周》。

以奇用兵"之说，认为"计谋者，存亡之枢机"①，"全胜不斗，大兵无创"②，"不战而屈人之兵，善之善者也"③，甚至认为"非计策无以决嫌定疑，非谲奇无以破奸息寇，非阴谋无以成功"④，把计谋的地位推崇得无以复加。不过，战是正，谋是奇，虽然兵家也注重奇谋，但是战争往往迫在眉睫，"狭路相逢勇者胜"，相当多的时候凭借勇武之力；作战当中，受兵力、粮草、地形等外在因素的限制相当大，"奇"计的使用机会相当有限。策士较兵法家所受的有形条件局限较小，因而方略更为阴柔，奇正互生之术更为繁复、出神入化，体现出其策略圆转多方，又不乏改造形势之力量的特点。

"奇正"的方略，"正"是常态，"奇"是变态，变则多，多则生，生则活，以奇辅正，策士思维呈现出生活鲜灵的状态，有着发散性的特征。

这当中，还需要特别再将"转圆"作一论述。"转圆"，是运用"奇正"的一种极致表现。

《鬼谷子·本经阴符七术》有一篇《转圆法猛兽》专门论述"转圆"：

> 转圆者，无穷之计也。无穷者，必有圣人之心，以原不测之智而通心术，而神道混沌为一。以变论万类，说义无穷。智略计谋，各有形容，或圆或方，或阴或阳，或吉或凶，事类不同。故圣人怀此，用转圆而求其合。故与造化者为始，动作无不包大道，以观神明之域。天地无极，人事无穷，各以成其类；见其计谋，必知其吉凶成败之所终。转圆者，或转而吉，或转而凶，圣人以道，先知存亡，乃知转圆而从方。圆者，所以合语；方者，所以错事。转化者，所以观计谋；接物者，所以观进退之意。皆见其会，乃为要结以接其说也。

转圆，就可以生计，可以合语错事，可以避凶就吉，可以通天地，掌握了"圆"术，也就了解了"奇正"的精要，融会贯通地使用转圆，就会

---

① 《鬼谷子·本经阴符七术》。

② 《六韬·武韬·发启》，见唐书文：《六韬·三略译注》，上海：上海古籍出版社，1999年，第40页。

③ 《孙子·谋攻》，见郭化若：《孙子译注》，上海：上海古籍出版社，1996年，第98页。

④ 《六韬·三略·中略》，见唐书文：《六韬·三略译注》，上海：上海古籍出版社，1999年，第168页。

由此产生出无穷无尽的计谋。

"转圆"两字分开解释。关于"转",前文已经论述过,即推移、变化,而不是突变。"故圣人怀此用,转圆而求其合",善用此方法的人,可以随时控制事物的转化,以求合于事机,合于时用;可"转圆而从方",从灵活的圆计转到确定可行的具体措施。而"圆"字似乎还有更深层次的内涵,它至少还有三个方面的意思:顺循之术;阴道阳取与不留痕迹;"转"的极致境界。

关于第一个方面,上文也已有所论及,乃是形势不得不如此。策略上的顺从,是双方开启交流的前提和保证。因此,这样的"圆"是游说时必须做的功课,也是必须转入的状态。"圆"的第二个方面,即策士采取以静为动、以静制动的手段,来隐蔽自我、迷惑对方,不显山露水,没有棱角、因情制宜。所谓"智用于众人之所不能知,用于众人之所不能见","阴道而阳取之也"(《鬼谷子·谋》)。阴隐是为了阳取,在此之前,必须不露破绽,表面上按原来的轨道运行事物,做得圆满、自然,方能保证策略的完成和"阳取"的顺理成章。同时,这个不露破绽的"圆"也意味着遁形无迹,不留把柄,所谓"环转因化,莫知所为,退为大仪"(《鬼谷子·内揵》),圆满地完成任务,抽身而退,却不为人察觉,是一种较理想的状态。

"圆"的第三个方面则代表了"转"的极致境界。一般来说,"转"是从一种情况过渡到另一种情况,而要达到"圆"的境地,就必须随时考虑多种可能过渡的情况了,更须应付自如、左右逢源,需要策士有较高的能力。"捭阖"是策士的精髓方法,被认为是"此天地阴阳之道,而说人之法也。为万事之先,是谓方圆之门户"①,捭阖可以造就各种各样的"方圆"之术,那么,何谓"方圆"呢?圆和方是对应的概念,《鬼谷子·反应》说:"未见形,圆以导之,既见形,方以事之。"可见,"圆"指的是圆转灵活的思维方法、融会贯通的领会能力,又包含隐秘、圆通之方略的意思,行事具有一定的回旋余地;"方"则指根据具体情况制定的相对具体的方法,比较明确。"方"相对容易掌握,而对"圆"的运用是否得当则往往标志了一个策士智慧的高下。道家所说的"无常势,无常形"得到

---

① 《鬼谷子·捭阖》。

了充分的发挥，以无形之至柔克至刚，要能够"化转环属，各有形势。反复相求，因事为制"①，变幻莫测，可以根据需要左右出击，如用兵之"浑浑沌沌，形圆而不可败也"②，要做到无论是进是退，欲前欲后，都可以由自己掌握；绝不执着于此在，也不执着于彼在，以免使自己陷入任何固定的立场和局面而难以抽身。要控制局面，就要眼观六路，耳听八方，牵制各方力量。不一定是通过推翻或者克服矛盾来使之变化，而是能身处其中，不凝滞、不僵化，永远以一种新的眼光去打量一切；不仅要推动形势的变化，还要善于消解和隐藏，必要的时候应顺应情势，在各种可能的情况中找到平衡点，对矛盾隐患进行化解和疏散，然后顺着关联点迅速撤退，利用矛盾自身化解矛盾。虽然"圆"具有圆滑世故的意味，但也要看到，这是面对复杂局势所必需的应对之策。

"转圆"是实现"奇正"的一种方式，而"圆"则是"奇正"所追求的最终目标。对"奇正"的运用，可以说是变化多端，层出不穷。孙子所说的"战势不过奇正，奇正之变，不可胜穷之也。奇正相生，如环之无端，孰能穷之"（《孙子·势》），也是这个意思，奇和正互相转化成就，达到了"圆"的至高境界。在精神上，力专可以分化对方；在计谋上，力分可以出奇。"圆"则既体现了精神、计谋的互成互就，又体现了力专、力分的动态转化，当"奇正"的运用达到"圆"的境界时，就可谓出神入化，鬼神莫察了，苏秦在齐做反间时就将奇正之术运用得近乎至"圆"。掌握了"圆"术，也就了解了"奇正"的精要，融会贯通地使用，就会由此产生出无穷无尽的计谋，"借力术"正是很好的代表。借助他人力量，具有寻求攻战同盟、免除被攻、驱除敌手、取得利益等多种用途，不掌握圆通之术是很难驾驭其中繁复的关系的，"借力术"的神妙，在《战国策》中通过许多事件的记叙得到了反复的渲染。

谋略之"奇"、无形与阴隐高深，一个"圆"字，尽可道破其中天机。奇与正互用互生，流转不息，战国策士由此灵光乍现，血脉张兮，奇计出而威势生，所指之处，尽为披靡。

由上面的论述，可知策士的策略中具有核心的动静互化、捭阖互动、

---

① 《鬼谷子·忤合》。

② 《孙子·势》，见郭化若：《孙子译注》，上海：上海古籍出版社，1996 年，第 125 页。

奇正互生"三态",可称为"原态"、"激态"、"多态"。而这"三态",又是逐级上升的,其间的动态能量呈加强的趋势,也更加多样化。由静而动,进而蓄势待发,所蓄积的能量通过"捭阖"这种策士的核心行为挥发出来,然而"捭阖"过于简单,必须以更为细腻的方法来增强精确应对的能力,这就是以"奇正"来出神入化了,由此策士的策略就达到了最高境界,然而,"奇"虽然为"动"的最高境界,却终归还要归入静的本真状态,因此,若撇开能量递增来看,静为动态的最高层次。其环转不休,策略也层出不穷。这样,策士的策略和思维之生、住、异、灭均包含在这三个层次之中,以此三者可以窥见策士活动之全貌,更可以通过三者的关系理解策士思维的精髓。然而,在具体的游说活动中,这三者却是浑然天成,无法截然分开的,或者说,动静可为捭阖,捭阖间亦可出奇,而出奇也未尝不是动静的巧妙运用,"源泉混混,不舍昼夜,盈科而后进,放乎四海"(《孟子·离娄下》),可不就如同水性思维的喷涌、浑成和"抽刀断水水更流"的柔韧吗?

以上,我们论述了策士的融通性思维。正是其独特并行之有效的融通性思维,才能产生绵延数千年的影响力,从贾谊、晁错、司马迁到"三苏"父子,到陈亮、李贽,再到近现代的杨度,思想中无不蛰伏着他们的灵魂。因此,虽然战国策士多被归入实用一派,但我们仍需要用新的眼光重新进行思想和考察,"三态"、"转圆"说,或可提供一个这样的视角。

下编： 势能的艺术转化

第一章　势能动态转化的轨迹：
《战国策》的叙事特点

　　《战国策》中脱漏舛误较多，且多策士假托之辞，因而并不被视为信史，吕思勉就认为其书"《汉志》入之《春秋》家，后世书目遂多以隶史部，非也"①。但是，从整体效果来看，《战国策》在断断续续的时间流向上，叙述了战国时代的重大事件，展现出该时代的人物特征和独特历史风貌，形成了较为完整的战国发展框架，兼之具有时间感的纵向表达，因此把它归结为一部叙事作品，而剔除需要辨伪的史学细节，殊不为过。

　　《战国策》是一部特色鲜明的叙事作品，辩博恣肆息息可感，所谓"雄深峭健"②是也。雄健之气在《战国策》这个真实的战国思想生态圈中不断流动，一种动态的能量不断地塑造新的局势，也催发化育着策士的行为、说辞。这其中，处处蕴含着将发未发的蓄势力量，推动着转机的萌芽和生发。这种形成《战国策》独特地位的根本力量，就是前文多次论述到的"势能"。由"时势"产生的多种势能，在策士心理上产生悬置力量，因而使得《战国策》具有了激化的独特叙事特征，这可以表现为两个方面：第一，以话语来展现历史；第二，对模式化话语进行反动的叙事特色，具体表现为人物话语时间的加速、由限知视角向全知视角的努力转换以及谏语中隐喻的浅显生动，最后形成众语喧哗的整体叙事特征。

　　这些叙事特征，显示了战国各种势能动态转化的轨迹，展现了战国策士转形造势过程中语言的特色，以及《战国策》全书富有个性的历史表述。对其叙事特征的研究，不应该只关注分散具体的言辞特色，而应着眼于对这种轨迹总体上的把握和系统化的分析。

---

① 吕思勉：《先秦学术概论》，上海：东方出版社，1985 年，第 129 页。
② 《战国策钞序》，见朱鹤龄：《愚庵小集》，上海：上海古籍出版社，1979 年，第 310 页。

第一节　澄显历史的本真——关于人与对话

历史的本性，是历代史书所极力探究的终极目标。先秦史书，各缘己之道，试图洞明真如，破解日月经天春秋运行的要理妙道。《战国策》叙史，以个我之鸣，进行了历史价值的重估，力在澄显历史之本真，展现对历史的独特理解——对人与人之间对话的理解，由此形成了对先秦叙史模式的一种突破。

中国的史书，如《左传》、《春秋》，采取以时间为中心的编年体体裁，按照时间顺序编排历史，呈现出鲜明的时间线性结构。杜预在《春秋经传集解》序中将《左传》的特点概括为"以事系日，以日系月，以月系时，以时系年"①，说的就是编年体史书这种叙事特征，因此章学诚认为"古文必推叙事，叙事实出史学"②。《春秋》由于过于依赖这种结构，被后人斥为"断烂朝报"、"流水账簿"，而在此基础上发展起来的《左传》，则堪称中国古代叙事文类的范式，唐代刘知几在《史通》卷八《模拟》中就曾云："盖左氏为书，叙事之最。自晋已降，景慕者多。"整体上，《左传》的叙事有着鲜明的连续性，它将两百五十五年间的历史视为一个不间断的宏观流动过程，通过编年有层次地组织材料，将众多的国家、复杂的矛盾贯穿在一系列重大历史事件中。不仅如此，《左传》还有意识地将时间叙事和空间叙事结合起来，即在连续的时间线索中，取出有意义的片段来进行放大和详细描述，使其横向拓展，如对晋史以及对五霸功业的叙述。

《左传》的这种发展，造成了叙事时间的放慢。时间意识，是每个存在的生命体每时每刻都会体验到的感受，蕴含着人们对宇宙、自然、社会、生活的认知，以及对生命最鲜活细致的体验。而叙事文学，在本质上是时间的艺术，由此也就产生了叙事时间的艺术。叙事时间指的是作品中情节演进、发展的时间秩序，它与现实时间往往不一致，不是那个现实中

---

① 杜预：《春秋经传集解》，北京：文学古籍刊行社，1995 年，第 7 页。
② 章学诚著，刘公纯标点：《文史通义》，北京：古籍出版社，1956 年，第 345 页。

始终流逝着的、不可人为改变的物理时间。在叙事作品中，作者总是自觉不自觉地为了实现艺术效果或者特定的意图，将叙述时间伸长、缩短、重复、变形、扭曲、打断、连接，甚至还可以将其休止。因此，虽然现实世界的时间顺序是不可改变的，但在文本世界中则可打破这一自然的时间法则。托多罗夫指出了这两种时间之间的差异："时况问题之所以存在是因为有两种相互关联的时间概念：一个是被描写世界的时间性，另一个则是描写这个世界的语言的时间性。事件发生的时间顺序与语言叙述的时间顺序之间的差别是显而易见的。"①

而在文本中，情节描述越详尽，叙事时间就越慢。《资治通鉴》写战国时代的某一年只用了三个字"魏伐宋"，但是写"玄武门之变"的四天，却用了三千三百多个字，也就是说时间在文字中流动的速度相差悬殊，"时间的流动速度的不同，体现了作家对特定事件的价值大小高低的不同判断。这种判断不一定公开说出来，他使用文字的多少，叙事进行速度的快慢，比起公开的说明往往更能反映作家的关注程度、褒贬程度。我们看任何一部小说和历史书，都会发现有的地方详细有的地方很简略，它的价值观就潜在地体现在里面"②。《春秋》当中隐公元年记载"夏，五月，郑伯克段于鄢"，仅仅九个字，非常简略，而《左传》当中却把郑伯克段之事演绎成一个内容丰富，大约六七百字的完整故事。《左传》通过这种方式，既保持了历史事件的连贯性和稳定性，又极大地拓展了叙事内容，展示了对历史的自我理解，即通过对某段时间的特别聚焦、特别扩展来关注和把握具有重要意义的某个历史段落。如僖公四年，晋献公宠姬骊姬与中大夫里克合谋陷害太子申生，其中一段是这样的：

> 将立奚齐，既与中大夫成谋。姬谓大子曰："君梦齐姜，必速祭之。"大子祭于曲沃，归胙于公。公田，姬置诸宫六日。公至，毒而献之。公祭之地，地坟。与犬，犬毙。与小臣，小臣亦毙。姬泣曰：

---

① 茨维坦·托多罗夫：《文学作品分析》，见张寅德编选：《叙述学研究》，北京：中国社会科学出版社，1989 年，第 61 页。

② 杨义：《中国叙事学的文化阐释》，《广东技术师范学院学报》，2003 年第 3 期。

"贼由大子。"大子奔新城。①

　　这一段基本上仍是线性描述，但是语言、细节的加入，如"公田，姬置诸宫六日。公至，毒而献之"、"公祭之地，地坟。与犬，犬毙。与小臣，小臣亦毙"等，除了能生动地表现事件的发展过程，也是一种横向上作出的扩展，稀释了叙述时间，给予了该事件更多关注。同时，由于分配的文本较多，将这个瞬间纳入了相对重要的历史范围，表明这是作者目光停留较久的一个历史片段。

　　《战国策》具有与《春秋》恰好相反的特点，即并不过分关注时间感，在时间的纵向上没有清晰的连缀，而将横向的空间描述加倍放大，叙事时间几乎完全用于表现人物数分钟之内的对话，可以说几乎与《春秋》形成了两种极端。其关注的重点是人物的话语，是某个时间段人物之间相互作用的细节和情况，这样就形成了《战国策》叙事的基本特点：将历史展现于每一次详细的对话来进行最充分的描述。这种以点代线的做法，是对如何产生历史的另一种理解，即认为历史不是时间自然发展的结果，而是话语力量催生的。

　　《战国策》把历史浓缩于每次对话，这种截面化是其叙事的根本特征。选取特定的对话加以表现，是《战国策》区别于其他史书如《春秋》、《左传》等最鲜明的特点，其有限的因果叙述，基本上也是为这个中心来服务的。例如，《齐一·靖郭君将城薛》在展开客与靖郭君的对话之前，仅仅以"靖郭君将城薛，客多以谏。靖郭君谓谒者无为客通"来交代事情的起因，主要的篇幅都让给了两人的对话。这样的写法当然和《战国策》一书的主要功用——进言的摩习有关，但是这独特的表现角度，其实是作者对历史如何产生的全新理解——话语，其力量是无穷的，是创辟时代的核心所在，是成败利钝的关键所在，靖郭君因此放弃城薛只是其间一介纤尘的小事。路易·卡姆普夫在《论现代主义》中说："只有当事实的绝对强调开始丧失其重要性时，真正的历史事件才会显露出来。"但所谓真正的历史在人类这里是不存在的。和《左传》一样，《战国策》的作者们也

---

　　① 见李学勤主编：《十三经注疏》之《春秋左传正义》，北京：北京大学出版社，1999 年。本书《左传》引文均据此本，下文出现不再详注。

试着从纷乱的事件中，整理出所谓的真理，采取的方式不同，造成的效果也就不同。实际上，任何历史记载都不可能绝对真实，因为作者所能穷尽的事实有限，所掌握的资料也不可能绝对全面。而在这有限的描述中，就必须突出重点，挖掘出最重要的因素，这个主要基于作者对历史的理解。当然，对历史的真实理解人人有所不同，策士的理解是从时代的某点上出发的，认为历史的转折源于有效的话语，"故曰卫鞅之始与秦王计也，谋约不下席，言于尊俎之间，谋成于堂上，而魏将以禽于齐矣；冲橹未施，而西河之外入于秦矣"①；而我们看到的历史真实是由此表现出的策士的状态，并由此造成《战国策》行文的独到之处——用语言展现历史，或展现语言的历史。真实的历史也许会由于对语言的特别关注遭到扭曲，可是从表现策士风貌这一点上来说，又是最真的真实，因为语言实在是最能表现人物的因素之一了。

这样不得不让人联想到《国语》。同为记言体史书，同样体现了对语言的关注，二者是否有不同之处？

《国语》叙事，以国别为区分单元，虽然也为记言，但多为对事件道德化的评论，因而人物大都显得平淡无奇，在隐没道德的长篇大论中沦为了"传声筒"。像《周语上》中密康公母论小丑备物：

> 恭王游于泾上，密康公从，有三女奔之。其母曰："必致之于王。夫兽三为群，人三为众，女三为粲。王田不取群，公行下众，王御不参一族。夫粲，美之物也。众以美物归女，而何德以堪之？王犹不堪，况尔小丑乎？小丑备物，终必亡。"康公不献。一年，王灭密。

密康公母从道德的角度出发，认为密康公不应具有美物，并认为"王犹不堪，况尔小丑乎"。以"小丑"称呼自己的儿子，固然显示了这位母亲的深明大义，但是从人性的角度来看，未免失之亲切，或者说其形象非常平面化，不具备母亲比较常见的性格特征，更遑论独特之处了。对比《战国策》中宠爱长安君的赵太后，可以说人物形象非常模糊。

再如同一卷的樊穆仲论孝：

---

① 《战国策·齐五·苏秦说齐闵王》。

三十二年春，宣王伐鲁，立孝公，诸侯从是而不睦。宣王欲得国子之能导训诸侯者，樊穆仲曰："鲁侯孝。"王曰："何以知之？"对曰："肃恭明神而敬事耆老；赋事行刑，必问于遗训而咨于故实，不干所问，不犯所咨。"王曰："然则能训治其民矣。"乃命鲁孝公于夷宫。

这也是一篇记录对话的短篇，但是通篇看来，宣王和樊穆仲仅仅就"孝"能训治其民之事作出了一番论述，而没有任何动作、表情，并且记事也极其简略，仅仅是对这些话语进行了一个简单的背景交代。我们看不出有任何关于个人的信息，只能了解到像训话一般的言论。在这里，人物的语言不是为了表现人物自身，而是为了表现伦理，表现道德所具有的统治力量。

《国语》这种平淡质朴的风格，使其看起来就像是一部贤人语录的验证史，往往是某人就某事发表了一番道德评论后，在结尾简要交代此事的结果，以证明此人言论不诬。密康公母论小丑备物就是如此，她认为"小丑备物，终必亡"，果然，"一年，王灭密"。这种特性，仍是和其以道德为中心相联系的，即任何符合道德规范的言行将会得到好的结果，反之亦然。

因此，虽然《国语》中不乏对话甚至多人讨论，但是本质上可以认为它是一种声音的独白，它通过多个历史人物之口，从不同的渠道，以不同方式和不同的事件表现出来。其本质是以道德独裁的方式，对历史进行切割。它以道德的霸权，取消了生动的，有可能冲淡"重民"、"忠恕"等道德核心的细节描写，为的是让道德毫无遮拦地表现出来。这样，《国语》就或多或少地处于一个框架之中，或者说被限制在一个道德的模式之中，从而具有一定的封闭性。这是因为和道德比起来，人总是更多样化，而在此处，人不得不依附于道德，依附于内容雷同的话语，因此就不得不简单化、平淡化，所以也就被封闭起来了。人成为道德的空间标志和活的时间载体，并且携带道德随时间前进，没有变化，人物的性格在道德的压负下也毫无进展的可能。因此，钱基博说："《国语》……不如《左传》之婉而成章，镕铸如出一手；其辞多枝叶……"① 林庚也评论说："一般来说，文字比《左传》更通俗平易，却没有那么生动形象。"② 而《左传》虽然在文学上较为出色，却也有着同样的缺点，"基本上不太像是我们所理解的所谓历史，更像是一篇带有历史外衣的讨论伦理的论文"③。

因此，尽管《国语》和《战国策》在形式上都是记言，并以国别分之，但在对历史的理解上有本质的不同，这得从时代的变化来理解。周人以殷人亡国为诫，探求历史的因果关系时，已经注意到人事的重要，"天惟时求民主"（《尚书·多方》），"吉凶由人"（《左传·僖公十六年》），人文的观点发展起来，鲁闵子马也提出"祸福无门，唯人所召"（《左传·襄公二十三年》），鬼神天命已经变得相对遥远，重民、重人的思想在孕育着，这也表现在"礼"内涵的转变上。殷商之时，"礼"就多用于神鬼祭祀的场合。然而至周，周人对"礼"的强调使其灌入了新的含义，即对"礼"本身的重视超过了祭祀的意味，而成了一种新的规范。这种思想，"萌芽于周初，显著于西周之末，而大流行于春秋时代"④，"以礼为中心的人文精神的发展，并非将宗教完全取消，而系将宗教也加以人文化，使其成为人文化的宗教"⑤，这种规范因为依附于王权而得到加强，"敬天"、"孝祖"、"保民"等观念成为处理问题的唯一依据，本来具有人文性质的思想在这里成了另一种束缚。春秋以来发生了各种变化，"宗庙之牺为畎亩之勤"（《国语·晋语九》），灌溉、施肥、冶铁技术的日益成熟，私田的出现，以及"公室"至高权势被各诸侯国不断冲击，但是，"周礼仍是处理政治事务的准则和判断国家兴衰的依据"⑥，西周以来的各种礼法准则并未垮掉，影响依然巨大，为许多人所遵守，具有相当大的约束力。《国语》、《左传》等史书所采取的正是这种撰史立场，以周礼为判断历史成败的唯一标准，其视角单一的模式化叙史方式也就可以理解了。

而春秋末期，"田氏代齐"、"三家分晋"，周的政权土崩瓦解，沦落为一个无足轻重的小邦之主。战国时期社会更是动荡剧烈，诸侯之间的战争

① 钱基博：《中国文学史》（上），上海：上海古籍出版社，2011年，第30页。
② 林庚：《中国文学简史》，北京：北京大学出版社，1995年，第57页。
③ 王靖宇：《中国早期叙事文研究》，上海：上海古籍出版社，2003年，第219页。
④ 徐复观：《中国人性论史·先秦篇》，上海：上海三联书店，2001年，第41页。
⑤ 徐复观：《中国人性论史·先秦篇》，上海：上海三联书店，2001年，第44页。
⑥ 张岂之：《中国思想史》，西安：西北大学出版社，1996年，第14页。

不断爆发，史不绝书，"天下方务于合纵连横，以攻伐为贤"（《史记·孟子荀卿列传》）。诸侯皆欲"并天下，凌万乘"，彼此之间时分时合，尔虞我诈，明争暗斗，局势可谓瞬息万变。随着诸侯国之间的斗争日趋激烈，以及各方面变革的不断推进，之前的宗法制度全面瓦解，人人不谈信义，皆追名逐利，讲求实际所得。刘向对当时的局面有这么一番描述：

　　及春秋之后，众贤辅国者既没，而礼义衰矣。孔子虽论《诗》、《书》，定《礼》、《乐》，王道粲然分明，以匹夫无势，化之者七十二人而已，皆天下之俊也，时君莫尚之。是以王道遂用不兴。故曰："非威不立，非势不行。"仲尼既没之后，田氏取齐，六卿分晋，道德大废，上下失序。至秦孝公，捐礼让而贵战争，弃仁义而用诈谲，苟以取强而已矣。夫篡盗之人，列为侯王；诈谲之国，兴立为强。是以传相放效，后生师之，遂相吞灭，并大兼小，暴师经岁，流血满野；父子不相亲，兄弟不相安，夫妇离散，莫保其命，泯然道德绝矣。晚世益甚，万乘之国七，千乘之国五，敌侔争权，盖为战国。贪饕无耻，竞进无厌；国异政教，各自制断；上无天子，下无方伯；力功争强，胜者为右；兵革不休，诈伪并起。当此之时，虽有道德，不得施谋；有设之强，负阻而恃固；连与交质，重约结誓，以守其国。①

　　可谓礼崩乐坏，人人自危，生死攸关之时，社会的变革前所未有。诸侯之间强凌弱，众暴寡，置迂阔无用的传统礼法于不顾，崇信的原则只有利益。能使国家强大、富强的士阶层，因而被注重实际的诸侯所青睐，所谓"夫争天下者，必先争人"（《管子·霸言》），尊士、重士的思想逐渐兴起，如"贤人在而天下服，一人用而天下从"（《战国策·秦一·苏秦始将连横》）、"士贵耳，王者不贵"（《战国策·齐四·齐宣王见颜斶》）、"去邪无疑、任贤勿贰"（《战国策·赵二·王立周绍为傅》引《书·大禹谟》），"甚至一个很平凡的士，通过游说，一经国君赏识，便可提拔为执政的大臣"②，如卫鞅经游说由魏相国公叔痤的家臣做到了秦最高官职大良

---

① 《刘向书录》，见《战国策》附录，上海：上海古籍出版社，1978年，第1196页。
② 杨宽：《战国史》，上海：上海人民出版社，2003年，第464页。

造，张仪由一个魏人做到了秦惠王的相，甘茂由下蔡监门官吏举的家臣做到了秦武王的左丞相等，而其他人情况也差不多，这是一种相当有意义的新变化。

残酷和激荡的时代，使得任用智谋之士成为被普遍接受的观念，也成就了士阶层的壮大，出现了礼贤下士之风和布衣卿相之局。策士群体则以实际行为显示了不可低估的影响力，"一怒而诸侯惧，安居而天下熄"（《孟子·滕文公下》），甚至"万乘之君，得罪一士，社稷其危"（《战国策·楚一·威王问于莫敖子华》），在政治舞台上翻手为云覆手为雨。他们所追求的，一个是自我价值的实现，不倚赖家族门第，而完全凭借自己的才能与智谋，立足天下，发出响亮的个人之鸣；另一个则是利益声名、势位富贵，"贫穷则父母不子，富贵则亲戚畏惧。人生世上，势位富贵，盖可忽乎哉"（《战国策·秦一·苏秦始将连横》），"富贵显荣，成理万物，万物各得其所；生命寿长，终其年而不夭伤"（《战国策·秦三·蔡泽见逐于赵》），将人们所信奉的重义轻利的信条彻底摧毁荡涤，弃之一边，完全没有顾忌。作为人臣，可以合则留不合则去，也可以视君臣忠义若无有。王权的气数殆尽，诸侯各自为政，但又互相牵制，使得策士们有了更多发挥才能的机会，较以往获得了更多的自由。这正是他们与以往家臣或门客在根本上不同的地方，依附性大大减弱，不再被围困在等级森严的层叠式社会结构中，不再被束缚在层层压迫、使人窒息的制度中，摆脱繁文缛节，个人的才能书写出生命中浓墨重彩的笔画，从而展现出与《国语》、《左传》中的人物完全不同的生命形态，彰显出不同的理念。

此时，人对历史认识得更为清晰了。现实是复杂的，情况是多变的，而并非《左传》、《国语》认为的唯一的判断依据是道德。人类关注外界的目光，逐渐地聚焦于更加真实的自己。《战国策》所选择的表现对象，扩大到那些对历史产生过巨大作用的人——叱咤政坛的策士。因此，《战国策》所极力描摹的，是绝不呆板凝滞的"人"。有行为，但更多的是语言，因为语言更能显示"人"分析情势的智慧、改变现状的勇气，能挖掘更为内在、完整和复杂的塑造历史的原因。所以，《战国策》较之《左传》、《国语》，真正澄显出了历史的本质力量——人，更接近历史的真实。它用一种长辔远御的眼光，拨去过于秩序化的外在因素，而努力托出、澄显出原生态的、郁茂滋荣的活的历史。

第二节　有独特意义的叙史方式

古人在行文时往往在篇章中间使用"过文"，起过渡的作用。这种联结，能使文章显得生动灵活，摇曳多姿，更重要的是保持文章的连贯性。然而，在《战国策》中，这种叙事的联结是缺失的，只是大致有时间线索。联结的断裂令每个篇章独立成体，更增强了其分隔之感，从而更为关注每个短篇。这种截面式的叙事特点更贴近细节，由人物对话加上十分简练的背景叙述构成，给人旁观之感，因此其叙事方式可以用"展示"来概括。而《春秋》和《左传》的叙述者则是高高在上的，对人物和事件有着绝对的控制权和发言权，是褒是贬全在于叙述者。虽然史家历来讲究真实客观，但是"春秋笔法"、《左传》中的议论评点，实际上都是这种控制权的反映，因而其特点可以用"讲述"来概括。这样，从叙事者与读者的距离来看，由于《战国策》尽量采取展示的方法，相对于《左传》，叙述者离读者更为遥远和隐蔽。他们尽量不留下叙事的痕迹，"这些叙述话语，只要不致破坏读者那种正在亲身经历叙述事件的幻觉，就可以说已经达到了'展示'的效果"①。而由于《左传》的作者是富有个性的叙述者，在叙述当中就具有了鲜明的风格。当然，《战国策》的风格也是极为明显的，否则也不会如此脍炙人口，但是，这些风格是在其主要表现对象——策士的言论中展现出来的，而并非作者直接讲述的，这是两者的区别所在。《战国策》的截面化叙事特征和这种叙事方式也是相当适合的。

作为历史的再现，《战国策》也有相当一部分传统意义上的叙事片段，即有较为清晰的开头、情节和结尾，按照这个标准划分，这样的叙事篇章在《战国策》中有 291 章，占到了全书章数的 58.7%②。不过在这一部分里，对话仍是主要组成成分。因此，正如我们所说，把历史展现于对话中，表现推动历史的特殊场合，乃是《战国策》叙事的主要手段。这样它

---

① 罗钢：《叙事学导论》，昆明：云南人民出版社，1994 年，第 191 页。
② 郑杰文：《战国策文新论》，济南：山东人民出版社，1998 年，第 111 页。

的叙事线索就按国别形成了串珠形，串起的时间、纵向跨度模糊不清，但其间通过对话展现的历史、横向的场面相当详细生动。

纯粹记言的篇章，不交代时间和背景，在整个作品中也构成叙事的重要组成部分，可以把它们看成叙事篇章的析出成分，或者说是特殊的叙事篇章。而对于叙事篇章，下面分为侧重记言和侧重记事两类加以描述。

纯粹记事的篇章，如《赵四·魏败楚于陉山》、《中山·乐羊为魏将而攻中山》这样毫无记言成分的篇章，在《战国策》当中是不多的，更多的是在简单的背景交代中，着重表现人物的言论。这部分侧重记言的作品和纯粹记言的作品构成了《战国策》的绝大部分，因此它们的特色代表了此书的本质特色——也就是在对话间展现历史，叙述历史，这与那种从过去时角度来描述历史的手法具有本质的不同：以鲜活的现时体验展示历史构成的瞬间。我们可以看看《楚二·齐秦约攻楚》：

> 齐、秦约攻楚，楚令景翠以六城赂齐，太子为质。昭雎谓景翠曰："秦恐且因景鲤、苏厉而效地于楚。公出地以取齐，鲤与厉且以收地取秦，公事必败。公不如令王重赂景鲤、苏厉，使入秦，秦恐，必不求地而合于楚。若齐不求，是公与约也。"

这个短篇章虽然简短，但具有《战国策》叙事话语的两个典型的特征，第一就是话语时间的加速。策士力图跨越时间这个不透明的障碍，对事态发展呈现超越性的思考，言论更是呈现出激进的联系与延展的特征。这个短篇虽不能像某些长篇那样把策士话语的这个特点表现到极致，却也很有代表性。昭雎在齐、秦约攻楚的危机之时，劝景翠放弃看来最直接的"以六城赂齐，太子为质"方法，因为他流动的思维得出结论是：亲秦的景鲤、苏厉必然会取悦秦国，事情必将败坏。但如果"令王重赂景鲤、苏厉，使入秦"，齐国由于在楚国并无知情之人，会大恐，不仅不求地，还会求和。昭雎的想象向未来极度延伸，仿佛有着一双透视眼，看到了将会发生的一切，努力想要借助思维的快速流动，以话语时间来把握真实时间。

这其实就是《战国策》叙事的第二大特点：对模式化话语进行反动。《战国策》并非独一无二的记言体史书，但其表现主体——策士在势能的激活下，语言具有了前所未有的活化状态，这是对《春秋》以来史书以道德说教为宗旨的模式化历史表现的反动，尤其是和同为记言体的《国语》对比所具有的特点。《春秋》、《左传》、《国语》等史书虽然也有预言，但这种预言往往是直线的，以伦理道德为唯一尺度。《左传》记载，僖公三十二年秦晋崤之战中，蹇叔就预言秦军"劳师以袭远，非所闻也。师劳力竭，远主备之，无乃不可乎"，"吾见师之出，而不见其入也"；僖公三十三年春，"秦师过周北门，左右免胄而下，超乘者三百乘"，王孙满看到这种情况，也曾预言："秦师轻而无礼，必败。轻则寡谋，无礼则脱。入险而脱，又不能谋，能无败乎？"这样的预言，所依据的是礼、德，是排除了其他因素的唯一的准则。

如此，人物的预言就难以被称为预言，因为所有事件都可一眼望穿，都形成铠甲般僵硬的模式了，"当我们开始阅读这部著作时，我们的第一个反应是，它是对某个历史时期出现的事件和人物生动而逼真的描述。然而，不用读多久，我们就开始觉察出其中渐渐显露出某种模式。当我们继续往下读的时候，这种模式变得如此固定，以至于我们开始怀疑第一个反应是否正确。我们开始想知道作者是真的对提供真实的细节较感兴趣，还是对提出关于生活的一般道德准则更感兴趣。简而言之，这个模式是这样的：正如恶人、蠢人和高傲的人通常会给自己带来灾难一样，善人、智者和谦虚者终将得到应得的报偿"①。而与此相反，战国策士活脱的语言，不再以道德为旨归，不再是善恶报应的预言，而真正是复杂现实的产物了，这是对模式化的彻底反动。上述话语时间的加速，就是一种对现实的努力把握，抛弃了刻板的说教，仅仅针对现状提出灵活的对策，来解决各种各样的问题。话语时间的加速，相信在道德之外，人本身的力量、思维的灵动可以成为解决问题的依据。而这种话语时间的加速即显示了把握真实、透视现实的信心，认为即使是复杂的现象也并非不能解读和预示。

另一个对模式化反动的表现——人物视角由限知向全知的努力转换，也具有类似的本质。所谓视角，是"指叙述者或人物与叙事文中的事件相对应的位置或状态，或者说，叙述者或人物从什么角度观察故事"②，是叙

---

① 王靖宇：《中国早期叙事文研究》，上海：上海古籍出版社，2003 年，第 35 页。
② 胡亚敏：《叙事学》，武汉：华中师范大学出版社，2004 年，第 19 页。

述者或者人物观察事物的立场和角度。无论何人议论何事，必站在一定的立场之上，有一个确定的视角，这样就确定了一个宽度，同样的事件从不同的角度看去就可能呈现出不同的面貌，如法国结构主义叙述学家托多罗夫所说，"在文学方面，我们所要研究的从来不是原始的事实或事件，而是以某种方式被描写出来的事实或事件。从两个不同的视点观察同一个事实就会写出两种截然不同的事实"①，如此，带给读者的感受也会是截然不同的，视角是形成叙事作品独特艺术气质的重要因素。中国的历史著作，由于驾驭的内容庞大，多采用全知的视角，也就是叙述者不伪装虚构视角，而是如上帝般洞悉一切，无所不能，给读者叙述一个最完整的真实的事件。如《左传》，从鲁隐公元年记事至鲁哀公二十七年，要写出这两百五十五年间春秋列国间政治、军事、外交的动荡、变故，视野范围相当之大。作为列国历史的秉笔太史，需要多方搜集材料，尽可能全面地载录历史，不采取全知性视角，是难以全方位地表现历史事件之间的复杂情状、发展变化和因果关系的。因此，相对独立的叙事地位会令其自然地采取全知叙述角度来书写历史，能潜入密室听"骊姬之谮"，能钻入晋侯之梦见其与大厉搏斗，能预知未来断定"毕万之后必大"，几乎是一个全能者。

《战国策》虽然在本身创作之初，并不以史书定位，但是由于要给其中的人物呈现一个相对真实的背景，基本上采取全知视角，也就是叙述者可以从所有角度观察叙述的进程，并且任意从一个位置移向另一个位置，擅长鸟瞰式的叙述。然而，《战国策》所表现的重心并不在这些线性的叙述当中，大多数的叙述只是一种背景或者铺垫，起到的是一种辅助作用，其真正的用意是借此来突出中心人物——那些真正要表现的历史的推动者，也就是那些参与对话的人以及他们的话语。这样，人物的视角是最重要的，所有的叙事中心由此转移和聚集在了人物的对话上，其与众不同的叙事特点也因此凸显出来。

在人物的对话当中，我们可以看到一个明显不同于《左传》等史书的特点：人物视角的全知努力。作为史书中被表现的人物，一般对事物都是限知的，也就是其感知事物只能凭借自己的感官，因而视野和观察范围都

---

① 兹维坦·托多罗夫：《文学作品分析》，见张寅德编选：《叙述学研究》，北京：中国社会科学出版社，1989 年，第 65 页。

是有限的，存在着相当多的盲区。当然，这是符合人物位置的，能使作品获得极大的真实感，也会缩短人物与读者的距离，使得作品具有熟悉与亲切之感。《左传》中的人物也同样如此，无法像全知叙述者那样随意透视故事中别人的内心。《左传》中的人物也在努力突破这种限制，其预叙其实就代表了一种将视角转化为全知的努力。然而，如前所述，当人物沦为作者观点的传声筒时，人物自身的悲剧便开始了，其中的预言也就不能被称为预言了，它只是某种固定的表达方法罢了，成了作者借人物之口来表达对历史规律的理解的工具。而所谓的对全知的努力，实际上还在道德尺度的衡量下处于限知当中，因此人物的视角其实还是相当狭窄的。

《战国策》和《左传》形成了鲜明的对比。虽然在小说中，限知视角可以对读者在阅读过程中进行引领和导读，调控、影响读者的阅读反应，还可以"限制推理条件给定的程度，即利用视角可以制造悬念"① ——根据叙述的需要和意图有选择地限制自己全知的"观察之眼"，对不同人物采用不同视角，有重点、有选择地进行视角变换，为悬念的营构预先设下伏笔——可谓是一种艺术精细化的表现，但策士的意图恰恰相反，要打破所有的悬念和未知，进而成为一个全知者。在上述《楚二·齐秦约攻楚》这个短篇里，昭雎即进行了这样的游说，试图突破自己视角的局限，不仅仅从楚自身来考虑事态的发展，而且从秦、齐的多个视角，从环形立场全面加以考虑，试图以视角的流动形成全面的观察。成为一个全知者的努力，本身就可以说是抛弃模式、突破条框之举，策士们不再以道德为成败的唯一决定因素，因为那样的全知者是虚假的；只有放逐成见，对未来作出合乎实际、合乎真实的解释，才是真正走在解决问题的通衢大道之上。这个特征，使得《战国策》的整体行文风格在铺排之外，基本的底色是缜密客观的，也是其说服力极强的主要来源之一。战国策士努力由限知转为全知视角，其分析虽然也不可能完全符合后来的事实，但比起《左传》、《国语》，应该说是更为真实的全知。

如果说《战国策》中的对话类型可以分为纯粹分析和其他两类，那么刚才说到的两个特征主要是表现在分析类的叙事话语中，在另外一种更为生动的话语中，这两个特征相对不那么突出，更能表现《战国策》活化语

---

① 董小英：《叙述学》，北京：社会科学文献出版社，2001年，第74页。

言的特征，也是最为人称颂的部分，其中包含了隐喻成分，如寓言。

从时间的流向上来看，《左传》中已经具备了寓言的雏形，如宣公十一年的"牵牛蹊人之田"、宣公十五年的"老人结草"、昭公二十二年的"雄鸡自断其尾"等，但是这还不是一种普遍现象，不足以对《左传》的语言风格产生本质上的影响。至战国，如唐人刘知几所言："战国虎争，驰说云涌。人持弄丸之辩，家挟飞钳之术。剧谈者以谲诞为宗，利口者以寓言为主。"从《战国策》、《吕氏春秋》、《晏子春秋》等历史散文到《庄子》、《孟子》、《韩非子》、《列子》等诸子散文，寓言被大量使用，成为一种不可缺少的说理方法。这样，由于"时势"的推动，《战国策》本身就有了比《左传》的语言更为活化的优势。《战国策》中的寓言，相对于战国其他作品较为浅显，"没有什么深奥的哲理，这是它比不上诸子寓言的地方，但它在政治外交活动中所发挥的实际效用却是巨大的、迅速的，这又是它超过诸子寓言的地方"①。其中的寓言，虽然比不上《庄子》、《列子》那样想象丰富、瑰丽浪漫，但也可称为先秦寓言的代表作品。其题材丰富多样，不仅历史故事、世俗事件无不为题，动物、植物、非生物也可以成为主角。而这些寓言有可能是临场创造的，如"土偶桃梗"大概就是说客即兴编造的；也有可能是以所见所闻之事打动人心，如邹忌照镜、南辕北辙、惊弓之鸟皆是现身说法。如此丰富的内容，相比《左传》、《国语》总是引用典籍言志，自然能脱去一层枯燥。寓言的大量使用，使得《战国策》的隐喻不仅灵活，而且生动，关注着现实，抛弃了模式化的古语、贤人的熟套故事，更显示出活化的风格。

寓言多用于对诸侯重臣的谏语，因为比较容易起到打动人心的效果，所以是策士进谏经常使用的说服方法。例如《魏二·田需贵于魏王》：

> 田需贵于魏王，惠子曰："子必善左右。今夫杨，横树之则生，倒树之则生，折而树之又生。然使十人树杨，一人拔之，则无生杨矣。故以十人之众，树易生之物，然而不胜一人者，何也？树之难而去之易也。今子虽自树于王，而欲去子者众，则子必危矣。"

---

① 陈蒲清：《中国古代寓言史》，长沙：湖南教育出版社，1983年，第76页。

惠子的寓言用来说明聚拢人心的重要性，具有隐喻的性质。如前所述，寓言的使用在先秦典籍中并不少见，《庄子》、《孟子》、《韩非子》中均常见寓言，大而言之，隐喻本身就是中国传统文化表现中主要使用的方法之一，隐喻思维贯穿、渗透其中，并形成了极具特色、堪称完备的系统。以《周易》为代表的天人感应、物我投射的思维方式，影响到了中国人文化、生活、风俗的各个方面，甚至已经习焉不察。单就文学方面来看，文章中寓言、典故的使用屡见不鲜，用以阐述深刻的哲理和自己的见解，启发读者，而诗歌的创作更是处处包含隐喻。国人一向崇尚"文约意广"（《诗品》序），追求"味外之旨"、"韵外之致"，最怕意旨过于直露，缺少含蓄圆融的意境，所以在诗歌创作中善用比兴手法，以达到"言有尽而意无穷"之效。在评论中关于言意、意象、境、味、气韵等问题的探讨与研究也一直在进行，绵延不绝，而其实质，是探讨某一具体物象和其所生发出来的各种含义的关系，是关于隐喻的探讨。从创作到理论，都体现着对于隐喻使用方法的兴趣。

这样一种文化，本身是笼罩在一种天和人的大隐喻之中的，人顺天而动，天依人而行。殷商时期，从甲骨卜辞来看，便多有"帝"或者"上帝"之称，商人创立了最高主宰的上帝神，且自称为神的后代。周人承袭了这种关于天命的思想，但给其注入了新的内涵，即"天惟时求民主"（《尚书·多方》），也就是天命并非固定不变的，而是随时都在找适合做众民之主的人，如果先前的民之主耽于享乐或者虐民，上天就会再次寻找替代者，即所谓的有德之人——周文王"明德慎罚"（《尚书·康诰》），被天选中，所以才代替商人统治天下。什么是"德"呢？"它的内容可以简括为下列几点：第一是敬天，即虔诚地崇奉上帝。第二是孝祖，即继承先王、先公的功业。第三是保民，即巩固对人民大众的统治。合乎这样标准的贵族，就是有'德'，相反，就是失'德'。由此可见，'天命'和'德'这两个观念是有着宗教兼伦理的联系的。"[①] 由此看来，周人以商人亡国为诫，探求历史的因果关系时，非常强调人事的重要，不但天决定着人事，人的自为也可以改变天意，人和天的关系似乎牢不可破、无法颠覆，这种观念一直产生着巨大的影响。春秋以来虽然有所淡化，甚至有

---

① 侯外庐主编：《中国思想史纲》，上海：上海书店出版社，2008 年，第 76 页。

"天道远，人道迩，非所及也，何以知之"之语（子产语，见《左传·昭公十八年》），更看重人事的自我发展，但并未完全否定天道的存在。所谓"夫民，神之主也，是以圣王先成民而后致力于神"（《左传·桓公六年》），似乎将"民"置于"神"之上，是一种"重民"思想，但是，这同样并未把高高在上的神打倒在地，反而可以看成是依神依天的意思。所以，春秋时期的重民思想从本质上来看，实是西周"敬德保民"思想的发展，原来宗教性的天，此时已经演变成为具有道德法则性质的天。天和人的关系仍是紧密的，只是内涵有所变化罢了。两者为何总是相依相偎？这是因为"中国一开始便没有像其他民族，可以与政治领袖抗衡，甚至可以支配政治的带独立性的僧侣阶级。所以古代宗教，一开始便和政治直接结合在一起；政治活动与宗教活动，常不可分离。于是一般人常常通过政治领导者的行为以看神的意志"①，"因为中国宗教与政治直接关联，所以宗教中的道德性，便常显示为宗教中的人民性"②，天和人，由于政治活动的需要，也始终难以分离。因此，在春秋时期，虽然种种新的观念已经开始出现，但西周以来的礼法准则并未垮掉，天和人的关系仍是人们关注和探讨的重要问题，并将其作为行事的依归。

对于史学作品叙事的思维模式、撰写方式，这种天与人互相投射的思想的影响力也是巨大的。"从一人一事一景开始和从大时空开始，这是东西方叙事的一个很大的不同，也就是它们的起点不一样，第一关注不一样，……而东方的叙事呢？在大时空的背景下对书中人物的命运和事态发展的趋势等东西都了解了，东方的时空有一种预言性，长于预言性叙事，也就是说事情还没发生我们就有预感在心，有暗示在文字中了。读者是带着一种高深莫测的命运感，去读书中那些无巧不成书的故事的。"③ 如前文所述，《左传》和《国语》在叙史中，判断历史的走向，总结历史的规律，是以外在道德为依据，并具有很强的预言色彩，这可以说正是带着一种命运感，或者在天人感应的文化传统的感召下，进行着一种主观性很强的叙事，但从另一个角度来说，又不由自主地叙事。例如：

----

① 徐复观：《中国人性论史·先秦篇》，上海：上海三联书店，2001 年，第 35 页。
② 徐复观：《中国人性论史·先秦篇》，上海：上海三联书店，2001 年，第 46 页。
③ 杨义：《中国叙事学的文化阐释》，《广东技术师范学院学报》，2003 年第 3 期。

厉王说荣夷公，芮良夫曰："王室其将卑乎！夫荣公好专利而不知大难。夫利，百物之所生也，天地之所载也，而或专之，其害多矣。天地百物，皆将取焉，胡可专也？所怒甚多而不备大难，以是教王，王能久乎？夫王人者，将导利而布之上下者也，使神人百物无不得其极，犹日怵惕，惧怨之来也。"（《国语·周语上》）

宋人弑昭公，赵宣子请师于灵公以伐宋，公曰："非晋国之急也。"对曰："大者天地，其次君臣，所以为明训也。今宋人弑其君，是反天地而逆民则也，天必诛焉。晋为盟主，而不修天罚，将惧及焉。"（《国语·晋语五》）

子大叔见赵简子，简子问揖让周旋之礼焉。对曰："是仪也，非礼也。"简子曰："敢问，何谓礼？"对曰："吉也闻诸先大夫子产曰：'夫礼，天之经也，地之义也，民之行也。'天地之经，而民实则之。则天之明，因地之性，生其六气，用其五行。气为五味，发为五色，章为五声。淫则昏乱，民失其性。"（《左传·昭公二十五年》）

这几篇，皆从天地、自然与人的关系着手，来阐明"天地"与"百物"、"利"、"君臣"、"礼"、"六气"、"五行"之间神秘而隐晦的联系，这种叙史，一方面表明了很强的主观性，不仅仅体现在对事件的选择以及详略描述的表现方面，也体现在基本事实可信的前提下，为了突出其指导思想使人信服程度较高，而对人物言行的某些细节进行虚构，当时"在子史叙事中，叙事的自觉意识表现得更为充分：孔子记述春秋史事是为了流露自己的褒贬，《左传》中的'君子曰'更明白无误地表明了作者的立场，显示出一种指导阅读的高昂姿态……凡此种种，表明作者不但意识到自己在叙事，明白自己是为某种既定目的而叙事，而且感到自己是叙事的主宰，这一切使叙事形式逐渐变得讲究，也使叙事内容中出现程度不等的虚构成分"[①]，因此这些统一性极高、似乎众口一词的人物言行极可能被叙史者进行了某些细节的虚构。另一方面，又体现出很强的被动性，即"天命"对人事的影响是无处不在的，所以，其叙事似乎又不完全受叙史者自

---

① 傅修延：《先秦叙事研究——关于中国叙事传统的形成》，北京：东方出版社，1999 年，第 314 页。

已控制。

　　由于《战国策》的写作也是在这样一种大文化的背景下浸润而展开的，所以在相当多的地方，我们还可以看到这种痕迹。范雎到秦国，为秦王分析了当前的形势后，秦王说，"夫秦国僻远，寡人愚不肖，先生乃幸至此，此天以寡人恩先生，而存先王之庙也。寡人得受命于先生，此天所以幸先王而不弃其孤也"（《秦三·范雎至秦》），依然以"天"为辞；蔡泽见逐于赵，使人宣言以感怒应侯，因而范雎使人召蔡泽，蔡泽游说范雎曰"夫四时之序，成功者去"，"富贵显荣，成理万物，万物各得其所。生命寿长，终其年而不夭伤，天下继其统，守其业，传之无穷，名实纯粹，泽流千世，称之而毋绝，与天下终。岂非道之符，而圣人所谓吉祥善事与"（《秦三·蔡泽见逐于赵》），以"天"之时序、"万物各得其所"、"圣人所谓吉祥善事"打动范雎，范雎因而谢病，请归相印，蔡泽则取而代之，拜为秦相。其他还有如《魏三·秦败魏于华》："吾所贤者，无过尧、舜，尧、舜名；吾所大者，无大天地，天地名。今母贤不过尧、舜，母大不过天地，是以名母也。"也是口称天地最大，依然可见西周以来天人思想的影响。

　　但是，比较起《国语》、《左传》，这类言辞在《战国策》中出现的频率已经大为减少，从通篇可见变为几乎绝迹。上文所列举的几例，虽然口称天地，但其内核已经发生了改变。前两例可以看作是礼貌用语或者托词，秦王并不真的信天，他更看重的是范雎的实际才能，实际上，范雎帮助秦王确定"远交近攻"以及"逐四贵"这样意义重大的策略才是最重要的。而蔡泽能说服当时炙手可热的应侯范雎退位，也不可能仅凭高远的天道之理，而是从在其表层之下的范雎自己的切身利益出发，这才能切中要害，实实在在地让其接受全身而退的建议。《魏三·秦败魏于华》中的"今母贤不过尧、舜，母大不过天地，是以名母也"，更被看作是一种笑谈，当中的宋人被视为愚不可及的代表者。可见昔日关于"天"的议论，最终抵不过世俗的尘埃，除了间或被当作一种陪衬，就只有被寂寞地忘却，进而隐退于无何有之乡了。既然昔日的写史依据已经沦为托词，则必须另寻他路，这就是用一种自我的方式去解读世界。如前所述，是对以道德为依据的论史模式的打破。

　　先秦史籍论史的方式，也可以从一定程度上解释寓言的发展状况。因为产生时间较早，《左传》只有如"雄鸡断尾"这样的寓言雏形，而和《战国策》同为记言体史书的《国语》，虽然多议论性言辞，却基本没有包含具有情节以及深层含义的寓言，多因事、因景触发。例如：

> 平公射鴳，不死，使竖襄搏之，失。公怒，拘将杀之。叔向闻之，夕，君告之。叔向曰："君必杀之。昔吾先君唐叔射兕于徒林，殪，以为大甲，以封于晋。今君嗣吾先君唐叔，射鴳不死，搏之不得，是扬吾君之耻者也。君其必速杀之，勿今远闻。"君忸怩，乃趣赦之。(《国语·晋语八》)

所以"以《左传》、《国语》为代表的历史散文，其中大量的历史故事属于客观记录而并无什么寓意"①。究其原因，语言的发展水平当然是决定性的因素，有比喻或者引用等修辞方法，较为丰富的描写语言，已属不易。同时，"时势"的特定性，也使得他们言辞之中不必对历史进行更多的自我解读，外在使命感使得他们在不自觉之中，已用"天、礼、德、民"等观点来阐释一切了。这样，何须破费心思去虚构一个情节复杂的故事，再进行一番并不讨巧的游说？所谓君子"敏于言而慎于行"(《论语·学而》)，"巧言令色，鲜矣仁"(《论语·学而》)，对周礼无限向往的孔子，应该能准确理解重要场合里贵族诸侯的语言要求。况且，从《左传》等的记载来看，赋诗言志在当时的政治、外交场合中非常普遍，其目的即在于以简约含蓄的语言，表达出自己的意图，同时又不失礼，摇唇鼓舌则于礼不符，且有失风度。

所以直线化的思维从某种程度上来说，是拖慢寓言发展的原因之一。由于解释的依据、准绳、方法已经确定，而且不管是说者还是听者，具有认同性较高的知识背景——从听者这方面来说，也和论说者一样处于较为同一的文化场域中，能从其语言中接受易于辨识和理解的信息，所以说者不需要再根据现实的情况，引用或者构思多种多样、具有更强说服力的寓言了。论说者、听者双方都容易达到理解和沟通的目的，也可以说，彼此都笼罩在一种预言的极强的影响力之下，心照不宣了。

---

① 陈蒲清：《中国古代寓言史》，长沙：湖南教育出版社，1983年，第28页。

　　而在《战国策》中，由于百说兴起，同一环境土崩瓦解，听者和论说者之间会产生语言交流中的不畅，有着意义传递中的错位、扭曲甚至断裂，有着各种各样的障碍。游说中预言失效，双方的信任缺失了，如果此时再按此方式进行游说，不仅难有效果，反而有沦落为笑谈的可能。但正因如此，反而使得语言技巧获得了极大发展。缺乏了以往游说中外在的依托，或者说以往的依托已经成了托词，则需重新寻找一种非托词的论说，这便是更为切合实际的论说。这种论说相对复杂，因而言说篇幅加长，具有情节的、含义更为深广的寓言便成为论说的常用方法之一。

　　寓言对论说技巧要求很高，论说者必须精心设计，不能陈词滥调而无警人之效，不能故意危言耸听、脱离实际，更不能含义过于隐晦而让人不解——这一点最为重要。策士为了使得自己的见解更为显豁和可信，围绕着进谏目的，一切隐晦不明的用意都需要进一步明朗化，所有可能发生歧义的障碍必须在形成之前就去除掉。因此，不仅要讲述寓言，且之后必须再一次点明意义所在。《魏二·田需贵于魏王》中惠子说"今子虽自树于王，而欲去子者众，则子必危矣"，这不同于诗的隐喻所追求的模糊含义，也是由其谏语实用的性质所决定的：明确地以最好的方式将自己的看法传达出去，前面的隐喻——寓言仅是此主旨的铺垫，这即是转喻的使用。转喻和暗含替换可能、基于相似性的隐喻不同，它代表了语言的历时模式，本质基于邻近性，探讨语言的横向关系，因此其特点是具有分析性。当然，如同一切人类文化中的现象，这种区分并不是绝对的，有时甚至颇为含混，或者合二为一，如现实一般显示出复杂的状态。

　　正如在前文所论述的，战国策士游说的言行始终具有很强的实用性，而《战国策》所表现的历史，虽然多有不实之处，但从其内核来说，乃是用自己的方法来展现一个现实的世界，挖掘一种语言影响世界的可能，其缜密的分析性思维、多样的逻辑方法体现出一种现实的力量。在《战国策》文中，灼人眼目的固然是那些文学性很强的故事或者铺张的言辞，但占比更多的实为那些表明自我看法、踏实而严密的论辞。这是因为"惟随社会之变迁，语言文辞之重要逐渐增加，故言者不仅求其所言之畅明，且欲听者之取信；如欲对方于其持论加以信仰，则于语言文字中加强切类指事之成分，自属重要"（《说喻》）①，这里所说的虽然是"喻"，但也正强调了言说当中不仅要"言之畅明"，更要"听者之取信"，而要"信"，切中要害、贴近事实、掷地有声的分析自不可少。再如：

> 庞葱与太子质于邯郸，谓魏王曰："今一人言市有虎，王信之乎？"王曰："否。""二人言市有虎，王信之乎？"曰："寡人疑之矣。""三人言市有虎，王信之乎？"王曰："寡人信之矣。"庞葱曰："夫市之无虎明矣，然而三人言而成虎。今邯郸之去大梁也远于市，而议臣者过于三人矣，愿王察之矣。"王曰："寡人自为知。"于是辞行，而谗言先至。后太子罢质，果不得见。（《魏二·庞葱与太子质于邯郸》）

庞葱由三人成虎之事引出"今邯郸之去大梁也远于市，而议臣者过于三人矣"，所说的是俗事，所虑的是丑恶，但是真实可信，暴露出人性当中妒、谗、勾心斗角的阴暗面。从庞葱当时的言说效果来看，通过一步步的引人入彀，魏王自己推出了"三人言市有虎"而"寡人信之矣"的结论，他是成功的，但魏王之后也架不住谗言如潮，"后太子罢质，果不得见"，印证了庞葱的先见之明，也说明了在昏庸的诸侯面前，极力的辩明尚可能失败，更不要说任何玩弄高深的引经据典了，这种行为极有可能带来严重的后果。

《战国策》中寓言的使用乃是先秦论说语言的一大发展。它不再具有那种高远的命运感，而是奋力从以往论史的外在依据中分离而出，因为务实而生动，又因为追求生动而较之以往情节更为完整。把隐喻和分析结合起来，务求畅明显达，是其很明显的特征。

《战国策》还喜用比喻和引用，如"树德莫若滋，除害莫如尽"（《书》），"他人有心，予忖度之。跃跃毚兔，遇犬获之"（《诗》），引用的典籍有《诗》、《春秋》、《周书》、《易传》等，非常之多，它们的使用也都具有隐喻的性质，但是都是为了最后强调点明的主旨服务，仍转

---

① 王瑶：《中古文学史论》，北京：北京大学出版社，1998 年，第 349 页。

回到分析的转喻性说明上面来。

丰富生动的隐喻无疑使策士的谏语具有更为强大的说服力，而转喻的使用则排除了用语的多义，达到了直指中心的目的。可以说，基于事实而从自我思考出发、进行切实分析的转喻，使得策士的论说更加具有说服力和逻辑力量。

相较于《国语》、《左传》或者其他诸子之书，《战国策》的特殊之处也在于其比喻与引用的生动和生活化。在《左传》中，对《诗经》、《周书》等典籍的引用远远超过对熟语、习语的引用，因而全书风格雍容典雅，在《国语》中也可以看到类似的特点。例如：

> 厉王说荣夷公，芮良夫曰："……夫王人者，将导利而布之上下者也，使神人百物无不得其极，犹日怵惕，惧怨之来也。故《颂》曰：'思文后稷，克配彼天。立我蒸民，莫匪尔极。'《大雅》曰：'陈锡载周。'是不布利而惧难乎？"（《国语·周语上》）

> 公曰："吾享祀丰洁，神必据我。"对曰："臣闻之，鬼神非人实亲，惟德是依。故《周书》曰：'皇天无亲，惟德是辅。'又曰：'黍稷非馨，明德惟馨。'又曰：'民不易物，惟德繄物。'如是，则非德，民不和，神不享矣。"（《左传·僖公五年》）

而《战国策》则反之，对类似"宁为鸡口，无为牛后"等熟语、鄙语的引用占较大部分，再如"日中则移，月满则亏"（《秦三·蔡泽见逐于赵》），"色老而衰，知老而多"（《赵三·或谓建信君之所以事王者》），"骐骥之衰也，驽马先之；孟贲之倦也，女子胜之"（《齐五·苏秦说齐闵王》），"行百里者半于九十"（《秦五·谓秦王》），这些都摒弃了国人对语言直露之不屑、对婉转表述偏好之传统——《左传》、《国语》皆是用具体事情的发生发展对某种运行之道进行解释，其中记载的春秋行人大以国家存亡，小以个人人格为重，尊崇礼仪信义，因此虽然论理讲究师出有名、有理有据，但仍注重从容有致，风度翩翩，不会过于高纵不羁，整体的风格是委曲婉转、平易谦和的，《战国策》则直露显白，大刀阔斧斩开了语言上的隔帐，自有一番风格。

隐喻的浅显生动，往往结合着贴近实际、显豁明白的分析，可以说是其对模式化话语反动的第三个表现。

《战国策》当中还有侧重记事的篇章，如《秦一·卫鞅亡魏入秦》、《赵一·晋毕阳之孙豫让》、《燕三·燕太子丹质于秦》等具有鲜明的叙事特征，生动简练，选取典型的事件、细节来表现历史，是中国小说的滥觞之一。其最突出的特点，就是将注意力投射在人物身上，围绕着中心人物来展开描写，例如对商鞅入秦后着力实施法令的描述，"公平无私，罚不讳强大，赏不私亲近"，甚至"法及太子，黥劓其傅"，其法治效果"期年之后，道不拾遗，民不妄取，兵革大强，诸侯畏惧"，奈何这样一个商君竟落得"惠王车裂之，而秦人不怜"，令人扼腕，堪称悲剧！寥寥数言，商鞅一生的光彩和悲凉都写入其中了。再如对荆轲刺秦王的准备过程的描述，对表现人物有着决定性的作用。更为经典的是"易水之别"：

> 太子及宾客知其事者，皆白衣冠以送之。至易水之上，既祖，取道，高渐离击筑，荆轲和而歌，为变徵之声，士皆垂泪涕泣。又前而为歌曰："风萧萧兮易水寒，壮士一去兮不复还！"复为羽声慷慨，士皆瞋目，发尽上指冠。于是荆轲就车而去，终已不顾。（《燕三·燕太子丹质于秦亡归》）

荆轲"就车而去，终已不顾"，何等悲壮和大义凛然！其壮士形象令人过目难忘。

《战国策》的这些描写和表现，成为从《左传》到《史记》表现人物的过渡。其叙事模式，基本上就是按时间的顺序进行历时性描述，这也是中国历史叙述的惯例；但凝聚一切的中心却由事到人了，叙事围绕的中心变化了（本书下一章会进行详述）。要说明的是，这其实和侧重记言的篇章在精神上是相通的：重点在表现人的本真状态，显示了记录者和撰写者对势能激活下的生命之光由衷的赞美。

从总体来看，《战国策》是一部语言的记录集，大部分是人物对话，也有一些长篇的书面谏言。在这些人物当中，有名震一时的纵横名家如苏秦、张仪、公孙衍、范雎，也有众多的王公贵族像春申君、周最、郑强，亦有位高权重的重臣如邹忌、田婴，他们的角色往往是多重的，重臣和贵族有时也是纵横家，纵横家也时时操纵着国家命脉，在《战国策》这部奇书中一起发出激越的生命和历史之声，形成言论的多种声部。尤其值得注意的是，这众语喧哗并不是单一的重要人物的独唱，其中也夹杂着许多无名策士的声音，虽然他们仅被以"或谓"、"谓"提起，但是这仍使得此书显示出彼时思想的全面、平衡，或者说脱离了某种模式化。不似《国语》，"观其辞义信多善者"（穆文熙《国语解叙》），可以说是一部忠臣谏语的验证史，因而其叙事重心完全倾斜，甚至从人物到结构都较为模式化。而战国人物在"地理势能"的激化下，不仅发出多声部的和声，且每个声音各具声色，显示出生命的本真状态，并在刘向这位辑录者手中得以展示。

众多人物激越的喧哗之声，虽然处在一个较为平等的展示平面上，但是由于不是有意识的完整叙述，这种多声部并不开放，并不互相讨论。相反，在谋略的目的上反而是各自隐蔽的。可是，当他们被一起放入《战国策》这个结集中的时候，"不是他是谁的问题，而是世界、现实对他来说是什么"①，这样，不难发现，所有人物的言论就显示出对周遭融通的理解。所有的独白、讨论、对话，实际上都是对各国情况精到的立体分析，消弭了自己和他人之间的固化地位，而将别人（别国）充分纳入视野之后，自己自动退位。他们缘域启蔽，消弭了自己和他人、他国之间的块垒，打通地理阻隔和古今屏障，那样一种品物流形、大开大阖的风范，都显示出圆融的作风。虽然这种融通和退位还是有特定的目的，其灵活的思想仍是他人无法企及的。人物之间的对话是短暂的，但是这些短暂对话结为一束的时候，我们会惊奇地发现他们对各国关系的熟练掌握，并在思想和认识上都达到了对现状共同的理解，即使是在谋略划分的空间里也无法阻隔他们活泼的声音。他们融通流转的思想，源于势能的激活，呈现出现时的生动状态。

这是因为各种"势能"在心理上使战国策士较以往具有了本质的不同，使得他们从辞令从容的行人变为谲诈剧谈的说客。策士对语言力量相当崇尚，认为语言力量是产生历史的根本所在，并在语言中实现一系

---

① 巴赫金：《陀思妥耶夫斯基诗学问题》，北京：生活·读书·新知三联书店，1988 年，第 6 页。

列对模式化话语的抛弃、反动，如进行时间的加速、由限知视角向全知视角的转换以及谏语中隐喻和转喻的双重使用、隐喻的浅显生动，均是激化状态下对现实的适应，但也因此成就了一部众语喧哗的、表现人本真力量的历史。《战国策》对这个过程进行了记录，其叙事特征也正表现了各种势能在策士的推动下动态转化的轨迹。

第三节　遮蔽

只有当一种强调不再具有统治地位时，历史的禀性才会显露出来；近乎偏执的理解，反而会遮蔽了本真。《战国策》固然较《左传》、《国语》等典籍更为接近历史，却因为对"人"自身过于崇尚和信任，对这一点加以过度渲染，甚至夸张到极致，由一种控制转变成了另一种控制；过度地消弭了除了人以外其他可能产生历史作用的因素，这本身就如同《左传》、《国语》对道德的绝对崇信一样，是对历史的遮蔽。

《战国策》用话语的场面化展现，传达着对人的智慧的顶礼膜拜，这集中表现为对计谋的强调。《战国纵横家书·公仲倗谓韩王》中说"计听知顺逆，唯王可"，听从计谋之顺逆，王天下也是可以的；《战国策·秦二·楚绝齐齐举兵伐楚》更为夸张："计者，事之本也；听者，存亡之机。计失而听过，能有国者寡也"，将计谋看作是决定成败的根本因素。因此，《战国策》通篇都在表现策士谋略的神妙，对凭借智慧而功名显赫的策士更是崇拜加赞美，羡慕之情溢于言表："（苏秦）伏轼撙衔，横历天下，廷说诸侯之王，杜左右之口，天下莫之能伉"（《秦一·苏秦始将连横》），将其抬高到天下无人匹敌的地位，亦将智慧、语言、谋略强调到无以复加的程度。

无疑，这种强调极为片面。且不说成败之间的许多客观因素，就是策士的计谋本身，也有着许多漏洞，如《东周·秦假道于周以伐韩》：

秦假道于周以伐韩，周恐假之而恶于韩，不假而恶于秦。史厌谓周君曰："君何不令人谓韩公叔曰：'秦敢绝塞而伐韩者，信东周

也。公何不与周地，发重使使之楚，秦必疑，不信周，是韩不伐
也。'又谓秦王曰：'韩强与周地，将以疑周于秦，寡人不敢弗受。'
秦必无辞而令周弗受，是得地于韩而听于秦也。"

此章所说非常牵强，漏洞百出，无法令人信服，一如缪文远在《战
国策新校注》中的分析："韩亦大国，何能于未受秦攻之前先与周地？"①
另外，即便韩国按此计行事，与周土地，秦王听东周之言得知内情后，
必然仍取道于周，如此则韩知计之不行，怎么会甘心白白将土地送给周？
可见，《战国策》中所记的策士计谋，虽然的确显示出策士的智慧和心
计，但有些不过是暂时应景的下策，甚至根本行不通。

《战国策》当中，类似的情况非常之多，其所描述的历史，以计谋
与人物的表现为中心，但是事件失实，有相当多不可信的成分，所以谭
献在《复堂日记》中说"予谓策纪多设词，如诸子之寓言，非可以事实
求之"②，长孙无忌所修《隋书》中提到"汉初得《战国策》，盖战国游
士记其谋策，其属辞比事，不与《春秋》、《史记》、《汉书》相似，盖
率尔而作，非史策之正也。备而存之，谓之杂史"③，晁公武评论"《战
国策》……予谓其纪事，不皆实录，难尽信，盖出于学纵横者所著"
(《郡斋读书志》)④，吕思勉也认为"纵横家之书，今所传者惟《战国
策》。此书多记纵横家行事，而非事实"⑤，可见，古今学者对其史实淆
乱的情况看法基本一致。

《战国策》的叙史，对历史的遮蔽表现为以下几种形式：

一、隐去、淆乱具体时间

《战国策》中的绝大部分篇章，都没有交代具体时间，有的只用寥
寥数语简介背景，有的则连此也省去，开门见山地叙述对话。标出年份

---

① 缪文远：《战国策新校注》，成都：巴蜀书社，1998 年，第 10 页。
② 诸祖耿：《战国策集注汇考》（下册），南京：江苏古籍出版社，1985 年，第 1847 页。
③ 诸祖耿：《战国策集注汇考》（下册），南京：江苏古籍出版社，1985 年，第 1849 页。
④ 诸祖耿：《战国策集注汇考》（下册），南京：江苏古籍出版社，1985 年，第 1855 页。
⑤ 吕思勉：《先秦学术概论》，上海：东方出版社，1985 年，第 129 页。

的屈指可数，如《秦四·顷襄王二十年》、《赵三·赵惠文王二十年》。有一些间接地表明时间，如《魏四·长平之役》没有直接说出年月，而只是含糊地点明大约是发生在长平之战时。说明创作者的关注重点没有放在时间上，也认为作为叙史要素之一的时间并不重要，这些在客观上都给阅读者带来一定的理解上的困难。而《战国策》当中最显著的忽视，甚至刻意淆乱时间的例子莫过于关于苏秦、张仪的事迹记载了。苏秦、张仪是战国时期最著名的两位纵横家，堪称连横合纵活动的旗手，但是关于他们的活动轨迹向来争议颇多，如苏秦的卒年，吕祖谦在《大事记》中认为在周慎靓王四年（前 317 年），梁玉绳的《史记志疑》提出周显王四十八年（前 321 年）的观点，而《史记》的看法则是周赧王四年（前 311 年），还有其他种种说法，不一而足。《战国策》中苏秦、张仪的言论总是成对出现，似乎两人生逢其时，是旗鼓相当的对手，这当然使得事件看起来颇具戏剧性——高手的过招总是更吸引人，但事实是否如此呢？1973 年马王堆出土的文物很好地回答了这个问题。《战国纵横家书》帛书中关于苏秦的资料编排得很有条理，恢复了苏秦政治活动的一些真实情况，据此，唐兰认为“前 284 年初，……苏秦被车裂徇于市，是完全可能的。他死时约五十多岁”①，这样，苏秦的活动时间应该在张仪之后，“司马迁把他说成与张仪同时敌对的人物，死在张仪之前。事实上，和张仪主要敌对的人物是公孙衍和陈轸。当张仪在秦国当权的时候，苏秦只不过是个年轻的游说者。苏秦的年辈要比张仪晚得多，张仪死在公元前 310 年，苏秦要晚死二十五年左右。苏秦是在齐国因‘阴与齐谋燕’的‘反间罪’而被车裂处死的，其时当在公元前 285 年燕将乐毅开始大举攻齐的时候”②，由此真相才浮出水面，否则读者极有可能和司马迁一样，接受了一段错误的历史。

---

① 唐兰：《司马迁所没有见过的珍贵史料》，见《战国纵横家书》，北京：文物出版社，1976 年，第 136 页。

② 杨宽：《马王堆帛书的史料价值》，见《战国纵横家书》，北京：文物出版社，1976 年，第 165 页。

二、虚构事件

上文所述的《东周·秦假道于周以伐韩》即可视作一例，全凭想象捏造一事。再如《赵一·苏秦说李兑》中苏秦以土埂木梗的"鬼事"说李兑："今日臣之来也暮，后郭门，藉席无所得，宿寄人田中，傍有大丛。夜半，土埂与木梗斗曰：'汝不如我，我者，乃土也。使我逢疾风淋雨，坏沮，乃复归土。今汝非木之根，则木之枝耳。汝逢疾风淋雨，漂入漳、河，东流至海，滥无所止。'臣窃以为土埂胜也。今君杀主父而族之，君之立于天下，危于累卵。君听臣计则生，不听臣计则死。"使得李兑"送苏秦明月之珠，和氏之璧，黑貂之裘，黄金百镒"，"苏秦得以为用，西入于秦"。苏秦的说辞想象力丰富，也很有说服力，但此章与《齐三·苏秦谏孟尝君将入秦》如出一辙，颇有抄袭之嫌，且"据帛书《战国纵横家书·苏秦谓陈轸章》可考得苏秦初出山游说在公元前312年，而李兑在'沙丘之乱'中饿杀赵主父，掌赵权柄是公元前295年，与苏秦初出山游说相距17年"[①]，可见虽然人名是真的，事件却是虚构的，应为托苏秦之名创作出来的游说故事，不过是借此凸显苏秦的口才的神妙、能力的突出罢了。

为人所熟知的《魏四·秦王使人谓安陵君》一章，应该也不是史实。秦王派人对安陵君说想拿五百里的地方交换安陵，遭到拒绝，因而不悦，唐雎在这种情况下出使秦国，面见秦王，并以不卑不亢之辞、无上之勇气维护了国家尊严，使得"秦王色挠，长跪而谢之"。此章也是疑点重重。第一，以秦国横扫六国的力量，想要侵占安陵一个小国，何须寻找易地的由头？且按照秦国的行事方式，向来都是"虎狼之国"的作风，根本不会把安陵这个本是附属于魏国的小国放在眼里，让其在韩、魏灭亡后，依然毫无缘由地独自存在。第二，秦法规定，即使群臣上殿，都不得持有兵器，况且是已经有了亡国之危、敌对情绪很强的安陵国派来的使臣？作为秦王，不可能不考虑到这一点。第三，从文中的记载来看，两人交谈时距离比较近，以至于唐雎"挺剑而起"的时候，可以直

---

① 　郑杰文：《战国策文新论》，济南：山东人民出版社，1998年，第281页。

接威胁到秦王的生命，这显然也是虚妄之词，当时因秦国灭天下，想要寻仇的人颇多，疑心颇重的秦王怎么可能抛却安危，如此放心唐雎？所以，基本上可以确定这是策士为了塑造唐雎高大的形象，表现其临危受命、虽死不惧的凛然气势而虚构出来的事件。再如《秦五·文信侯欲攻赵以广河间》写少年甘罗游说张唐相燕，且使得秦不费兵卒、不攻赵而得上谷三十六县中的十一县，实在堪称少年老成。但细看其言辞，游说张唐之法乃是策士习用的类比法，意在阐明文信侯用权之专，但张唐自己岂不知晓？甘罗寥寥数语，即让张唐改变初衷，实在是夸大其词！而他见赵王之事，梁玉绳认为："秦连岁攻赵。（赵）救亡不暇，安能攻燕？始皇十九年灭赵，后代王与燕合兵军上谷，是时为始皇二十五年，何云得上谷三十城？皆非事实"（《史记志疑》卷二十九）①，其他如写少年英雄王孙贾的《齐六·王孙贾年十五》也同样具有虚构的性质。

三、夸张渲染

《战国策》中有的记载，可能曾真的确有其事，但记载者却以较强的主观意识，对其中的一些地方，做了随意的夸张渲染，部分改变了事件本来的面目。

这些夸张渲染多见于对策士游说结果的描述。如《赵三·秦围赵之邯郸》载鲁仲连说魏将辛垣衍义不帝秦，此事在宣扬势位富贵的《战国策》当中显得尤为突出，鲁仲连被视为典型的高人义士，后代称许他的文章诗歌层出不穷，其形象可谓深入人心。其中写辛垣衍在与鲁仲连一番对话后"再拜谢曰：'始以先生为庸人，吾乃今日而知先生为天下之士也。吾请去，不敢复言帝秦。'"而秦将闻之，也"为却军五十里"。但司马光在《通鉴考异》中认为，"仲连所言，不过论帝秦之利害耳，使辛垣衍惭怍而去有之，秦将何预而退军五十里乎？此游谈者之夸大耳"，其中也有虚构的成分了。而鲁仲连本身的游说之辞，竟然也有随意扭曲历史之处，他所说的周烈王崩，诸侯皆吊，齐后往之事，周烈王崩乃是齐桓公之时，又何来与齐威王的关联呢？可见，当时策士游说多

① 缪文远：《战国策新校注》，成都：巴蜀书社，1998 年，第 243 页。

求效果，历史在必要的时候也不一定讲究真实了。

对策士游说效果的夸张在《战国策》中比比皆是，如《东周·东周欲为稻》中记载，东周欲为稻，西周不下水，经苏子一说，即应允，且苏子也得到两国之金；《齐一·张仪为秦连横说齐王》中张仪经过一番游说，齐王马上表示："齐僻陋隐居，托于东海之上，未尝闻社稷之长利。今大客幸而教之，请奉社稷以事秦"，并献上鱼盐之地三百里，齐为大国，当时的势头正可与秦抗衡，秦国怎么可能唾手即得鱼盐之地？对苏秦游说效果的夸张同样使人印象深刻，《楚一·苏秦为赵合从说楚》中，经过苏秦一番巧舌如簧的游说，楚王即表示："内与群臣谋，不足恃也。……今君欲一天下，安诸侯，存危国，寡人谨奉社稷以从。"一样马上俯首帖耳，显然和楚作为大国的身份地位不相符。

如此随意地遮蔽历史，主要的原因在于《战国策》写书的目的并不是客观地记载历史，而是写给记载者自己和其他学习纵横之术的策士以供观览、揣摩研习之用。"战国之际，诈伪并起，苏秦、张仪、公孙衍、陈轸之徒，生纵横短长之说，大重于世。因之骛名趣利之士，尽奉诸人之说，以为圭臬，转相效法，借为弋猎名器之具。沿袭既久，其说日增，辑累铢益，遂以成帙。是书之滥觞要胎息于此"[1]，可见，这本书的形成是在群体性的流传与修饰当中完成的，具有很强的目的性和现实功利性，那就是"以为圭臬"、"借为弋猎名器之具"，是用来博取名利的，而历史，亦可以用作达到目标的辅助工具，只是利用现实性强的特点来增加说服力罢了，"止在传其说辞，遂不详求其实际"[2]。《战国策》的作者并非一人，写作者即为学习者，学习者后来也演变为写作者，它可以看作是群体写作的结果。因此某一篇章不管是在写作之初，还是在踵事增华的时候，写作者都有一个共同的特征，即在意念之中已经面对着较为固定的读者群体——作为策士的行内人。所以，其记史记言也就出现了针对性很强的一系列特征。

和同为记录话语的《国语》相比较，虽然两者都考虑到读者的存在，但《国语》似乎更多的是让其中长篇大论的人物，从旁观者的角度，扮演

---

① 钟凤年：《国策勘研：燕京学报专号之十一》，北京：哈佛燕京学社，1936 年，第 7 页。
② 钟凤年：《国策勘研：燕京学报专号之十一》，北京：哈佛燕京学社，1936 年，第 7 页。

一个全知全能的角色，面对听众进行宣讲。而《战国策》中，虽然也会有大段的演讲，但较多地考虑了读者的接受，因而更多地采取示范的方法，而不是纯粹的灌输的方法。它更多地展示了语言和智慧对具体事件产生的影响，让读者自己去体会，而较少直接指出。这种方法上的展示最典型的莫过于《齐三·楚王死》了，楚王死，太子在齐国做人质，这件事会有什么样的发展？如何得到各种想要的结局？

　　　　苏秦之事，可以请行；可以令楚王亟入下东国；可以益割于楚；可以忠太子而使楚益入地；可以为楚王走太子；可以忠太子，使之亟去；可以恶苏秦于薛公；可以为苏秦请封于楚；可以使人说薛公以善苏子；可以使苏子自解于薛公。

　　　　苏秦谓薛公曰："臣闻谋泄者事无功，计不决者名不成。今君留太子者，以市下东国也。非亟得下东国者，则楚之计变，变则是君抱空质而负名于天下也。"薛公曰："善。为之奈何？"对曰："臣请为君之楚，使亟入下东国之地。楚得成，则君无败矣。"薛公曰："善。"因遣之。

　　　　谓楚王曰："齐欲奉天子而立之。臣观薛公之留太子者，以市下东国也。今王不亟入下东国，则太子且倍王之割而使齐奉己。"楚王曰："谨受命。"因献下东国。故曰可以使楚亟入地也。

　　　　谓薛公曰："楚之势可多割也。"薛公曰："奈何？""请告太子其故，使太子谒之君，以忠太子，使楚王闻之，可以益入地。"故曰可以益割于楚。

　　　　谓太子曰："齐奉太子而立之，楚王请割地以留太子，齐少其地。太子何不倍楚之割地而资齐，齐必奉太子。"太子曰："善。"倍适之割而延齐。楚王闻之恐，益割地而献之，尚恐事不成。故曰可以使楚益入地也。

　　　　谓楚王曰："齐之所以敢多割地者，挟太子也。今已得地而求不止者，以太子权王也。故臣能去太子。太子去，齐无辞，必不倍于王也。王因驰强齐而为交，齐辞，必听王。然则是王去雏而得齐交也。"楚王大悦，曰："请以国因。"故曰可以为楚王使太子亟去也。

　　　　谓太子曰："夫削楚者王也，以空名市者太子也，齐未必信太子之言也，而楚功见矣。楚交成，太子必危矣。太子其图之。"太子曰：
"谨受命。"乃约车而暮去。故曰可以使太子急去也。

苏秦使人请薛公曰："夫劝留太子者苏秦也。苏秦非诚以为君也，
且以便楚也。苏秦恐君之知之，故多割楚以灭迹也。今劝太子者又苏
秦也，而君弗知，臣窃为君疑之。"薛公大怒于苏秦。故曰可使人恶
苏秦于薛公也。

又使人谓楚王曰："夫使薛公留太子者苏秦也，奉王而代立楚太
子者又苏秦也，割地固约者又苏秦也，忠王而走太子者又苏秦也。今
人恶苏秦于薛公，以其为齐薄而为楚厚也。愿王之知之。"楚王曰：
"谨受命。"因封苏秦为武贞君。故曰可以为苏秦请封于楚也。

又使景鲤请薛公曰："君之所以重于天下者，以能得天下之士而
有齐权也。今苏秦天下之辩士也，世与少有。君因不善苏秦，则是围
塞天下士，而不利说途也。夫不善君者且奉苏秦，而于君之事殆矣。
今苏秦善于楚王，而君不蚤亲，则是身与楚为雠也。故君不如因而亲
之，贵而重之，是君有楚也。"薛公因善苏秦。故曰可以为苏秦说薛
公以善苏秦。

这一章可谓将策士的巧智发挥到极致了，似乎事情的发展全在他们的
掌握之中，任意东西，奇变无穷，可以达到若干种不同的目的：请行、令
楚王呕入下东国、益割于楚、忠太子而使楚益入地、为楚王走太子、忠太
子使之呕去、恶苏秦于薛公、为苏秦请封于楚、使人说薛公以善苏秦、使
苏秦自解于薛公。虽然多出于假想之辞，但其示范的用意非常明显，将方
法演示给大家看，怎么样掌控事件的发展，以圆活之术求欲得之果，由此
锻炼思维和口才。这是一篇典型的技巧示范文，相信阅读之后，学习纵横
之术的策士会从中获得许多启发。

由于在示范中想要塑造谋策、巧智的典范，故难免会产生事实的扭
曲，不然现实中何来那么多具有启发性和表现力的事件、令人钦佩的人物
典型？既要能洞幽烛微、妙计连连，又要口吐莲花、力挽狂澜，若不经过
一定程度的拔高和虚构，怕是难以觅得几个这样的人物。因此，在考察
《战国策》记史不实的情况时，应该考虑其面向读者、充分考虑读者的阅
读效果这一因素。

　　《战国策》作为研习的课本，充分地调动了读者的情绪与想象，以求达到最好的效果。因为只有树立了一个仰视的高点，才能引发读者内心的叹服与崇敬，从而产生极大的模仿冲动。所以，在很多时候，作品抛弃了历史的真实，而想要向读者发出更为有力的呼唤，使之在阅读当中实现最大的价值。《战国策》作为一部并不纯粹地记述历史的作品，具有更多文学和技巧的因素，所以其价值的实现就更多地依赖于读者主观性的参与。从其自身的特性来看，《战国策》的创作者的意图很明显，就是采取一切可能的方法，来调动阅读者参与的兴趣。

　　它搭建了以一些事件为基础的框架，提供了阅读与理解的引发点，也就是构建了实现阅读潜在发展可能性当中那可见的一部分。当然，其实这部分根据读者的理解不同，也时刻处于一种游离的、无法确定的状态，因为其读者可能来自多方面，各自的经历、眼界和学识不同，阅读的时候会关注不同的方面——治国者看到它的谋略，文学家看到它的文采，外交家看到它的论辩技巧，阴谋家看到它的勾心斗角；即使是关注相同的一面，也注定不会有相同的理解，因为阅读本身是极其个人化的行为。但是从创作的本意来看，《战国策》是创作者根据之前对文化的理解、经验的积累以及对潜在读者的把握而写作出来的，有着准确的指向性——策士群体，因而就可以保证其作品的潜在性可以得到更好的实现。所以，在两者的联系中，作品具有了一种极大可能实现的潜能，这也是本书一再提到过的"势能"，它是包含在作品内部、尚未实现，但是一经阅读便可以在读者心头引发冲击力的可能性。不过，客观效果说明，阅读《战国策》对"势能"的实现似乎不仅仅发生在策士群体中，也囊括了其他非常广泛的群体，这一点在后文还要阐述，其引发的冲击力实际上是具有不同性质的。

　　从读者接受的方面来看，一部写作完成的作品并不能算是真正的完成，因为所有作品最终都要经过阅读，要实现其社会性，融合到人类文化的河流当中，不经过读者阅读的洗礼，不经历审视、评价、接受或者抛弃，相当于没有存在过，被封存在故纸堆里，是没有任何价值的。所以，作品意义的最终实现，必然有赖于读者的参与，而读者个体又存在千姿百态的差别，每个人的理解都会不同，审美具有差异性，因此，作品的最终面貌也会千差万别，它始终呈现一种开放的、流动的状态，而不是独立的、静止的，始终有着未定性与实现的潜在性，最终的完成视乎读者的阅读情况，因此，读者也是作品另外一种意义上的创作者。

从《战国策》来说，它显然对读者参与创作的这种可能性是极为重视的，因此，它以极强的主观性来重新创造历史，进行渲染，塑造有智慧的、有巨大能力的偶像，以唤醒读者内心的审美感受，进而使读者接受它的历史观。将活动时间并不相同的苏秦、张仪扯在一起，创作他们针锋相对的长篇大论，就出于这样一种用意。请看他们多次游说的结果：

1. 齐策

齐王曰："寡人不敏，今主君以赵王之教诏之，敬奉社稷以从。"（《齐一·苏秦为赵合从说齐宣王》）

齐王曰："齐僻陋隐居，托于东海之上，未尝闻社稷之长利，今大客幸而教之，请奉社稷以事秦。"献鱼盐之地三百于秦也。（《齐一·张仪为秦连横说齐王》）

2. 楚策

楚王曰："……寡人自料，以楚当秦，未见胜焉。内与群臣谋，不足恃也。寡人卧不安席，食不甘味，心摇摇如悬旌而无所终薄。今君欲一天下，安诸侯，存危国，寡人谨奉社稷以从。"（《楚一·苏秦为赵合从说楚威王》）

楚王曰："楚国僻陋，托东海之上。寡人年幼，不习国家之长计。今上客幸教以明制，寡人闻之，敬以国从。"乃遣使车百乘，献鸡骇之犀、夜光之璧于秦王。（《楚一·张仪为秦破从连横》）

3. 赵策

赵王曰："寡人年少，莅国之日浅，未尝得闻社稷之长计，今上客有意存天下，安诸侯，寡人敬以国从。"乃封苏秦为武安君，饰车百乘，黄金千镒，白璧百双，锦绣千纯，以约诸侯。（《赵二·苏秦从燕之赵始合从》）

赵王曰："……先王弃群臣，寡人年少，奉祠祭之日浅，私心固窃疑焉。以为一从不事秦，非国之长利也。乃且愿变心易虑，剖地谢前过以事秦。方将约车趋行，而适闻使者之明诏。"于是乃以车三百乘入朝渑池，割河间以事秦。（《赵二·张仪为秦连横说赵王》）

4. 魏策

魏王曰："寡人不肖，未尝得闻明教。今主君以赵王之诏诏之，敬以国从。"（《魏一·苏子为赵合从说魏王》）

魏王曰："寡人蠢愚，前计失之。请称东藩，筑帝宫，受冠带，祠春秋，效河外。"（《魏一·张仪为秦连横说魏王》）

5. 韩策

韩王忿然作色，攘臂按剑，仰天太息曰："寡人虽死，必不能事秦。今主君以楚王之教诏之，敬奉社稷以从。"（《韩一·苏秦为楚合从说韩王》）

韩王曰："客幸而教之，请比郡县，筑帝宫，祠春秋，称东藩，效宜阳。"（《韩一·张仪为秦连横说韩王》）

6. 燕策

燕王曰："寡人国小，西迫强秦，南近齐、赵。齐、赵，强国也，今主君幸教诏之，合从以安燕，敬以国从。"于是赍苏秦车马金帛以至赵。（《燕一·苏秦将为从北说燕文侯》）

燕王曰："寡人蛮夷辟处，虽大男子，裁如婴儿，言不足以求正，谋不足以决事。今大客幸而教之，请奉社稷，西面而事秦，献常山之尾五城。"（《燕一·张仪为秦破从连横谓燕王》）

上面六策十二篇的结尾，各个诸侯王所作的表态雷同，基本上都是先自谦浅陋，然后既恭敬又慷慨地献出社稷，表明要听从苏秦或张仪的安排。如前所论，这是一种夸张渲染。这样的结尾都旨在强调一个重点：经过巧妙的说服，任何人都会接受游说者的建议，甚至作出前后矛盾的决定。凶残暴戾的诸侯王在这两人面前，服服帖帖，苏秦、张仪的形象立刻高大无比，令人敬畏。此时，读者对其崇敬之情倍添，想象与阅读的兴趣被极大地激发起来，对两人的说辞也会倍加留意，接受的效果会更好。当然，这些篇章包括结尾的思路如出一辙，基本上都为虚拟托名之作，其用意仍是示范和树立典范。

《战国策》在多方面对历史进行了遮蔽，掩盖了其真实的面貌，将其压缩成具体的事件，抽离了它所存在的复杂事件间的相互关系，所以，在叙述当中，对历史的描述必然只是结构式的。《战国策》的作者们通过有选择地放大描述的着力点，同时，又忽略了其他更多影响历史的因素，以引导读者的视线，从情节推进到主题，进而把握全书的立场。这使得作品当中出现了大量的空白，出现类似于转喻的一种写作方法——以局部来代替整体。关于转喻，吉布斯认为是人类概念系统的基本组成部分，"（他认为）人们倾向于利用事物某个易理解或感知的方面来指代事物的整体。这种观点强调了人的概念系统的选择性以及转喻喻体的凸显性"①，"在叙事过程中，说（写）者认为听（读）者在理解话语含义的过程中都会提供必要的脚本式推理，因此他们会把听（读）者可以自己提供的信息省略掉。人们可以通过一系列连贯而常发生的事件中的突出部分来再现整个事件的发生过程，即利用部分事件来代替整个事件的发生过程。这种推理使我们能够很容易地理解说写者没有阐明的命题内容、没有明确表述出来的含义"②，实际上，《战国策》的写作者们已经很好地利用了人们思维的这一特点，虽然不明了转喻理论，其创作却与之暗合，即高调地大肆渲染人类历史中的某些因素，将其扩大化为决定性的因素，有选择地形成一部非常主观化的"史籍"，突出一些，隐去一些，以突出某些点，使得读者形成一种印象——历史的关键是由某些人物或者对话决定和推动的，并使读者不由自主地去完成空白，在意识当中弥补并形成一种同样主观化的历史。而留下的空白之处，实际上隐含着那些被写作者无意忽视或者故意忽视的重要事实。以个别事件代替了整体，这不啻是对历史极大的扭曲。

许多作品在发生与读者的交流时具有一种"非对称"的性质：作者表达的仅是他创作时的那种特定的语境，但是读者在接收的时候那种语境已经消失了，只能从留下的文字中去进行重建，内涵已经完全不同。而且这种交流是单向的，读者无法和作者进行互动，问题的答案只能在作品本身的字里行间去寻找，好在随着对作品阅读的展开，许多问题会迎刃而解。但不可否认，一些仁者见仁、智者见智的问题则由于读者理解的差异性，而无法得到确切的答案。也许这本身就是阅读者参与权利的一种体现，而作品存在的意义也更多地体现在这种不确定之中。《战国策》由于扮演着史籍与文学作品的双重角色，因此想要借助文学性调动读者积极性的同

---

① 张辉、卢卫中：《认知转喻》，上海：上海外语教育出版社，2010 年，第 177 页。
② 张辉、卢卫中：《认知转喻》，上海：上海外语教育出版社，2010 年，第 183 页。

时，又借助历史的真实性、确切性来尽量弥补交流的"非对称"的不足——实际上，其非常接近史籍的这种特点，以及其表现的技巧性内容，的确使得阅读作品的不确定性大大降低了。因为史籍和纯粹审美性作品的不同之处在于，对于史籍所描述的现实状况，读者在阅读的时候，可以通过其他类似的书籍得到补充，因为它们都建立在较之于纯审美作品更突出的社会共同性之上。实际上，这应该是《战国策》较之于其审美特性更加本质的一点。

这种特点使得不同群体的读者具有不同的阅读感受。读者在阅读书籍之前，已经有了一种较为定势的阅读心理期待，H. R. 姚斯称之为"期待视野"，它的产生源于之前的阅读经验，"从类型的先在理解、从已经熟识作品的形式与主题，从诗歌语言和实践语言的对立中产生了期待系统"①。当然，这也可以较为宽泛地理解为读者所具有的综合阅读素养，包括相关的社会经验、文化视野、审美素质、理论水平等，构成了一种较为稳定的心理阅读特点。读者在阅读的时候，先从题目、文字等印象入手，整合出对作品的大致判断，所利用的就是期待视野当中已有的惯性判断，伽达默尔将其称为"偏见"，但是这种先入为主的观念并不是一种消极因素，而是促成理解的前提，并由此激发持续阅读的动力。实际上，如果没有这种先在的阅读经验，是不可能进入阅读并完成阅读的，这种"偏见"对于阅读是必需的。进入阅读之后，读者在阅读当中不断探寻作者的本意，形成新的阅读印象，并与之前的阅读经验进行对比，调整对作品的观点。如果发现这是他所熟悉的题材，则会激发他的阅读兴趣，因为读者从作品中看到了他自己的视野，看到了自我的一种外在显示。读者阅读时对熟悉题材的关注远胜于与其无关的题材，他在阅读中得到满足的程度，也与作品包含多少他关心的内容相关。但是，如果作品的模式过于简单，则这种兴趣会下降，并使人感到乏味。

这就涉及人的期待视野当中的两种不同的期待，"起着两种相反相成的类似于同化与顺应的作用，那就是定向期待与创新期待"，定向期待"就是按其已有的思想、文化、知识、修养、能力、经验、习惯等形成的

① H. R. 姚斯、R. C. 霍拉勃著，周宁、金元浦译：《接受美学与接受理论》，沈阳：辽宁人民出版社，1987 年，第 28 页。

阅读模式，来认识、理解、阐释作品所提供的信息或暗示的一种内在欲望；在功能上，则起着选择、求同和定向的作用"①；而另一种创新期待则是一种求异的需求，与内在期待相抗衡，在作品中着意搜索超越原有视野的新东西，帮助读者对作品进行独特的发现，跳出原有的思维定向，获得前所未有的审美快感。定向期待是期待视野充满惰性的外壳，而创新期待却"时时活跃着，希冀着，伺机冲决这层厚厚的习惯硬壳，以主宰的身份指挥阅读的扩展。它是审美经验视界得以改变和提高的动力机制与心理根源"②。这种说法与分析还是很中肯的，当读者发现作品内容过于熟悉，没有新意时，阅读动力会逐渐减退，就是因为创新期待没有得到满足。应该说，阅读心理是极其复杂的，两种相反相成的期待时时刻刻在相互作用，任何一方期待落空，都可能导致阅读效果不佳。如果作品符合定向期待而较少创新，会显得枯燥乏味；同样，全是创新，和读者定向期待的吻合程度较低，则会使读者觉得茫然而无法理解，不能获得阅读快感，很可能最终放弃阅读。因此，作者如何把握其中的"度"，的确需要技巧。

对于《战国策》来说，其创作的目标群体非常明确——纵横策士。创作者和读者同为一个群体之内的人，彼此对对方的兴趣点和需求非常清楚，所以，《战国策》在创作之初，创作者们对于表现重点都有着明确的把握。那么，策士们阅读这本书时的心理会呈现何种状态呢？笔者认为，区别于纯审美作品的阅读心理，他们首先呈现出定向期待和创新期待的双重满足，由于作品所表现的是其一直在研习的内容（假定他们是已经有了一定阅读水准的研习者），因此他们很容易进入阅读状态并认可内容；同时，那些铺排的文字、未见过的修辞技巧也引起了他们极大的兴趣，但由于创新之处所造成的审美差距并不大，顺应过程顺利展开，其再次成为审美和阅读经验的一部分，审美的满足感很快消失，由此进入了阅读的另一个层次。"初级阅读经验是审美感觉范围内的直接理解阶段，反思性阐释阶段则是在此基础之上的二级阅读阶段"③，二级阶段的阅读离不开初级阅读，又是初级阅读更高层次的体现，是对作品深层次的思想、内涵、意

---

①　朱立元：《接受美学导论》，合肥：安徽教育出版社，2004 年，第 206～207 页。

②　朱立元：《接受美学导论》，合肥：安徽教育出版社，2004 年，第 216 页。

③　H. R. 姚斯、R. C. 霍拉勃著，周宁、金元浦译：《接受美学与接受理论》，沈阳：辽宁人民出版社，1987 年，第 178 页。

义的挖掘与发现。当然，对《战国策》的二级阅读显然不同于文艺作品，因此他们进入二级阅读所展现的理性思考，不是对作品主题和寓意的考察，而是在对文本的反复研习和揣摩当中，把握其刻意展示给他们的核心内容——谋略与游说技巧。二级阅读的展开应该是和初级阅读几乎同时进行的，但因为对其思路的熟悉，定向期待使得他们很快了解了文本的表达方式，因此他们在经历了较短时间的阅读以后，较快地进入到二级阅读，创新期待的作用更多的在于促进其积极阅读而不只是审美欣赏。

更值得关注的可能是那些非纵横策士的阅读群体，因为《战国策》所引起的反响，更多地体现在这部分人当中。欧阳修说："凡世人于事，不可一概，有知而好者，有好而不知者，有不好而不知者；有不好而能知者"（《唐薛稷书》)，"欧阳修对于读者论的贡献在于他把读者分成了四类，每一类读者在理想化的程度上分属不同层次"，即"知而好者——理想的读者，知音"、"好而不知者 ——盲目的读者"、"不好而不知者 ——蹩脚的读者"、"不好而能知者 ——好读者但持不同见解"①。中间的两类不在我们讨论的范围之内，故摒除在外；策士群体的阅读者更多的属于第一类"知而好者"，属于"理想的读者"，但其中也有可能是迫于生计或者其他原因来从事这个行业的人，所以应该也有一部分读者属于第四类"不好而能知者"。从更为纯粹的、跳出了实用目的的阅读者——即策士以外的阅读群体来看，他们应当也分属这两个类型。事实上，对《战国策》的评论，也一直都分化成两种明显的态度，即对其思想很多人"不好而能知"，同时对其艺术成就，则不仅"知"而且"好"。当然，同时持有两种态度的也大有人在，而部分肯定、部分否定的亦不在少数。

《战国策》的语言运用技巧以及刻画人物、叙事的成就，向来是得到肯定的，爱好者众多，这也是许多文学史在介绍这部典籍时的重点；而其思想内涵，由于历史阶段的原因，在相当长的时间内成了被批判的对象。不管是"知"还是"好"，都是结束了二级阅读之后的结果，而在阅读过程中的情况如何，则决定了最终对不同方面的"知"或者"好"。读者在阅读《战国策》的时候，不同于策士作为群体内的读者的身份，所以其定向期待和作品有着较大的差异，此时会引起一种本能的抗拒，并产生了距

① 张思齐：《中国接受美学导论》，成都：巴蜀书社，1989 年，第 88 ~ 89 页。

离感，但随着阅读的不断进行，隐藏在其意识深处的创新期待逐渐被唤醒，他们开始接受其中独特的、满足其审美新经验要求的那一部分内容。他们被书中如星星般闪耀的智慧美、鲜活灵动的人物美、辩丽横肆的语言美所吸引，流连忘返，反复品味，得到了前所未有的美的感受。应该说，这部分内容进入、升华到读者新的期待视野，形成其阅读经验的过程是顺利的，这即是"知而好"情况的形成。

另一种"不好而能知"则属于升华失败的情况：读者首先以定向期待来检查书本，由于发现了巨大的差异，开始抗拒并引起警觉，之后审美因素由陌生而引起审美快感，但同时进入的二级阅读的理性意识则引发了更强烈的不适感，因为其中的内涵几乎颠覆了读者已有经验当中关于社会与历史的全部认识，因而阅读遭到了强大的抗拒，并最终被否定。"有毒"、"坏人心术"等评论、惊呼，足见《战国策》尚计崇谋、注重个人势位等思想对儒家提倡的"仁"、"信"、"礼"等主张带来的撞击和震撼有多么剧烈。这说明，如果要读者顺利地接受作者所传达的观点，应该要有相当一部分内容与读者的定向期待相吻合，使其具有一定的愉悦感，才有可能进行顺利的升华。当然，《战国策》的思想最终还是会进入读者新的期待视野，但是读者对它的评价则是负面的，无法得到读者的认可，自然也不可能"好"了。

应该说，加剧这种否定的原因之一还在于《战国策》不顾一切地以各种方式凸显与众不同的主张，且通过歪曲历史来实现这一切，这也是其令许多策士群体之外的读者反感的地方。但是《战国策》对历史的遮蔽，乃是充分考虑了指向性读者群体阅读特点的结果。它不同于旧的史书，也并不像子书那样仅以理论为内容，它兼有传授技艺的功能，需要通过塑造典范来激发策士群体的学习动力，有一定高度，但是都标榜为真人实例，以显示这些典范并非永远难以企及，"至于纵横之术，复非空谈浮议所可据以为功者也，故所集之辞，多为已验于世之业"①，虽然有许多不一定是已经验证的史实，但是，借助历史以增强策士的信心，却是可以实现的效果。同时，在真实中又做出一些拔高，乃是作者的良苦用心。可以说，它并非为其他读者所创作的，在创作的时候，它并未将其他读者纳入考虑范

---

① 钟凤年：《国策勘研：燕京学报专号之十一》，北京：哈佛燕京学社，1936 年，第 7 页。

围，至少没有充分地考虑这些人群和他们的阅读感受，因此，引起了不满和呐喊也是必然的。这种很强的指向性造成了一定的封闭性，只有策士群体或者"知而好"的人可以不将注意力放在史实的真伪性上。其引发关注的点非常鲜明，所以喜爱者视若瑰宝，鄙夷者则认为它是悖谬之作，读者的分化也非常明显。

《战国策》的叙史，为了突出中心人物和计谋，不惜以真实为代价，虚构了历史，根本原因在于过于相信人本身的力量，不惜把经济、政治、军事等其他因素统统踩在脚下。人，似乎成了主宰历史的唯一因素——是霸王，是法西斯，这其实同模式化话语一样落入了禁锢中。所以，《战国策》的叙史，一边较之于以前的史书，发现了"人"自身，更接近历史的本真，这确是它独特的地方；另一边却由于极端的强调与渲染，对历史进行了别样的裁定和切割。对"人"自身活力和智慧的偏好，几乎使其极尽宠荣而放纵。这一方面是对其本真的澄明与敞开，另一方面又是对它的遮蔽，其叙史似乎出现了矛盾，但正适合它所出现的时代——战国，因而具有二重性格。

对其二重性叙史的问题，我们不能简单地加以分析。如果从史学的角度，《战国策》叙史的遮蔽性的确是个醒目的缺憾；但从哲学与文学的角度来看，其叙史之澄显性则对战国人的生存状态进行了最真实的描摹，在较早的时代就较为彻底地显示出"人"所焕发出来的独特的个性，使他们在身后留下绝不孤寂的千年，也令其他时代类似的史书望尘莫及，这具有一种创辟的性质，应该充分地加以肯定。所以，其二重叙史中，对历史本真的澄显应该代表了其主要的价值，在不忽略其遮蔽性的同时，这一点是真正值得我们关注的部分。

第二章　势能转化的枢机：人物

第一节　记言、记事与叙史意识的变化

  《战国策》在史书中不算宏篇巨制，可是它具有的感染力和能量却相当之大，或者说，它对中国的史书撰写传统的形成，甚至对中国文化的影响都是巨大的。其最明显的意义就在于凸显了对"人"的重视，将视线转移到了人类社会转化的枢机——"人"之上，这不能不说是中国古代社会思想方式的重大变化。强调这种转变，虽然显示了人类中心论的某种偏颇，但因此就蔑视或者忽略它显然又是另一种偏颇。并且，作为书写人的历史的《战国策》，表现这种转变正是其精华所在。

  它对人的表现首先是非常感性的，也就是说，读者不用思考，当读完《战国策》以后，就能感受到那书页无法掩盖的生命之"势"，久久难忘。可见，《战国策》别有特色，对生命之"势"的表现令其血肉丰满，具有灵魂之美。唐张怀瓘在《论用笔十法》中论书法用笔的方法第七法说："勒锋侧笔，字须飞动，无凝滞之势，是为得法。"符载在《观张员外画松石序》中评论说："夫观张公之势，非画也，真道也！当其有事，已知夫遗去机巧，意冥玄化，而物在灵府，不在耳目。故得于心，应于手，孤姿绝状，触毫而出，气交冲漠，与神为徒。"可见，中国传统艺术以气韵生动、流畅有神，具有灵动之"势"为高，这与文学理论也一脉相通。殷璠的"神来、气来、情来"理论，皎然《诗议》说应"状飞动之句"，司空图所谓"生气远出，不着死灰"，皆说明具有生命力的艺术是有神气腾跃的动态之美的。《战国策》虽然是在文艺理论远未成型的战国以及秦汉时期创作的，但暗合着这些成熟的理论，不能不说得益于对策士生命之"势"发自内心的赞叹，因而尽其描摹之能，将其表现出来，渲染力也是

很强的。王充说"夫物之相胜，或以筋力，或以气势，或以巧便"（《论衡·物势》），是说自己对于万物竞争和生命运动机制的理解，用于《战国策》中的人物表现也未尝不可，因为它展现出来的活脱脱的人的社会竞争图画，是万物竞争的加强和升级版。对争斗中的人焕发出来的生命能量，进行由衷的赞美、细致的描述，是《战国策》显著的特点之一。

《战国策》塑造了活灵活现的人物，乃是得益于从语言的角度来进行表现。以此为核心，展现其对事件的影响，是《战国策》最主要的叙史方式。那么，《战国策》为何以语言为主要表现的对象？说到语言，反观历史，其实《战国策》并不属于较早对其采取如此重视态度的先秦典籍，记言体史书的发展在此之前已经有相当长的历史了。《汉书·艺文志》云："古之王者，世有史官，君举必书，所以慎言行，昭法式也。左史记言，右史记事；事为《春秋》，言为《尚书》。"《礼记·玉藻》曰："动则左史书之，言则右史书之。"刘勰《文心雕龙·史传》也说："史者，使也；执笔左右，使之记也。古者左史记事者，右史记言者。言经则《尚书》，事经则《春秋》。"虽然上述记载有抵牾之处，依现有材料难以判别，但上古之时，即有左史与右史分别负责"记言"与"记事"职责的区分，这是可以确定的。从偏重记言的史料来看，先秦时期较早有甲骨文、金文，与这一时代相互重叠，成书至迟不晚于周初的则有《尚书》，之后才有《国语》、《战国策》等。由此可见，在《战国策》之前，记言类史料的历史已经相当悠久了。那么，此前记言体史书呈现了什么样的状态？其叙史表现又有什么样的变化呢？我们需要回溯探究一番，并将《战国策》与其他记言体、编年体史书进行对比，才能对其有更加准确的定位，并看出变化是如何发生的。

先看看记言体、编年体史书在形成体制之前，早期的萌芽状态。从最早的史料来看，记言与记事虽然有概念上的区分，但最初并非以分开的面貌出现，而是相与为一——甲骨文中命辞和占辞为记言部分，前辞与记叙较详的验辞则为记事部分，因而两者出现的时间是相同的。但从周代文化的主要载体之一——青铜铭文来看，两者的发展并不均衡。青铜铭文的文化信息较甲骨卜辞更为丰富，涉及克敌建邦、追孝、册命、祭祀祖考、分封征伐、约剂、律令等内容，其中记事部分的生动性和细腻程度，远逊于记言部分，"比较铭文的记言与记事（这里实际上是'记行'），便会发现它们并不处在同一水平线上，古人的记言技术似乎成熟得早一些。铭文记录动作或行动一般是平铺直叙，点到为止，而且少有修饰，动词的重复率相当高。耗时数月的戎事，往往用几句话匆匆带过，而相形之下，充其量才半天的训诰则可能耗费大量篇幅。记事的这种捉襟见肘，有时甚至沦于严重的程式化：受命为'拜稽首'，谢恩则'对扬王休'，作器与祝愿时更是千篇一律的'用作某某宝鼎，子子孙孙永宝用'。就比较的意义来说，记言要高明得多"①。铭文记录的语言有雄辩、生动等特点，有些篇章如大盂鼎铭文、儚匜铭文、不嬰毁铭文等，具有很强的人物个性。而把《尚书》和《春秋》相比较，《尚书》中记载人物的言行要早出许多，但表现出来的生动性要远胜于叙事简略、"断烂朝报"式的《春秋》。

为何记言叙史早期的发展会胜于记事？究其原因，可以总结为四点：

第一是语言的政治功能。语言由于具有神人沟通与示范作用，所谓代天立言、垂范后世也，不仅指导决断着国家大事，也成为国家政权正统性与合法性的依据，具有重要的地位，因而会被特别加以关注，进行详细的记录。商周帝王自诩为"天之子"，具有无上的话语霸权，其言因而具有代天立言的神圣性和权威性。但语言本身具有稍纵即逝的特点，必须将其以某种固化的形式加以记录，才能保存下来并传之久远，因而有甲骨文、青铜铭文之作。甲骨文记录的重点是人神之间的对话，本身具有极为重要的意义，因而人们采取隆重的方式记录下来，选取龟甲等厚硬的媒介物加以刻写、保存，以对抗时间。所以董作宾先生说，"这可以说是一件极有趣味的发现。三千多年后的我们，可以看见三千年前的史官所亲手书写的文字，并且可以指出这是某人某人的作品，而欣赏他们每个人的书体与作风，岂不是一大幸事"②，正可以体现其和时间对抗的能力。甲骨文记录了神人沟通的过程和结果，其数量的众多除了是占卜的现实需要外，也可说明商王希望这种体现其独特身份和权力的过程被一再重复，因而得到强化和认可。相较于殷商，周代的语言的垂范作用更加明显，此时，德、礼、敬天保民的思想成为治国方略，在《尚书》、《逸周书》以及青铜铭文中，

---

① 傅修延：《先秦叙事研究——关于中国叙事传统的形成》，北京：东方出版社，1999 年，第 62 页。

② 刘梦溪：《中国现代学术经典·董作宾卷》，石家庄：河北教育出版社，1996 年，第 178 页。

均可见到此类思想的一再表达。这些诰命训誓显示了周人以商为诫，对历史清醒理性的总结。周王时为天下之共主，其在公共场合所发布的言论类似于后世的政治纲领性文件，宣扬政权的核心理念，以代天立言之名，行宣讲德礼之实，具有相当的权威性，所以刘知几在《史通·六家》中说，"盖《书》之所主，本于号令，所以宣王道之正义。发言于臣下，故其所载，皆典、谟、训、诰、誓、命之文"①，言其将宣讲作为王侯权贵立身行事时遵照执行的参考与标尺。这种垂范功能和班固所言的"君举必书"是为了"慎言行，昭法式"的目的相同。

　　第二是对语言神秘力量的信仰。对语言的迷信，本是一种产生于原始社会早期的宗教现象。由于相信语言中存在着"超自然力量"，人们凭借巫觋假主观臆念之旨意所诵、歌之咒文、套语，来达成影响或控制外在物体的愿望。上古时期，史出于巫，《左传·襄公二十七年》曰"其祝史陈信于鬼神无愧辞"，孔颖达《周易正义·巽卦》也说"史谓祝史，巫谓觋巫，并是接事鬼神之人"，可见当时巫、祝、史官的职责混而为一。西周及春秋文献中存在着大量的祝、巫及史官占卜的事例，均表明"史"是神职性职官，往往承担着多种神职。甲骨卜辞的占卜也是由"史"来主持的，其施行巫术活动时，多伴有咒语巫诗。现存甲骨卜辞和《周易》爻繇辞、《国语》、《左传》及其他先秦两汉文献里，可看到不少类似的咒语诗。甲骨卜辞本身，是和天帝对话的结果，是具有无可比拟的尊崇性的独响密语，显示着天帝的意志和权威，是必须怀着无比崇敬的心态来记录的。《诗·小雅·楚茨》里说"工祝致告，徂赉孝孙"，《楚辞·招魂》亦言"工祝招君，背行先些"，亦表明"祝"不仅在祭祀时行祝祷词，且行招魂之术，与巫相通。而熔铸于青铜器之上的铭文，不仅示之于人，也因借助着青铜神器这一层媒介，欲将显扬功绩、福佑子孙等意图报明上天，其意义更不言自明。

　　第三是关注重心的偏移导致记事水平发展滞后。由于古人"重实际而黜玄想"，语言在中国上古文化当中具有比较重要的意义，尤其是其"垂范"功能，同时具有劝谏、警诫等意义，所以倍受重视。"中国古代文学每偏于鉴戒而忽于表现，这和西方文学的发展有所不同。鉴戒，就是将有

---

① 刘知几撰，赵吕甫校注：《史通新校注》，重庆：重庆出版社，1990年，第10页。

益于实际的生活经验传给后代，在经验中有事迹也有言论，但事迹往往只是个别经验的叙述，而言论则是从许多经验里概括而成的规律，因此记言比记事更为人们所重视"[①]，"在古代，记言比记事更为重要"[②]，受此影响，记史的重心显然有所偏移，这也是铭文、《尚书》、《国语》、《战国策》等记言史书中关于记事只寥寥数语，仅作相关背景交代的原因。史官对于这些重要的垂范、劝谏之语，会尽量周详地加以记录。但正是由于惯于客观记录语言，反而束缚了记事水平的发展。由于记事仅处于辅助说明的地位，记录者并不太花费心思去做这件事。但实际上，出色的历史记事需要相当高的能力与水平，与纯粹的记录不同，从纷繁的历史中选择事件，从构思敷陈到润色文字，都考验着作者的见识、道德、判断能力和文学修养，鉴于对史学家的要求较高，唐代刘知几提出了"才、学、识"三长的理论。而先秦时对记言的偏重，导致记事文字长时期发展落后，这些能力并未得到充分的锻炼与展现，仅有一部《左传》对这种偏移做出了校正。

第四，早期史官有以瞽人任者，亦是形成这种局面的原因之一。因由瞽人担任，故有"瞽史"之称，《国语·周语下》曰："吾非瞽史，焉知天道"，《晋语四》曰："商之飨国三十一王。瞽史之纪曰：'唐叔之世，将如商数'"，"瞽史记曰：'嗣续其祖，如谷之滋。'必有晋国。"可知当时确有瞽史的存在。与"史"一起，其职责是"史不失书，矇不失诵"（《国语·楚语上》），可以看到，对历史的记录不仅有形之于书面文字的方法，还有另一种"诵"的方法，"即史官所记录的简短的历史，如《春秋》之类，还要通过瞽矇以口头传诵的方式，逐渐补充丰富起来"[③]。瞽矇无法看到事件的发生、进展，但由于视力衰弱而产生出了其他强有力的代偿能力，这就是听觉的极其发达，且由听觉带来的记忆痕迹会非常深刻。因此，瞽史们虽然不能书写，无法亲自记事，却可以通过"诵"的方式将历史背记下来并进行传承。这也是上古时期文字还没有发明之时，文明口耳相传的一种传统方式，虽然有着容易发生讹误等缺点，却较其他方法更易于传承。而且人们也的确相信，失明之人会对声音有着更深刻和更准确的

---

① ② 郑临川述评：《闻一多论古典文学》，重庆：重庆出版社，1984 年，第 24 页。
③ 徐中舒：《〈左传〉的作者及其成书年代》，《历史教学》，1962 年第 11 期。

记忆与理解，这也是同样在音乐方面，最为高明的乐师往往是师旷这样的盲人的原因——在西方，也有荷马这样的盲诗人，传诵着《荷马史诗》的宏篇巨制。瞽史擅长对听闻过的话语做模仿性的客观记录，而在记事方面则较为欠缺；也由于传统对语言的重视，使得他们出于职责，更偏向于对语言的记诵。瞽史的存在和上述几个因素一起，造成了先秦史书中的记言早熟且比记事更发达的形态。"左丘失明，厥有《国语》"（《史记·太史公自序》），这种说法从一个侧面说明，上古之时瞽史在历史舞台上扮演着重要的角色。

从以上的论述可知，偏重语言的记录，在上古时期是源远流长的，然而殷商、西周、春秋更注重政治的宣讲，即使有对表现历史人物的考虑，也更多的是为了树立楷模。甲骨卜辞本就记言记事简单，无所谓人的表现，但可体现出问事人的一些语气。例如："贞：有疾自，唯有它？贞：有疾自，不唯有它？"[①]"子"为鼻之象形，因为鼻子有毛病，卜问者那种焦急的情态颇为真切。而郭沫若《甲骨文合集》五的14002占卜妇好何时分娩，但因为妇好最终生了一个女孩，认为不佳，失望之情流露无遗，亦颇能让读者感受到。青铜铭文的一些记言文字，如册命、训诰等，以及《尚书》中的篇章多有一些重复性的宣讲，往往是陈述自己是天命所归（或颂扬对方），再以正德、厚生、惟和等为内容劝诫或者警示对方，具有循循劝诱、权威性强的特点，甚至有的时候使用威胁性语言。如《甘誓》："用命，赏于祖；弗用命，戮于社。予则孥戮汝"，基本侧重于表现人物的单面角色意识，即认为自己是掌控者，在公众场合应体现出相当的威严与正义，方足以服众。社会化形象最为突出，而个性的表现虽然也有，但隐没在其中，不成气候——记言文字尽管较之于记事文字更为生动，但个性的表现相对于社会化形象的极力突出，则显得力度疲弱。《尚书》只在个别篇章当中展现了人物的一些特点，例如《君奭》：

> 非克有正，迪惟前人光，施于我冲子。
> 今在予小子旦，若游大川，予往暨汝奭其济。小子同未在位，诞

---

① 董作宾：《殷墟文字乙编三册》，转引自陈炜湛：《甲骨文简论》，上海：上海古籍出版社，第90页。

无我责。收罔勖不及，耇造德不降，我则鸣鸟不闻，矧曰其有能格？

公曰："君，告汝朕允。保奭，其汝克敬以予，监于殷丧大否。肆念我天威，予不允惟若兹诰，予惟曰：'襄我二人，汝有合哉？'言曰：'在时二人。天休兹至，惟时二人弗戡。'其汝克敬德，明我俊民在让，后人于丕时。"

周公对召公的那种推心置腹、宽仁谦虚，以及共同辅佐成王、唯国事为上的情态，在字里行间展现得还是较为充分的。同时比较独特的还有《金縢》一文，和《尚书》中其他篇章的相似之处在于以记言为中心，即围绕着周公告神的话语来进行记录，并展开相关事件的记叙。但又和其他篇章纯粹记言不同，不仅记言，还完整地讲述了相关事件的来龙去脉，可以说是《尚书》中少有的具有叙事特征的篇章。武王有疾，周公作策书告神，请代武王死，并将策书纳于金縢之匮，后有流言，成王开金縢而悟之。事件首尾完整，且情节颇有波折，于简短的篇章之中，也颇能看到几个人物的些许特点：周公忠于王家，不惜以自己的生命作为交换，有大德大贤的风范；成王在真相大白之后，悔恨不已，执书以泣，亦具明君风格；双方融洽如初，堪称处理君臣关系的楷模。不过，即使在《金縢》这样艺术表现相对突出的篇章里，人物个性仍显简单，层次也不够丰富。

这其实就涉及一个叙史意识的问题了。从前文指出的先秦记言文学早熟于记事文学的原因看来，主要就是叙史的主体意识并不发达，对语言的记载偏于记录而不是记叙，乃是照实地重现而没有过多的加工，史官较为被动。其叙史主要是出于稳固政权、垂范或者警诫世人的目的，内容多涉及天、人、权、祀、礼、德、民，体现了偏于宏大的一种叙史意识，所以在个人对历史所持的观点、事件的选取、人物的表现等方面，叙史者的自主能动性较为欠缺。

不过，从先秦史书的发展来看，这种状况慢慢地发生着变化。在此过程当中，实际上体现了一种从客观的宏大叙史，到叙史者"我"的意识逐渐渗透，也就是叙史者主体化倾向日渐明显的过程。在《尚书》之后，《国语》、《左传》、《战国策》等史书中，亦可以看到其嬗变轨迹。

首先，是叙史者理性分析和评价历史的态度日益鲜明。在甲骨文、青铜铭文与《尚书》当中，写作者基本隐没在叙写的文本之后，对所讲述的历史事件保持着不介入的态度，以客观的态度将事件呈现出来，不流露主观态度和价值判断。至《春秋》，文本看似依然保持着之前史书所固有的客观姿态——也是由于其叙事的简短，并不便于加入冗长的评价性文字，也没有主观性评判，但是字里行间，又通过遣词造句来体现对事件以及人物的褒贬，显示出很强的立场，这即是影响深远的"春秋笔法"。《孟子·滕文公下》所言"禹抑洪水而天下平，周公兼夷狄，驱猛兽而百姓宁，孔子成《春秋》而乱臣贼子惧"，司马迁《史记·孔子世家》所说"子曰：'弗乎！弗乎！君子病没世而名不称焉。吾道不行矣！吾何以自见于后世哉？'乃因史记作《春秋》，上至隐公，下讫哀公十四年，十二公。据鲁，亲周，故殷，运之三代。约其文辞而指博。故吴、楚之君自称王，而《春秋》贬之曰'子'，践土之会实召周天子，而《春秋》讳之曰'天王狩于河阳'，推此类以绳当世。贬损之义，后有王者举而开之。《春秋》之义行，则天下乱臣贼子惧焉"，讲的都是《春秋》"一字寓褒贬"的历史评价方式所产生的社会影响。但是《春秋》记事过于简短，最长不过四十多字，少的也就两三字，实在难以探究历史形成、演变和发展的内在因果关系，这是其先天的不足。

《国语》对历史的评价方法，似乎和《春秋》有着若隐若现的联系。《左传》在传统观念中是为了传述《春秋》而作，对于《国语》，司马迁认为"左丘失明，厥有《国语》"（《史记·太史公自序》），王充也提出"《国语》，左氏之外传也"（《论衡·案书篇》），这些问题，虽然尚有争议，但由此也可以看出，《国语》晚出于《春秋》是较为通行的看法，受到其叙史方法潜移默化的影响亦有迹可循。《国语》当中，有明确表态的地方，其中"'君子曰'有 11 处，其中《晋语》9 处，《楚语》2 处"①，都相当简短。如《晋语一》，君子曰"善深谋也"，"知难本也"，基本类似于此，寥寥数字，没有长的评论。从整体来看，叙史者力图以一种客观的方式来展现对历史非常重要的"嘉言善语"，而并不注重对事件的前因后果进行重现以及主观性评论，或者说采取一种较为静态的方式来展现。体现其叙史立场主要通过以下几个方法：第一，选取大量符合儒家立场的

---

① 吴澍时、钱律进：《〈国语〉和〈左传〉中"君子曰"之比较》，《古籍整理研究学刊》，2010 年第 5 期。

人物语言进行记载。这也是为什么在某些地方，会有所记语言无关大事，甚至有琐碎之嫌的现象。例如《鲁语》，就和这种主观选取有关。第二，以人物话语和最后结果的对应来体现。这也就是我们前面所说的预言化的思维模式，以两者的嵌套进行证明，前多言及，此不赘述。第三，编排顺序。把周、鲁放在前面，因为周是天下共主，尽管逐渐衰微，但其地位不容否定，鲁为礼仪之邦，放置于次之的地位；然后是齐、晋，因为他们的确成就了霸业，值得一书；以越国为最后，则体现了轻视蛮夷的观念。所以，《国语》中虽然并无叙史者过多的话语，但是通过以上几种方式，其观点和态度已经不言自明了。这些方法，在形式上不同于《春秋》，但精神可谓一脉相承。

《左传》与《国语》成书孰先孰后，尚有争论。《左传》在先秦的史书当中，无论哪方面都显示出一种很突兀的独特，不仅在于其叙史手法的发展、人物的表现，也在于其很鲜明的叙史立场。《左传》当中以"君子曰"、"君子是以知"、"君子谓"、"君子以为"等句引出的评论性语言有80余处，冠于先秦其他典籍如《国语》、《礼记》、《韩非子》等[①]。在这些评论当中，有许多评论不仅篇幅增长，而且还多用其他典籍之语来佐证自己的观点。例如《左传·昭公三十一年》：

> 君子曰："名之不可不慎也如是，夫有所有名而不如其已。以地叛，虽贱，必书地。以名其人，终为不义，弗可灭已。是故君子动则思礼，行则思义；不为利回，不为义疚。或求名而不得，或欲盖而名章，惩不义也。齐豹为卫司寇，守嗣大夫，作而不义，其书为'盗'。邾庶其、莒牟夷、邾黑肱以土地出，求食而已，不求其名，贱而必书。此二物者，所以惩肆而去贪也。若艰难其身，以险危大人，而有名章彻，攻难之士将奔走之。若窃邑叛君以徼大利而无名，贪冒之民将置力焉。是以《春秋》书齐豹曰'盗'，三叛人名，以惩不义，数恶无礼，其善志也。故曰：《春秋》之称微而显，婉而辨。上之人能使昭明，善人劝焉，淫人惧焉，是以君子贵之。"

---

① 吴澍时、钱律进：《〈国语〉和〈左传〉中"君子曰"之比较》，《古籍整理研究学刊》，2010 年第 5 期。

较之《国语》可谓长篇大论，先提出观点"名之不可不慎也如是，夫有所有名而不如其已"，之后以齐豹以及邾国的庶其、莒国的牟夷、邾国的黑肱为例，边叙边议，指出这种行为"其书为'盗'"、"贱而必书"，必须引起警诫，史书将其记载下来，"此二物者，所以惩肆而去贪也"，并通过"是以《春秋》书齐豹曰'盗'"来进行佐证，认为它的作用"上之人能使昭明，善人劝焉，淫人惧焉，是以君子贵之"，对其大为赞赏。这些议论性文字观点鲜明，论证充分，如果加以扩展，则可形成一篇主题集中的议论文。在《左传》中，叙史者以这种方式体现出对历史现象的思索与评判，可以说其深度是前所未有的。

至于《战国策》，其议论与表现就更加无所束缚了。一是因为《战国策》本就不是史官所撰，所以不会过于受到主流思想的牵制；二是由于纵横家多有出身低微之人，对人、对事的评价自然无所顾忌，呈现出一种极强的主体意识。其褒贬之意，或是通过字里行间体现出来，或是通过"君子曰"进行论赞或者批判，或是直接进行评价。笔者统计，《战国策》借助"君子曰"或直接评论这样一种明显的主观评价，在全书当中有19次。例如《楚一·江乙说于安陵君》，江乙游说安陵君"今君擅楚国之势，而无以深自结于王，窃为君危之"，并提出"愿君必请从死，以身为殉"的建议，三年之后，安陵君采纳其建议，泣于楚王前，"王大悦，乃封坛为安陵君"，在这件事的结尾，作者借"君子"之言，评论道："江乙可谓善谋，安陵君可谓知时矣。"又如《齐一·邹忌修八尺有余》结尾，就以"燕、赵、韩、魏闻之，皆朝于齐。此所谓战胜于朝廷"来称赞齐王能虚心纳谏，因而齐国大治，侪国皆服。以"君子"或他人之口评论的，在文中除《楚一·江乙说于安陵君》、《齐一·邹忌修八尺有余》之外，其他只有3处：

《燕二·客谓燕王》："故曰：'因其强而强之，乃可折也；因其广而广之，乃可缺也。'"

《中山·乐羊为魏将》："古今称之：'乐羊食子以自信，明害父以求法。'"

《韩二·韩傀相魏》："晋、楚、齐、卫闻之，曰：'非独政之能，乃其姊者，亦列女也！'聂政之所以名施于后世者，其姊不避菹醢之诛，以扬其名也。"

其他的皆为作者直接的评论，这些评论大多比较简短，最长的见于《魏四·魏王与龙阳君共船而钓》：

> 由是观之，近习之人，其挚谄也固矣，其自篡繁也完矣。今由千里之外欲进美人，所效者庸必得幸乎？假之得幸，庸必为我用乎？而近习之人相与怨我，见有祸，未见有福；见有怨，未见有德，非用知之术也。

由此看来，从数量以及长度上，《战国策》的评论之语似乎都不及《左传》，其主观评论的数量接近于《国语》，这是否意味着其主体意识的倒退与淡化呢？恰恰相反，笔者认为这是一种策略上的安排，叙述者刻意隐藏了自己的主体存在。《战国策》以语言为中心来进行表现，其主要功能是供战国策士揣摩研习，如何达到最好的展现效果，也是写作者所考虑的问题之一。首先，必须使揣摩者信服，所以写作者尽量用客观的方式来编录历史语言，以使对方相信语言本身蕴含的巨大威力。叙述主体隐藏得越好，这种客观性会显得越突出。另外，进行大番评论固然可以起到提领指导的作用，但未免会转移揣摩者的注意力，并容易形成固定的见解。因此，不到情不自已，叙述者一般都不会跳出来发表见解。在这里叙述者采取了《国语》使用的一种方法，就是让人物话语与历史事件最终的结局互相印证，让事件本身去产生说服力。这是一种巧妙而且见效的方法，但这又恰恰显现出其很强的主观性。如前文所述，《战国策》对历史的虚构大大超过了同时代的其他典籍，所以，表面的客观绝不是真正的客观，其对历史的任意驱使乃是其主体意识在发挥作用，历史和语言不再是曾经被毕恭毕敬记录下来的神物，而是为我所用的"物什儿"了。这一策略的应用，体现了先秦史书撰写者的主体意识达到了一个顶峰——虽然《战国策》并非正统意义上的史书，但其以语言来垂范后世的目的，似乎和之前的典籍体现出的这种集体无意识一脉相通。

至此可见，《左传》的主体意识的发展表现为历史意识的形成，它不是像《春秋》那样反映静止的历史现象，而是以大量的评论，探寻历史发生发展的变化过程，把握其深层次的因果关系与脉络，眼界开阔，不仅追溯过去，还审视现在，放眼未来，且将这种历史意识贯穿、渗透在叙述中，使得叙写有很强的纵深感；而在《战国策》那里，主体意识的发展则表现为不仅已经自觉，且有目的地加以利用，进行有意识的隐蔽来达到特定的效果，不得不说这是其主体意识在《左传》之后的又一次发展——当然，如果纯粹从历史的角度来看，这带来一定的偏离，也产生了一定的弊端。

从甲骨文到《战国策》，叙史者的"自我"意识不断渗透、主体意识逐渐增强，在理性分析和评价历史的态度日趋明显的同时，也表现为写史过程中感情色彩的增强。往往叙述者在评论的时候，显示出褒贬态度，倾注了感情。例如《左传·宣公二年》，"郑败宋师获华元"这一章，因为"将战，华元杀羊食士，其御羊斟不与"，所以羊斟大为不满，"及战，故败"。对于这件事，叙史者大为感慨，说道："羊斟非人也，以其私憾，败国殄民，于是刑孰大焉。《诗》所谓'人之无良'者，其羊斟之谓乎！残民以逞。"不单是评论，简直是出于激愤而近乎詈骂了。《战国策·韩二·韩傀相魏》里对聂政之姊的行为议论道："晋、楚、齐、卫闻之，曰：'非独政之能，乃其姊者，亦列女也！'聂政之所以名施于后世者，其姊不避菹醢之诛，以扬其名也"，赞扬之情溢于言表。这些感情的流露亦较《春秋》、《国语》更为明显和强烈。

主观性的增强导致了中国历史撰写当中一个很重要的现象，就是虚构。伴随着叙史者主体意识的增强，虚构的现象也呈现增强的趋势。"记事而不尽记实的现象从一开始就难以避免，甲骨问事中占辞和征验的累累相符说明其中有伪，青铜铭事中的夸饰与谀扬更为触目。在较为正式的历史性叙事中，《尚书·金縢》已经让人嗅出失实的气息，《春秋》中扭曲事实以捍卫政治理想之处更多"[1]，这样的叙述应该说是反映了中国历史撰写当中的真实情况。首先，这仍然是叙史者先天主体意识不足的表现，在强权的压制下，"史事为利害所牵系，是非往往被扭曲或抑扬"，"史官能写实，已经不错。而更多的则是权威的侍者，权力的饰者，是神圣的缺失

---

[1] 傅修延：《先秦叙事研究——关于中国叙事传统的形成》，北京：东方出版社，1999 年，第 205 页。

者，或真相的遮蔽者"①，客观地说，这也是由于官修史书始终是为政权服务而存在的一种现象。但是即使如此，叙史者的主体意识还是在不断地抬头，除去虚构事实不论，多表现为一种审美化、艺术化的润色或者修饰。虚构在《左传》当中，是使用较多的一种手法，其间多卜筮、报应、灾祥、鬼怪、梦兆等，如写梦兆有 26 处，日常占卜不计其数。同时，在叙述历史事件时，以想象来弥补历史资料的断层与缺略，也是一种常见的现象。例如宣公二年，鉏麑往贼宣子，后触槐而死一事，显然有虚构的成分，纪昀《阅微草堂笔记》卷十一曰："鉏麑槐下之词，浑良夫梦中之噪，谁闻之欤？"林琴南也不由得发出疑问："初未计此二语，是谁闻之。宣子假寐，必不之闻，果为舍人所闻，则鉏麑之臂，久已反蹶，何由有暇工夫说话，且从容以首触槐而死。……想来鉏麑之来，怀中必带匕首，触槐之事，确也。因匕首而知其为刺客，因触槐而知其为不忍。故随笔妆点出数句慷慨之言，令读者不觉耳。"② 所以韩愈说"春秋谨严，左氏浮夸"（《进学解》），说的正是《左传》叙史多虚构这个现象。如前所论，《战国策》当中也多有诬谬不实之处，以及悬想的细节描写。

其实，从本质上来说，历史从来都不是真实的。撰写者对于历史，往往以已知来推导未知，从习见来衡量远物，以想当然来囊括所见所想，使得逻辑从来都存在着漏洞，所以它一定存在着意识上的先入为主。从本质上来说，历史只要经过撰写，即为虚构的历史，但是，中国的历史，似乎更多地融入了叙史者的主观意愿，也加入了更多文学的修饰，因而出现了文学化的倾向。当然，从客观的效果来说，叙史过程中加入虚构，根据人心目中对历史合理的想象来揣摩和添加细节，它较之事物原貌具有更恢宏的伟大、更感人的善良、更英勇的事迹与行为，或者更令人震惊的丑恶与残酷，这也是叙史者添加一些想象和改动的原因。其作用在于能够赋予作品宏大的气度、高尚的道德感，从而引起读者心理的变化，给读者留下深刻的印象。中国的大部分史书，就是警诫与教化的作用，也就是在表现了叙史者的个性的同时，它仍然是处在一个大前提下，即为政权服务。先秦史籍中，只有《战国策》或可说摆脱了这种控制。

---

① 栾栋：《解史——论史学意识》，《中国文化研究》，2008 年春之卷。

② 林纾：《左传撷华》，上海：商务印书馆，1921 年，第 32 页。

　　历史中的虚构，无论如何是不可避免的，且是历史构成的要素，关键就在于历史中的虚构所占的比例了。当叙史者想要赋予作品更强的魅力与劝诫作用的时候，就会不自觉地增大虚构的比例。而叙史者的这种意识愈强烈，这种行为发生的频率就会越高，尤其是细节，因为细节更能打动人。这时候，历史当中就包含了文学的因素，而且不断向文学滑移和靠近。先秦史籍当中，《左传》与《战国策》的文学色彩最为强烈，而这两部作品，也正是作者主体意识得到强化的时候。

　　中国史籍当中虚构的现象较多，挖掘其背后的深层次原因，乃是国人对历史经验的总结过于重视，以至于在撰史的时候，重视语言超过事件、重视"以史为鉴"的教育效果超过事件本身，其深重的忧患意识似乎超过了世界上其他许多民族。因此，对于虚构本身，如果它可以突显事件中的意义，那么就会被默许和认可。

　　不过从历史的本质来说，其表达的价值并不在于事实自身，而是通过事件给人以体验，给人以反思，反观人自身的存在，并确立某种价值观、寻找某种意义。"尽管历史没有意义，但我们能够赋予它以意义"①，克罗齐也认为"为知识而知识远没有什么高贵或卓越的地方……实际上没有这样的知识"②，都强调了历史超越表面而拥有的深层次的价值以及主体性。司马迁的《史记》也在历史事实之中融入了文学的虚构，但揭示了最为深刻的真实，可谓事实与虚构共同成就之功。所以，历史和虚构之间并非有着不可逾越的鸿沟。从这个方面来说，我们在阅读史书的时候，就不一定要苛求细节上的真实了。

　　能解释历史本质的叙史者，可称为"释者"。"释者，即解者，是历史本质的释放者，或曰历史精神的追寻者。再说深一点，释者是从历史向哲学的升华者，在这种意义上，可以说释者适哲，即进入哲学者，称之为史哲更为合适"，"同时应看到历史事实和史料都有自身的时空、利害和认知限制，更要看到彼时彼刻的史家和后来的学者都有自身的种种局限。要透析这些局限需要理论水平，要突破这些遮蔽需要形上思辨，要对史料、史

---

　　① 卡尔·波普尔著，陆衡等译：《开放社会及其敌人》（第 2 卷），北京：中国社会科学出版社，1999 年，第 417 页。

　　② 转引自 M. 怀特著，杜任之等译：《分析的时代》，北京：商务印书馆，1985 年，第 42 ~ 43 页。

实、史事做出超越历史局限的整合需要圆观宏照，要真正把握被扭曲、被肢解的历史精神需要跨学科、跨领域、跨时空的史哲智慧。孔子的笼罩群言开史哲之远源。司马迁的海纳百川显史哲之睿智。章学诚的文史通义见史哲之胆识。黑格尔的历史哲学发史哲之高端。马克思的截断众流成史哲之辟创。从不同层面讲，他们都是历史的释者"①。释者，是叙史者中最值得敬重的文化智者。

应该说，历史的虚构与真实在最杰出的叙史者这里是并行不悖的。而最重要的是，在揭示历史真实的时候，人们意识到是"人"赋予历史意义，一切历史都应该是"人"的真实，不一定是绝对意义上的真实。从最古老的《尚书》开始，人们就有意识地以历史来指导"人"的活动，这是中国历史的传统。但其最大的改变，还是有赖于对"人"自身真正的重视，只有不在强权控制中叙史，才能真正表现"人"。这样，撰写的重点也开始发生了本质变化。而虚构，则赋予了这种表现更大的自由度。

第二节　叙事重点的转变——表现人物成为焦点

前文已经谈到过记言、记事在中国历史撰写当中的地位，即记言重于记事，也谈到了这种情况对叙史者主体意识的影响——由于记言机械记录的性质，在客观上压制了叙史者的主体意识。但这种情况一直在发生变化，到《左传》、《战国策》，叙史者的主体意识就较为突出了。这些情况对于撰写意识的表达和表现对象的选择，都有着很大的影响，当叙史者主体意识逐渐凸显的时候，其对历史的理性认知——概括、分析、评价，对撰写历史的控制以及运用各种表现方法的能力逐步增强；同时，虚构以及文学化的现象也在增加，且变得更为明显，这两者的发展都指向了一个方向：人的表现与描写。因为无论是《国语》还是《左传》，所注重表现的道德意义，都只有人的性情、品质才能作为承担者，因此叙史者叙史的重点逐渐地转移到人的身上。而《战国策》的兴趣，本身就在所写语言的载

---

① 栾栋：《解史——论史学意识》，《中国文化研究》，2008 年春之卷。

体——人上面。当然，虽然主体意识的凸显和虚构的发展在史书撰写的发展过程中扮演了重要的角色，但是它们并非最终的决定性因素。叙史意识最重要的变化是其立场与主导思想的变化，推动其发生改变的原因乃是时代的推移。正是它的强力，带来了史书撰写从内到外的改变。

时代的变化，产生了种种新的现象，特别是对"人"的重视。殷商时代，人们对鬼神是敬佩和畏惧的，甲骨文的内容多为预测祸福、判断吉凶之类，如"癸卯卜，今日雨。其自西来雨？其自东来雨？其自北来雨？其自南来雨？"(《卜辞通纂》，第 375 片) 就可表现人类的活动一切取决于占卜的早期意识。到了周代，周人对天的崇拜发生了动摇，人的理性意识萌芽了。《尚书·泰誓中》说"天视自我民视，天听自我民听"，《左传·昭公十八年》子产表示了对"天"的怀疑，"天道远，人道迩，非所及也，何以知之"，《左传·僖公十六年》周内史说"是阴阳之事，非吉凶所生也。吉凶由人"，已认为人在各种事物中具有重大作用了。孔子更是将这种转变推进一步，认为"天地之性人为贵" (《孝经·圣治章》)，主张"泛爱众，而亲民"(《论语·学而》)，不但应该重视人，更应该提倡广泛之爱和社会成员间的平等。其后，战国时期这种思想蔚为大观，孟子认为"得天下有道：得其民，斯得天下矣"(《孟子·离娄上》)，更提出"天时不如地利，地利不如人和"(《孟子·公孙丑下》)的口号，并认为"人人皆可以为尧舜" (《孟子·告子下》)；墨子提出"兼相爱"、"交相利"(《墨子·兼爱上》)；道家则强调人性的自然发展，应过"天放" (《庄子·应帝王》) 的自然生活。这样，在"时势"的推动下，战国时期提高了对人的普遍重视，将神与人的关系，从掌握和被掌握的紧密关系，转变为具有较大空间差距、相对松动疏远的关系了。人对自己的事情，已经负有较大的责任，不像从前那样通通由神来负责，如此的意识，正说明人不但从外在发展着自己，也从内部使自己摆脱了某种依赖而逐渐成熟起来。因此，人类注视外界的目光，也逐渐聚焦于自己，放弃了将自己剔除出具有决定权的圈子的成见，终能够以较成熟的心态来面对自己的能力和责任了。由此思想带动生发的种种历史事件，也必然在史书中反映出来。对历史现象的解释，也必然从不同的角度切入。

《战国策》所选择的表现对象，是那些对历史产生过巨大作用的人，是能够翻云覆雨的策士。可以说，这种选择正代表了在彼"时势"下的思想变化。发生这种变化，是因为撰写和编纂者认为"人"才是历史的创造者，是造势塑形的关键所在，是必须表现的中心对象。必须从"人"的角度对历史产生的原因、过程、结果作出活生生的解释，才能令人信服。这就是《战国策》的思路，即事情不一定准确无误，但要令人明白产生历史性重要作用的是某种方法，是游说，是计谋，是他们所崇尚的建立功业的方式，这就是其所理解的真实。同样，这种对历史的解释必须和"人"的真实结合，才更具有真实性。因此，对人的表现就是中心，是必须尽力去描摹的。"人"是势能发挥和转化的载体，在《战国策》中，我们可以清楚地看到历史是如何被创造的，而"人"又是如何发挥最大的能量来塑造形势的，从而将"时代"给予的推动力转化为蕴含新能量的形势。如孔子所说的"吾因其行事而加乎王心焉，以为见之空言，不如行事博深切明"（《春秋繁露·俞序》），不是用干瘪的道理去教训人，而是用生活进行示例，这本身就具有更大的说服力。

可以说，《战国策》对"人"的表现，其实是两重转折的结果；史书至此，是冲破了两层藩篱的。《左传》、《国语》虽然不乏鬼怪、卜筮以及许多虚妄之事的记载，但是其显然已经不是从神秘力量的掌控角度来解释历史生发的原因了，而代之以道德，把"忠"、"孝"、"信"、"义"等作为解释成败的依据和原则。这虽然是用一种模式取代了另一种模式，但表现中心已经开始由外而内地发生转变了，至少这个原则已经由人自身来制定了，这是第一次转变。而《战国策》所代表的，是第二次转变，抛弃了道德信义的衡量准则，不要固定的模式，而以体现人对历史最直接和生动的作用为原则，以现实的状况来表现人，这可以说是突破了第二层藩篱了。它将叙事的重点，从外在的天命和德行，转变为描述人的细节，表现"势能"被激发而由此对历史产生影响的人群，无疑是代表了一种新的史书撰写方式。

这种撰写方式所带来的一个特征，就是表现人群的扩大和下移。由于缺少了道德的过滤，许多小人物进入了表现的视野。《国语》所描写的，多为王室贵族，表现范围比较狭窄。在《左传》中，以大量篇幅描写了齐桓公、晋文公、秦穆公等春秋霸主的活动，也描写了子产、晏婴、叔向、赵盾等政治家的形象，而一些下层人物，如"竖"、"寺人"、"侍人"等也进入了描写视野。而在《战国策》中，这个特征更为明显，在全书六百多个形象中，虽然也有秦昭王、楚怀王、赵武灵王等帝王，但更多的是以苏秦、张仪等为代表，甚至无名的出身寒微的策士，还有游侠刺客、引车卖浆者、鸡鸣狗盗之流，表现范围相当宽广。可以说，正是由于要活现出人的生活、人的社会，《战国策》不做更多的过滤，将需要表现的人物都纳入了表现之列。各个层面的人以较为平等的姿态出现，也许是《战国策》撰写者不自觉的行为，却显示了这种思想的深入。这个趋势为《史记》所继承，无论是王侯贵族、官僚说客，还是商贾俳优、游侠卜者，都被描写得栩栩如生，构成一幅更为完整的历史画卷。

这种撰写方式所具有的另一个重要意义，则在于体现了叙事方式的重大转变：不同于《国语》之人物工具化、《左传》之以年系事，《战国策》始终将人与其所表现的计谋思想放在第一位。在此先将《战国策》与《国语》的叙事方式作一比较。

《战国策》与《国语》至少在三个方面是相同的：

第一，都秉承以记言为重的理念。传统当中记言体的巨大影响力依然可以很明显地看出来，语言的警示、示范、告诫功能在《尚书》、《国语》、《战国策》当中一脉延伸。刘向在《战国策书录》当中说明他在编著《战国策》的时候"中书本号，或曰《国策》，或曰《国事》，或曰《短长》，或曰《事语》，或曰《长书》，或曰《修书》。臣向以为，战国时游士辅所用之国，为之策谋，宜为《战国策》。其事继春秋以后，迄楚汉之起，二百四十五年间之事皆定以杀青，书可缮写"，从中可以看到，刘向所依据的"中书"这一类的底本，有《国策》、《国事》、《短长》、《事语》、《长书》、《修书》六类，或者以其内容记载了事关国家、军政大事的策谋、言辞，而名"国策"、"国事"、"事语"，或者以其表现了纵横策士的核心策术——短长，而名"短长"、"长书"、"修书"。但不管如何命名，都以策谋为中心，所以刘向最后将其整理编纂之书定名为"战国策"，这即是其名称的由来。其中有一种底本叫作"事语"，则可揭示其特点——以记录语言为主，这和我们今天所看到的《战国策》、《战国纵横家书》也是相符的，其内容多通过对语言的记录来展现人物的计谋和事迹。当然，《战国策》中的语言也已经不像《尚书》、《国语》那样仅仅是一种直接的宣讲，而是写人物的智慧，无论谋策是成功还是失败，都展现出来，以供策士学习。这即是一种显示规范与技巧的方法，以告诉后者成功的关键。在这些语言中，有一些依然类似于《国语》当中直接的宣讲，如关于"计"、"时"、"势"的观念，会以人物之口直接表达，或以文末点评的方式体现出来；有一些虽非直接的告诫，但已经有总结与垂范的意味在其中了，如对托名苏秦、苏代、张仪等的游说语言的记载。这些表现，同以往已经有了很大的不同，像展示人情、人性、世俗风貌的描写也在其中，但和重视记言的传统，应该说有着割不断的关联。

第二，预言化的解史方式。这一点是《战国策》和《国语》极其类似的地方。前文已经谈到，《国语》在叙述历史的时候，多为对事件道德化的评论，记事作为背景显得极其简略。但是这简略的记事，却发挥了很大的作用。如何来证明贤人进谏所言不诬？正是通过人物的语言和事件的最终结果互相印证。所言不需多，却可显示客观事实的巨大证明能力，这是《国语》的思路。《战国策》中的某些篇章，也颇为类似，如《秦二·宜阳之役冯章谓秦王》：

> 宜阳之役，冯章谓秦王曰："不拔宜阳，韩、楚乘吾弊，国必危矣！不如许楚汉中以欢之。楚欢而不进，韩必孤，无奈秦何矣！"王曰："善。"果使冯章许楚汉中，而拔宜阳。

"果使冯章许楚汉中，而拔宜阳"的结果为冯章意料中之事，虽然只用了十几个字进行说明，却足以显示冯章的智慧。当然，《战国策》不像《国语》那样是直线思维，这种"预言"是基于实际的分析。其他如《魏二·庞葱与太子质于邯郸》、《魏二·田需死》等皆采用了这种方法，以"果"等词来提示最终结果与之前语言的契合。这种方法，如前文所述，乃是出于表现需要而使用的一种策略。由于要凸显话语与历史事件之间联系的客观性，叙史者不宜过多地介入叙事，因而故意将自己隐蔽起来，构成一种真实之感，由此产生强大的说服力。因此，文尾简短之语，却可见叙史者的良苦用心。

第三，相似的结构与编排。《战国策》和《国语》一样，都有着时间与空间的双层结构。首先时间上有纵深的历史感，尽管由于偏重记言，两者对事件的背景都交代得并不详细，有时候甚至加以忽略，但是在每一国的记事范围内，基本仍按照历史发生的时间顺序来记叙。同时，又有着空间上的一种扩展——叙事以国别为区分单元，并且在表现语言的特定时间点上更进一步地横向扩展。这种结构与编排，对于叙事重心向"人"转移具有重要的意义。

《国语》和《战国策》在诸多方面都有着相似点。在写人方面，因为都以国别记事而有了集中表现人物的契机。实际上，《国语》与《战国策》也是如此操作的，将同一人的事迹集中编排，这样就可以相对完整地表现出其性格特点、气质风貌。例如，在《国语》当中，《鲁语》集中写臧文仲、李革、叔孙穆子、公父文伯之母，《齐语》写管仲，《晋语》写晋献公、公子重耳、范文子、叔向，《吴语》写夫差，《越语》写勾践、范蠡等；《战国策》当中，《秦策》写张仪、甘茂、范雎，《齐策》写靖郭君、孟尝君、邹忌等，都体现出这样一种编排思想。

从写人方面看，《国语》虽然已经有了集中编排人物事迹的方式，但是水平不一，其中有一些精彩之处，最为人称道的就是《晋语》当中对骊姬、重耳等人的描写。晋国的骊姬之乱，《国语》记载得非常详细，甚至甚于《左传》。《晋语二》中写道：

> 骊姬告优施曰："君既许我杀太子而立奚齐矣，吾难里克，奈何！"优施曰："吾来里克，一日而已。子为我具特羊之飨，吾以从之饮酒。我，优也，言无邮。"骊姬许诺，乃具，使优施饮里克酒。中饮，优施起舞，谓里克妻曰："主孟啖我，我教兹暇豫事君。"乃歌曰："暇豫之吾吾，不如鸟乌。人皆集于苑，已独集于枯。"里克笑曰："何谓苑？何谓枯？"优施曰："其母为夫人，其子为君，可不谓苑乎？其母既死，其子又有谤，可不谓枯乎？枯且有伤。"

这一段写申生被潜杀前，优施逼退里克的过程，他以俳优身份作掩护，宴请里克，最终使其知难而退。通过这一段人物言行描写，骊姬的狠毒奸狡，优施的阴险叵测、工于心计，表现得还是比较生动的。尤其是优施和里克的对话，可谓对战于说笑间，政治斗争的残酷令人心惊。晋文公重耳，也是其间着墨较多的人物，《晋语四》中写他成为晋文公后寺人勃鞮求见，因为勃鞮曾伐晋文公于蒲城，且斩断其衣袖口，晋文公就不见他，说："骊姬之谗，尔射余于屏内，困余于蒲城，斩余衣祛。又为惠公从余于渭滨，命曰三日，若宿而至。若干二命，以求杀余。余于伯楚屡困，何旧怨也？退而思之，异日见我。"这一段写得非常真实，重耳在外面漂泊了十九年，最终回国登临王位，在外的甘苦辛酸、得以回国的欣喜、成为晋国诸侯王后的雄心，一时都充溢在晋文公心间，可谓五味杂陈，忽然昔日落难之时落井下石的人又来求见，晋文公愤慨之余，旧事重提，并拒不接见对方，乃是合情合理。在这里，作者并未回避这一点，或者用体现其胸襟宽阔的冠冕堂皇之语进行修饰，可以说是下笔有神的。当然，经过磨炼的文公已经非同一般，具有成熟的政治韬略，后来他听了勃鞮的一番话后，不仅接见了他，还表示"岂不如女言？然是吾恶心也，吾请去之"，要改正错误，何其谦虚！虽然是出于保存性命的考虑，但结合上面晋文公的一番话，使得他的转变显得相当真实可信。

《国语》当中还有其他一些人物，如叔向、夫差等，也表现得十分精彩，但是正如前文所论述的，这种小部分的精彩并不能掩盖《国语》全书大多数篇章写人的平庸，许多人物有着高度一致的面貌。可以说，虽然《战国策》与《国语》有诸多相似，在本质上两者却是根本不同的。

《国语》虽然有意识地将一个人的事迹相对集中地编排，但是并非进行有机的处理，使之成为一篇浑融一体的传记。许多人物，由于带着道德的面具，自身的个性缩小乃至隐没于这个面具之下，甚或根本就消失不见了。一个很单一的主题控制了这些角色，多个人物干瘪雷同，成为宣扬作者思想的一种工具。如《鲁语下》写公父文伯之母：

> 公父文伯之母朝哭穆伯，而暮哭文伯。仲尼闻之曰："季氏之妇可谓知礼矣。爱而无私，上下有章。"

一个妻子，同时又是母亲，中年丧夫，晚年失子，内心应是非常悲伤的，在这样一种极度的悲伤之下，以哭来表达自然情感之时，竟然还能恪守礼法，要遵守早上哭丈夫、下午哭儿子的尊卑之序——《礼记·坊记》里面说"寡妇不夜哭"，早上为丈夫而哭，说明自己远情欲，实在匪夷所思，也谈不上什么崇高的感染力。作者选取了这样的事件而非其他细节，就是要达到始终如一的目的：对礼法道德的顶礼膜拜。所以借孔子之口，对其大加称赞，几乎不近人情。作者将占社会统治地位的价值观，通过史书的撰写，变成了评价所有角色行为的准则。不仅控制了这些角色，同时，通过这种渠道进行扩散，继续实行意识形态上的再控制。这一点在上一章已经论及，此不赘述。

可以说，《国语》和《战国策》的本意都并非单纯地记录历史，《国语》要表现的是"嘉言善语"，《战国策》则记录了谋策之语；《国语》以语言和事例劝人们要信奉礼法，《战国策》则要教人以谋策之法。礼法和谋策之法，本身就是一死一活——礼法是死板和教条的，强加于人之上，谋策则考验人的智慧，必须以"活"相济，两者相去甚远，表现的人物也有死板和生动之分，如此也就不奇怪了。《战国策》虽然有着传统的以记言为重的外表，但在实质上已经进行了彻底的颠覆，它是这条线索上一个极大的改变。

所以尽管《国语》和《战国策》在很多方面相似，但两者在性质上却具有较大的不同，对于《战国策》，下文将详细阐述，以下再对《左传》作一简略的分析。

《左传》的编排方式如刘知几《史通·二体》所说"系日月而为次，列时岁以相续"①，按照时间的顺序来制定严格的次序。这样能使人对历史事件和时间有明了的认识，然而这种以历史事件为中心的撰写方法，却使得其涉及的大量人物成为"历史的人"，而缺少了"人的历史"的意味。也就是让所有的人物，都服从于时间的顺序，等待自己的事迹被介绍。如果是一个如重耳这样事迹比较丰富的人物，就必须使得自己的一生分散在漫长的时间表中，被一年又一年的时间割裂。人变成了历史长河中的附庸，性格表现不那么集中，必须要让读者在整体的阅读之后，来进行自己的拼合了。

当然比较起《尚书》、《春秋》和《国语》，《左传》对人的塑造还是非常杰出的，如郑伯、曹刿、狐偃等一大批生动的形象，这种成就使得其对"忠"、"孝"、"信"、"义"的强调不那么突出和令人生厌了。对人物的塑造虽然被割裂成了片段，但假如放在一起，就有了对一个人物集中描写的雏形，因而其中也是孕育着专题写人的萌芽的。如将《左传》中昭公十五年费无极谗害朝吴，昭公十九年、二十年谗害太子建与伍奢，昭公二

---

① 刘知几撰，赵吕甫校注：《史通新校注》，重庆：重庆出版社，1990年，第64页。

十一年谗害蔡太子朱等一系列的事件都集为一篇，就是奸佞"费无极列传"了。况且，即使有分裂的弊病存在，也不能否认其对人物入木三分的刻画，从春秋初期的枭雄郑庄公，到尽忠极谏的臣子赵盾，再到掌管鲁政的季武子，都是各有个性的。而细致的描写，也颇见写人的功力，像宋华督父，《左传》用了这个细节来表现他的好色："见孔父之妻于路，目逆而送之，曰：'美而艳。'"贪婪的目光始终没有离开孔父之妻，其好色之状即使没有更多描述也是可以想见的。对于《左传》写人的成就，历来肯定者众多，刘知几评论说："斯皆言近而旨远，辞浅而意深，虽发语已殚，而含意未尽，使夫读者，望表而知里，扪毛而辨骨，睹一事于句中，反三隅于字外"[1]，或也可以说明其写人的妙处。批评者认为"《春秋》谨严，《左氏》浮夸"（韩愈《进学解》），而这句话反过来也可以理解为是肯定《左传》在文学上所取得的成就。

其实，对这些人物的表现仍得益于大量的语言的记载，从这个意义上说，《左传》也和其他先秦史书一样，体现着记言传统的影响力。对于《左传》，一般都认为它最突出的意义在于叙事，即将《春秋》过于简练的记史，发展成为具有完整情节的文章，对其内容加以扩充，赋予人物个性，形成有不少生动细腻的细节以及叙事完整的篇章。不过细细追究起来，《左传》的叙事，对语言的记录却占据了相当大一部分，记事、动作、前因后果虽然比《春秋》细致多了，但当出现较多人物对话的时候，似乎还是很像《国语》、《战国策》那样，将其作为铺垫和背景来写，非常简练——尽管不乏精彩之语。

请看经典的《左传·隐公元年》中的"郑伯克段于鄢"：

> 初，郑武公娶于申，曰武姜。生庄公及共叔段。庄公寤生，惊姜氏，故名曰"寤生"，遂恶之。爱共叔段，欲立之。亟请于武公，公弗许。
>
> 及庄公即位，为之请制。公曰："制，岩邑也，虢叔死焉，佗邑唯命。"请京，使居之，谓之京城大叔。祭仲曰："都城过百雉，国之害也。先王之制，大都不过三国之一，中五之一，小九之一。今京不

---

① 刘知几撰，赵吕甫校注：《史通新校注》，重庆：重庆出版社，1990年，第410页。

度，非制也，君将不堪。"公曰："姜氏欲之，焉辟害？"对曰："姜氏何厌之有？不如早为之所，无使滋蔓，蔓难图也。蔓草犹不可除，况君之宠弟乎？"公曰："多行不义，必自毙，子姑待之。"

既而大叔命西鄙、北鄙贰于己。公子吕曰："国不堪贰，君将若之何？欲与大叔，臣请事之；若弗与，则请除之。无生民心。"公曰："无庸，将自及。"大叔又收贰以为己邑，至于廪延。子封曰："可矣，厚将得众。"公曰："不义不昵，厚将崩。"

大叔完聚，缮甲兵，具卒乘，将袭郑。夫人将启之。公闻其期，曰："可矣！"命子封帅车二百乘以伐京。京叛大叔段，段入于鄢，公伐诸鄢。五月辛丑，大叔出奔共。

书曰："郑伯克段于鄢。"段不弟，故不言弟；如二君，故曰"克"；称"郑伯"，讥失教也；谓之郑志。不言出奔，难之也。

遂寘姜氏于城颍，而誓之曰："不及黄泉，无相见也。"既而悔之。

颍考叔为颍谷封人，闻之，有献于公，公赐之食。食舍肉。公问之。对曰："小人有母，皆尝小人之食矣，未尝君之羹，请以遗之。"公曰："尔有母遗，繄我独无！"颍考叔曰："敢问何谓也？"公语之故，且告之悔。对曰："君何患焉？若阙地及泉，隧而相见，其谁曰不然？"公从之。公入而赋："大隧之中，其乐也融融！"姜出而赋："大隧之外，其乐也泄泄。"遂为母子如初。

君子曰："颍考叔，纯孝也，爱其母，施及庄公。《诗》曰：'孝子不匮，永锡尔类。'其是之谓乎！"

对人物性格的塑造，是在郑庄公、祭仲、公子吕、颍考叔等几个人的对话当中展现出来的，这些对话在这段700多字的文章中，占了几乎一半篇幅，而单纯的叙事则更多地扮演了连接上下情节、锦上添花的角色。如果将话语抽离出来，仅凭对事件的叙述，则郑庄公这个主要人物掩藏极深的城府就无以表现了，同时，政治谋略不足的共叔段因为失去了与郑庄公的对比，也会丧失亮色。郑庄公的悔意如无与颍考叔的对话，亦难有文本中自然而然的流露。此外，在对话中也酝酿着兄弟矛盾的持续升级，若仅从外部行为动作进行描述，则难以触及事件发展的真相，这和对话的表现有本质不同。

《左传》向来以出色描写战争而闻名，其写战争一般都注重战前的准备，尤其是人心向背、道德与精神面貌等，而非战争的过程，作战之后则进行评析。战前与战后的表现重点往往通过人物的语言来表现，如庄公元年的"曹刿论战"，记载了以弱胜强的长勺之战，其论述的重点一是战前曹刿和庄公的对话，二是曹刿在战争结束后对作战方略的解释，二者都侧重"取信于民"与士气这些精神层面的因素。从这两个重点可见语言在整段文章中所居的核心位置。再如《左传·僖公五年》：

> 晋侯复假道于虞以伐虢。宫之奇谏曰："虢，虞之表也；虢亡，虞必从之。晋不可启，寇不可翫，一之谓甚，其可再乎？谚所谓'辅车相依，唇亡齿寒'者，其虞、虢之谓也。"公曰："晋，吾宗也，岂害我哉？"对曰："大伯、虞仲，大王之昭也，大伯不从，是以不嗣。虢仲、虢叔，王季之穆也，为文王卿士，勋在王室，藏于盟府。将虢是灭，何爱于虞？且虞能亲于桓、庄乎，其爱之也？桓、庄之族何罪，而以为戮，不唯逼乎？亲以宠逼，犹尚害之，况以国乎？"公曰："吾享祀丰絜，神必据我。"对曰："臣闻之，鬼神非人实亲，惟德是依。故《周书》曰：'皇天无亲，惟德是辅。'又曰：'黍稷非馨，明德惟馨。'又曰：'民不易物，惟德繄物。'如是，则非德民不和，神不享矣。神所冯依，将在德矣。若晋取虞，而明德以荐馨香，神其吐之乎？"弗听，许晋使。宫之奇以其族行，曰："虞不腊矣，在此行也，晋不更举矣。"

宫之奇极力劝说虞公不要假道给晋国，以谚语、《周书》和晋国的所作所为，说明虢、虞两国"唇齿相依"的关系，这是此文的重点。但虞公不听，终于晋"师还，馆于虞，遂袭虞，灭之"，宫之奇的话应验了。对宫之奇所说的话，作者采取了直接表现而非转述的方法，这凸显了古老的记言传统对劝谏作用的重视。闻一多就《左传》的记言，曾说过"在古代，记言比记事更为重要。先秦较早的几部史书，如《左传》……都是偏重记言的"①，由于劝诫对于史书是重要的，而言辞又对于劝诫是重要的，所以《左传》便将重点放在言辞上。人物的对话，多采用直接的叙述，使得读者更有身临其境之感。这种方法，模仿了记言史书的现场记录，与上古史籍可谓神似。

钱钟书认为"吾国史籍，工于记言者，莫先乎《左传》。公言私语，盖无不有"，　"或为密勿之谈，或乃心口相语，属垣烛隐，何所据依？……盖非记言也，乃代言也。如后世小说、剧本中之对话独白也。左氏设身处地、依傍性格身份，假之喉舌，想当然耳"。② 钱先生所说的《左传》的对话独白类似于小说、剧本，这是说其虚构性，但也正说明其对语言的记述较少转述，而现场感很强，令读者有很强的参与感。在这些历史事件中，作者对于其特定的表现思想，已经有了预想的传播对象，贤人谏臣所宣讲的这些思想，与其说是说给事件中的人物听，不如说是讲给预定的传播对象听。而其他人物配合性的对话，对推动事件发展必不可少，因而也采用直接叙述的方法。我们可以从中看到记言传统对作者叙事意识的影响，其方法是单一的，笼罩在以往方法的影响下，使得叙事艺术的发展受到了一定程度的阻碍。

如此看来，《左传》在先秦史籍中，也算不得一个另类了，它的叙事，一样是以记言为基础之一的，并且从整体来看，记言与记事在有意识地向均衡化发展。不过，以上的论述也说明，先秦史籍几乎都受到记言传统的影响，而《战国策》正处于这条线索在先秦时期的末端，但它也正是记言本质发生改变的节点。

《左传》和《战国策》一样，写人是比较成功的，其中具备了后来史书中重要的一种体例——纪传体的萌芽。然而人成为历史和时间的标尺，也就是仅仅成为连缀事件的物件，来显示历史划过的痕迹。人是瞬间事件的象征物，对其进行细致的描摹也是因为微小的事件能生动展现历史，因而被多次写到，但是大的集体时间容纳了个人的时间。这样，虽然人物被写得如此丰满，却并不是中心，个人的时间和空间是不存在的，因而它仍不是严格意义上的新史书。

---

① 郑临川：《闻一多论古典文学》，重庆：重庆出版社，1984 年，第 23 页。
② 钱钟书：《管锥编》（一），北京：中华书局，1979 年，第 201 页。

从叙事方式来看，"《左传》在很多情况下，事自事，人自人，人物的出现或是为了事件的继续进行，或是作为记事的必要存在，或是在记事中顺便交代。即'因事而见人'、'记事中写人'"，而《国语》"在许多情况下，事自事，言自言，其写人是为'语'带出人，人为'语'出现"①。这种评论是比较中肯的，以什么为表现中心，是判断其不同之处的原则。《左传》为表现事件和时间（进而表现伦理）而表现人，《国语》为表现语言（进而表现伦理）而表现人，《战国策》为表现人而表现人，这应该是它们最大的区别所在。

《国语》、《左传》和《战国策》都有对叙事、评论的记载，都具有记人、记事的混合性质，都能在记事中表现人物的某些方面，只是各有侧重而已。而这个重心也是相对的，因为即使是注重写人的《战国策》，许多片段也是分散的，具有和《左传》相似的效果；其形式和《国语》类似，将一个人物的事迹相对集中地编排，但鉴于其言辞表现出来的人物也相当模糊，只就某事发表议论而已，所以一味拔高其在叙事方式方面的意义也是不恰当的。但是《战国策》的一个重要的特性就是它的开放性。由于不将人事依附于任何已有的框架，因而它的内容、思想和表现对象都显得自由、有包容性，所以是鲜活和具有生命力的，也是多样的。由于有了这种开放性，《战国策》相对以前的史书，就包含有更为丰富的"势能"，这种"势能"可以理解为其中人物带给人的冲击力，也可以理解为其他方面的启发，所谓"录往者迹其事，考世者证其变，工文者模其辞，好谋者袭其智"②，其中各种人物蓬勃的状态给人印象最深，这是由于《战国策》只是因崇敬人本身的能力而对其进行记载，而不是将人物当作表现他物的工具。同时，《战国策》还将历史时间和个人时间主观地结合起来，为了展现人物的丰姿，可以虚拟时间和背景，或干脆将时间隐去，将个人的某个点或者某段的时间放大，进行着力的描写。据考证，《战国策》全书近五

---

①　裴登峰：《〈战国策〉"以写人为主长篇叙事文"的艺术独创——从叙事方式的转变看其文学价值》，《社科纵横》，2004 年第 1 期。

②　李梦阳：《刻战国策序》，转引自北京大学中文系古代文学教研室选编：《中国文学史参考资料简编》（上册），北京：北京大学出版社，1998 年，第 54 页。

百篇，竟有九十余篇是虚拟的"依托"作品①，也就是说其时间和背景不真实。可见，在《战国策》里，时间和事件是为了表现人而服务的，甚至不惜以牺牲真实性为代价。这虽然招致了骂名，但其中蕴含着不可忽视的新质，包含着以人为主的新史学倾向。

　　《战国策》独特的叙事方式中，对话和语言是散射能量、表现人物的主要渠道。对话将人物内心的状态和想法剖白给读者，其能量因而达到了最大程度的释放，即使是某些具有掩盖性的计谋性言辞，也由于读者处于第三者的位置，而能够感受到人物内心的想法。这种语言不像《国语》、《左传》那样，对第三者道貌岸然，似乎对话就是为了对旁人说教一通，所以我们能够了解到当事者的心理——当然，也不排除由于许多具体的背景没有交代清楚，其意图仍然具有争议——尤其是书信体的片段，但其更具有内心独白的性质。如《燕二·昌国君乐毅》就"不必言忠，而读之者可想见其忠"（李涂《文章精义》），《史记·乐毅列传》里说"始齐之蒯通及主父偃读乐毅之报燕王书，未尝不废书而泣也"，可见其释放的能量之大，这也是开放性所带来的渲染力。由于过去不少拟作淆乱是非，人们一直对苏秦存有误解，到 1973 年年底，长沙马王堆三号汉墓中出土了帛书，后被定名为"战国纵横家书"，共有 27 章，其中关于苏秦的书信有 14章，其自陈之辞相当感人，对燕昭王表白"臣甘死，辱，可以报王，愿为之"②，人们才清楚地体会到他内心的忠诚。书信如此，一般的对话也以激昂、缜密或者绚丽等不同的风格使人受到感染，关于其语言艺术，下文还将较为详细地作出论述，在此笔者只想点明，开放性的话语是《战国策》释放"势能"的主要方式。由于这种方式最为直接，对读者毫无刻意的遮掩，甚至仿佛和读者进行着面对面坦率的交谈，而不是刻板的教训，因此交流是通畅而较少阻碍的。

---

① 缪文远：《战国策考辨》，北京：中华书局，1984 年。
② 《战国纵横家书·苏秦自齐献书于燕王章》，北京：文物出版社，1976 年，第 11 页。

第三节　在"势"中凸现人物及其他表现手法的创新

上文已述《战国策》叙史重点的转变在于将注意力转移到了人的身上，它是从《国语》、《左传》等史书到《史记》的过渡形态。那么，《战国策》是如何表现人物以进行这种具有创新性的转变的呢？

首先，《战国策》所采取的方式是在事"势"中展现人物，即将人物放在各种"势"的能量场中，使其在各种力量的左右中，最大限度地表现出个性。在具体的事件的纹理和走势中，人物潜在的力量才可能发挥出来。在那些篇幅相对较长、情节相对完整的篇章中，这个目的是通过三个方法来达到的：第一，凝聚一个主题来凑合"势"场。第二，在这个"势"场中列出各种走向的人物关系。第三，在人物关系中通过对比将"势"显化，以表现出人物性格。

凝聚一个主题来凑合"势"场，就是确定一个篇章要表现的中心，也就是组织事件的主题。这是不同于以前的新变化，因为无论是《国语》还是《左传》，都还没有集中地以多事表现一人，有意识地凝结主题，使之具有完整的故事和起伏的情节，而《战国策》却能以所要表现的人物的性格为中心来选取和组织事件，令其结集一篇，形成表现人物所需要的最佳"势"场，下面以《齐四·齐人有冯谖者》为例，作一具体分析。为了表现冯谖这个处世颇有心机、有政治手腕和远见的政客形象，作者围绕这个主题选取了三件事情：弹铗高歌、烧券市义、筑就三窟，以这三件事情组织起来的情节为冯谖搭建了一个展现风采的舞台，并逐渐走向高潮，进而鲜明地表现他的个性。首先，冯谖的出场非常低调，"贫乏不能自存"，因"使人属孟尝君，愿寄食门下"，当孟尝君问起他的才能时，答曰"无能"，令人觉得此人不过如此。然而接下来的三次弹铗高歌，他一再地要求提高物质条件，就制造了一个悬念，他究竟是一个无能的混吃混喝者还是一个隐藏的高人？很显然，这是为了后面的高潮开始"造势"。果然，冯谖接下来的表现不平凡，他竟然接下了收债这一吃力不讨好的任务，并且更出乎意料的是，他把收来的债券全部烧掉了！虽然孟尝君不大高兴，但后来的事实证明，当他失意回到封地的时候，冯谖的"市义"之举是成功的，可见，他是有些才能的。这是一个小高潮，然而最能展现其政治远见的还是筑就三窟之事，他利用"借力术"，成功地借助别国和齐王的力量，使孟尝君恢复相位，并取得在封地建筑宗庙的特权。如此，冯谖的政治才干才完全显露出来，为孟尝君争取了相对稳定的政治环境，这不能不说是需要更高一筹的智慧的。在这个短篇中，三件事情环环相扣，冯谖和环境之间形成了一个能量场，并不断相互作用，令其表现走向高潮。

在这么一个具有物质性的能量场中，各种关系决定了事情的走向，因此，使读者看到这些关系，更有助于理解人物的性格。这里有这么几对关系：冯谖—孟尝君，孟尝君—薛地人民，孟尝君—梁王—齐王，其中的任何一对关系都有可能形成矛盾，这也是形成悬念和左右主角能量发散方向的外在条件，因此这个脉络如何发展是十分重要的。冯谖的高明之处在于，尽管这些关系有可能严重影响他做事的效果，但他却能够让他们沿着他所希望的方向发展。由此，冯谖的远见和才能就在左右这些关系的过程中被凸现出来了。

《战国策》在事"势"中展现人物的方法还有各种形式的对比，不仅有纵向的，也有横向的。纵向的对比是借助时间的势能，借助叙述时间带来的感染力塑造人物。人物随着时间的推移，经过前后的对比，性格中变或者不变的因素都会表现出来。冯谖这个形象，前后差距是比较大的，从开始的"不能自存"、"无能"到后来为孟尝君收买人心、巩固政治地位的成功，作者实际采取的是一种先抑后扬的写法，也是以前后的对比，以低姿态衬托出来后来的高位势能。同样的手法，也用在对苏秦形象的塑造中。在苏秦的活动中，穿插了他两次回家的场面。第一次当他狼狈地回家的时候，"黑貂之裘弊，黄金百斤尽，资用乏绝，去秦而归。嬴滕履蹻，负书担橐，形容枯槁，面目黧黑，状有归色"，家里人对他的态度是"妻不下纴，嫂不为炊，父母不与言"。而当他衣锦还乡时，父母、妻、嫂的态度截然不同了："父母闻之，清宫除道，张乐设饮，郊迎三十里。妻侧目而视，倾耳而听；嫂蛇行匍伏，四拜自跪而谢"，这种前后巨大的差距，犹如先将苏秦推入谷底而后又将他捧上了青天，任谁也不得不发出感叹，难怪苏秦从心底说出了这句话："嗟乎！贫穷则父母不子，富贵则亲戚畏惧。

人生世上，势位富贵，盖可忽乎哉!"① 这就是前后势差逼出的话语，也是自然而然的流露。

同时也存在着横向的比较，也就是人物之间在一个"势"场中的对比，这和纵向对比一样，是在《战国策》中运用得已经相对自如的手法。左右门客的势利庸碌，对比出冯谖的卓尔不群。他们"以君贱之也"，就"食以草具"，而冯谖则以弹铗高歌的方式，为自己取得了较好的条件，众人的态度和孟尝君态度的对比，也显现出孟尝君"好士"之名并不为虚。冯谖—孟尝君也是一组对比关系，孟尝君对烧券市义之举，并不赞同，因此"不说"，且言"先生休矣"，可是冯谖后来的成功却映衬出了孟尝君的短视。在主要人物之外，《战国策》同样擅长将次要人物安排在周围，并进行简单而又传神的描写，来凸现主要人物的性格特征。除了冯谖旁边的左右门客，另外如《燕三·燕太子丹质于秦亡归》中安排在荆轲身旁的秦武阳，在出场之前，介绍他号称"勇士"，"年十二，杀人，人不敢与忤视"。但是，就是这样一个勇猛的人，竟然在从咸阳宫下来到秦王面前的时候，"色变振恐"，几乎泄露了机密。紧急之中，"荆轲顾笑武阳，前为谢曰：'北蛮夷之鄙人，未尝见天子，故振慑，愿大王少假借之，使毕使于前'"，消除了秦王和群臣的猜疑，而荆轲那临危不惧、安定自若的神采风度也更深刻地体现了出来。

《战国策》还擅于在一个"势"场中，利用几个人之间白热化的势能冲突来展现人物性格。像《楚四·魏王遗楚王美人》：

> 魏王遗楚王美人，楚王说之。夫人郑袖知王之说新人也，甚爱新人。衣服玩好，择其所喜而为之；宫室卧具，择其所善而为之。爱之甚于王。王曰："妇人所以事夫者，色也；而妒者，其情也。今郑袖知寡人之说新人也，其爱之甚于寡人，此孝子之所以事亲，忠臣之所以事君也。"郑袖知王以己为不妒也，因谓新人曰："王爱子美矣。虽然，恶子之鼻。子为见王，则必掩子鼻。"新人见王，因掩其鼻。王谓郑袖曰："夫新人见寡人，则掩其鼻，何也?"郑袖曰："妾知也。"王曰："虽恶必言之。"郑袖曰："其似恶闻君王之臭也。"王曰："悍哉!"令劓之，无使逆命。

---

① 《战国策·秦一·苏秦始将连横》。

楚王的夫人郑袖和宠妃魏美人，前者阴险狡诈、虚伪狠毒而不露声色，玩弄阴谋毫不逊色于《战国策》中的任何一个谋士；而魏美人却懵懂无知，以为听从夫人之语就可以受到宠爱，两者对比，黑者更黑，白者更白。楚怀王在这出宫廷悲剧中扮演着被利用的角色，而他的愚蠢也不言自明。在这一个密度极大的"势"场中，人物之间的互相矛盾如此深刻，各种关系如此紧密，人物刻画就入木三分了。如鲁仲连和辛垣衍、平原君，张仪和陈轸等人的性格也都是在紧密的"势"场中对比出来的。

在事"势"中表现人物，除了上面所说的三点，《战国策》还很注意环境的渲染，以更好地凸现"势"之情态。同样是《燕三·燕太子丹质于秦亡归》，易水送别时的情形是这样的：

> 太子及宾客知其事者，皆白衣冠以送之。至易水上，既祖，取道。高渐离击筑，荆轲和而歌，为变徵之声，士皆垂泪涕泣。又前而为歌曰："风萧萧兮易水寒，壮士一去兮不复还！"复为慷慨羽声，士皆瞋目，发尽上指冠。于是荆轲遂就车而去，终已不顾。

这是极力渲染的一幅生离死别的悲怆画面，白衣素冠、垂泪流涕、慷慨悲歌和怒发冲冠的描写，令场面显得极其悲壮。壮士弃生向死的勇气，欲成大事的决心都一展无遗，陶渊明《咏荆轲》因而叹曰："其人虽已没，千载有余情！"

如《齐四·齐人有冯谖者》这样人物塑造集中、情节比较完整、叙事生动、具有为人物作传性质的篇章，《战国策》中是有不少的，像《秦五·濮阳人吕不韦》、《赵一·晋毕阳之孙豫让》、《韩二·韩傀相韩》均是其中较有代表性的篇章。而在相对分散的片段里，则采取了更为丰富的表现方式。

《战国策》中运用得最普遍的是细节描写，其中包括外貌、动作等描写。《战国策》的细节描写，可以说代表了我国小说细节的突出特征，全书数百个人物，并没有大段烦琐的对外貌、动作的描述，也没有如西方小说一样大段的心理抒写，而是通过点睛之笔，传神地表现出人物的某些特征，达到呼之欲出的效果。这种特点，在《战国策》之前的文学中就有表现，如《诗经·卫风·硕人》描写了庄姜的外貌："手如柔荑，肤如凝脂，领如蝤蛴，齿如瓠犀，螓首蛾眉，巧笑倩兮，美目盼兮"，以形象的比喻点出了其最有代表性的部位的特色。而《国语》、《左传》中的外貌描写相对少一些，如《左传》中的"美而无子"①、"美而艳"②等词语就显得非常泛化，不够生动，《战国策》中的外貌描写相对比较具体：

《楚三·张仪之楚贫》："彼郑、周之女，粉白墨黑。"

《中山·阴姬与江姬争为后》："若乃其眉目准頞权衡，犀角偃月，彼乃帝王之后，非诸侯之姬也。"

这种对女性美的描写虽然不多，但在《国语》、《左传》中都还未见到。对苏秦从秦归来时的情形的描写也非常生动，可说是活脱脱描绘出了落魄谋士的窘态。

对动作等细节的描写已经成为《战国策》中比较自觉和普遍使用的手段，寥寥几笔，往往就现出人物形态了。《燕三·燕太子丹质于秦亡归》中，太子向田光请教时，"跪而逢迎，却行为道（通导），跪而拂席"，其虚心请教、虔诚非常的情态跃然纸上。《秦四·秦昭王谓左右》中，中期推琴进谏秦昭王时，以智伯不明智而身死为天下笑为例，其中描述魏桓子和韩康子听到智伯的狂妄之言时的反应："魏桓子肘韩康子，康子履魏桓子，蹑其踵。肘足接于车上，而智氏分矣。""肘"、"履"、"蹑"三个动作，小心翼翼又十分隐蔽，生动地写出了两人都有所悟，但又不敢被人发觉的微妙心理。这些细节描写在《战国策》中运用得已经比较成熟，且更为多样化了，能准确生动地反映人物的内心世界和心理变化。

这些方法，都能够展现人物在特定场域中的"势"，然而最能体现《战国策》新质的，却是其中的虚构手法。《国语》中就有不少虚构，如《晋语一》中骊姬对晋献公夜半而泣，欲谋害公子申生，《晋语二》中里克与优施夜半密谋，都不可能有人知道，因而当是虚构无疑。而《左传》更是充满了大量戏剧性的情节，显然不是真实记录，如《僖公二十四年》记载的介子推母子间的对话，《桓公十五年》"人尽夫也，父一而已"的闺房私语，《襄公二十七年》"言出于余口，入于余耳"的密室阴谋，也一样都表现了艺术上的合理虚构。这种史学上的虚构，史家须"追叙真人实事，每须遥体人情，悬想事势，设身局中，潜心腔内，忖之度之，以揣以摩，

---

①② 《左传·隐公三年》。

庶几人情合理"①，对旁人不可能知道的细节进行创造，对历史进行较好的连接、弥合、渲染，同时又能使作者的思想感情得到充分的抒发。《战国策》进一步发展了这种倾向，引起了众多不满。晁公武说"其纪事不皆实录，难尽信"(《郡斋读书志》)②，唐兰指出《战国策》中"曾拟作苏秦合纵和张仪连横十多篇"③，杨宽也认为其"涉及历史事实方面，有的出于传闻不同，记载有出入；有的就随意虚构，根本不顾历史的真实性。譬如苏秦、张仪游说各国合纵连横的长篇说辞，就属于这种性质"④。和《左传》、《国语》不同，《战国策》中大量的篇章不是基于史实基础的合理的想象，而是在整个篇章上进行虚拟，难怪自古以来不少人对它的部类归属发出了疑问，认为将其列入史书是不合适的。撇开这个有争议的问题，笔者认为这正是《战国策》富有新质之处。

《战国策》的虚构过多，如胡怀琛所说，"其书大半是小说"⑤，以至于真假混淆，是非难辨，这固然引起了史家的恐慌，但是，它以这种奇妙的偏颇方式，为中国历史的撰写增添了更多文学的色彩。为了体现人物，更鲜明地表现出他们所处之"势"，更充分地刻画出这些人物"势"之劲头，现实似乎显得过于平淡了，因此作者对其言辞、环境、事件甚至事件的结果都进行了修改，希望最大限度地表现出他们欣赏的人物的风采。像《齐六·王孙贾年十五》：

> 王孙贾年十五，事闵王。王出走，失王之处。其母曰："女朝出而晚来，则吾倚门而望；女暮出而不还，则吾倚闾而望。女今事王，王出走，女不知其处，女尚何归？"
>
> 王孙贾乃入市中，曰："淖齿乱齐国，杀闵王，欲与我诛者，袒右！"市人从者四百人，与之诛淖齿，刺而杀之。

———————————

① 钱钟书：《管锥编》(一)，北京：中华书局，1979 年，第 166 页。

② 诸祖耿：《战国策集注汇考》(下册)，南京：江苏古籍出版社，1985 年，第 1855 页。

③ 唐兰：《司马迁所没有见过的珍贵史料》，《战国纵横家书》，北京：文物出版社，1976 年，第 130 页。

④ 杨宽：《马王堆帛书〈战国纵横家书〉的史料价值》，《战国纵横家书》，北京：文物出版社，1976 年，第 158 页。

⑤ 诸祖耿：《战国策集注汇考》(下册)，南京：江苏古籍出版社，1985 年，第 1847 页。

缪文远认为此为伪章:"一,王孙贾杀淖齿应为当时大事,苟有其事,《史记》不应缺载;二,此章所记自'失王之处'至诛淖齿,其事紧相连接,与诸书所载,闵王出走,初奔魏,继及邹、鲁,辗转至莒,颇经时日不合;三,王孙贾不得举闵王之谥,吴补曰'追书之辞',亦见其非当时之语。"① 可以说这个事件从经过到结果,基本上都是虚构的,而这个虚构,是为了突出王孙贾年幼而甚勇的性格。事件服从于人物塑造的需要,从而真正做到以人为中心。苏秦、张仪的许多游说之辞,据考也为拟托,但我们正是从这些长篇大论中真正充分了解到了他们翻手为云,覆手为雨的风采,其生命势能通过这种方式更为充分地散射出来了。

说其是新质,是因为《战国策》令历史有了新的表现重心,具有了更突出和更彻底的文学气质。史学如果只是平铺直叙,则永远只会囿于枯燥的历史年代,无法感染更多人,以文学之感性弥补之,则令其血肉丰满。司马迁的《史记》不是被视为史书中最杰出的作品吗? 如果不是其中有较多的文学因素,也不会如此。当然,《史记》最有价值之处,还是在于继承了《战国策》以人为中心的撰写精神,将其发扬推衍,形成了影响深远的撰史传统,对中国史学、文学的启发,难以估量。

《战国策》中的寓言和具有"代言"性质的语言,也具有虚构的性质,但同样也是为了虚拟事"势",让对方更明了当下的局面。像《齐三·孟尝君将入秦》中的"土偶桃梗",便是苏秦以偶人的寓言劝告孟尝君看清当前的形势:"今者臣来,过于淄上,有土偶人与桃梗相与语。桃梗谓土偶人曰:'子,西岸之土也,挺子以为人,至岁八月,降雨下,淄水至,则汝残矣。'土偶曰:'不然。吾西岸之土也,土则复西岸耳。今子,东国之桃梗也,刻削子以为人,降雨下,淄水至,流子而去,则子漂漂者将何如耳。'今秦四塞之国,譬若虎口,而君入之,则臣不知君所出矣。"以此"势"比喻彼"势",一切都不言自明。而虚拟第三方甚至第四方的话语来进行想象中的对话,也是为了分析和点明事"势"。在《魏二·田需死》中,昭鱼欲使太子自相,苏代于是准备北说梁王,模拟了这次游说的情况,说明他是在对形势相当明了的情况下有备而去的,而如此顺"势"而为,终于取得了成功。

---

① 缪文远:《战国策新校注》,成都:巴蜀书社,1998 年,第 384 页。

第四节　三种生命之"势"

运用多层次的方法，《战国策》塑造了许多历史人物，虽然并非所有的形象都那么生动，有些比起后世成熟时期的小说逊色许多，却达到了它那个时期所能达到的最高水平。这些形形色色的人物中，不仅有美的，也有许多丑的；不都是策士，还有许多在策士周围、与策士共同产生过重要影响的人物。其实历史人物和小说虚构的人物还是有些差别的，因为历史事件中的人，是不能单纯以美丑来界定的——其对历史造成的影响从不同角度出发会有不同的理解，张仪的连横活动、欺诈手段对六国来说是丑的，但对秦和统一天下来说却善莫大焉，也是美的——如果将美和善联系起来的话。所以，我们只能按照其在《战国策》中某些事件上表现出来的一面，来作一个大致的论述，也就是以其生命之"势"的倾向，从感觉的角度尽力理解作者给我们传达的信息。既感受美，也同样欣赏丑，"丑也是死亡本身的象征，是死亡可憎的面孔，是人之大限或迟或速的预告。从这个角度讲，丑的本质也是人类秉性中终极的标志之一，而且是人类精华之一种"①。

按照人物的"势"之倾向，大约可以分为这么几类：第一类，倾向于美的，有：①崇高的：鲁仲连、王斗、颜斶、荆轲、聂政；②雄壮的：秦昭王、赵武灵王；③机智的：齐君王后、唐雎、冯谖、甘罗、张孟谈、陈轸；④忠诚的：苏秦。第二类，倾向于丑的，有：①愚蠢的：楚怀王、宋康王、燕王哙、赵孝成王；②狡诈的：张仪；③丑陋的：秦宣太后、郑袖；④冷酷的：商鞅、乐羊子。第三类，混合型，表现了历史人物的复杂，有范雎、蔡泽、吕不韦、春申君、李兑、公孙衍等人。

崇高的一类是被提及最多的，因为这一类的高士，已经被当作某种偶像和原型，一再传颂。鲁仲连的高妙，在于他面对秦国的虎狼之危，毫不畏惧，当听说魏王使客将军辛垣衍令赵帝秦时，立刻前去理论，将辛垣衍

---

① 栾栋：《感性学发微——美学与丑学的合题》，北京：中华书局，1999 年，第 33 页。

驳斥得无话可说，"不敢复言帝秦"，而"秦将闻之，为却军五十里"①；还在于田单屡攻聊城不下，鲁仲连即写信给燕将，解析天下形势，终说动燕将，"解齐国之围，救百姓之死"②；也在于劝孟尝君要真正"好士"③。其反抗暴政、视死如归、轻视金钱、力拯苍生的特点可以说完全是正面的表现，没有任何缺点，在道德和人格上无可挑剔。这和王斗、颜斶的崇高是不一样的，他们是以清士的面貌出现的，高傲、神圣不可侵犯，绝不向王权和势力低头，颇具有脱俗之处。荆轲、聂政则又是另一种类型的崇高，以忠、勇令人敬佩。荆轲刺秦妇孺皆知，而聂政刺韩傀也同样十分悲壮，始因老母尚在而不肯受任，老母既卒，则"谢车骑人徒"，"独行仗剑至韩"。至韩"直入，上阶刺韩傀"，当时的情形是"韩傀走而抱哀侯，聂政刺之，兼中哀侯，左右大乱。聂政大呼，所杀者数十人。因自皮面抉眼，自屠出肠，遂以死"。聂政之姊的举动同样悲壮而惊心动魄："政姊闻之，曰：'弟至贤，不可爱妾之躯，灭吾弟之名，非弟意也。'乃之韩。视之曰：'勇哉！气矜之隆。是其轶贲、育而高成荆矣。今死而无名，父母既殁矣，兄弟无有，此为我故也。夫爱身不扬弟之名，吾不忍也。'乃抱尸而哭之曰：'此吾弟轵深井里聂政也。'亦自杀于尸下。"④ 这种崇高，是以生命为代价的，怎能不令人为之悲愤，为之激昂！这种有英伟气、沉而快、雄而隽的艺术风格，的确具有浓郁的感染力。

　　秦昭王、赵武灵王则属于王侯中有气魄的了。君王的地位本身就具有威严之感，其建立的丰功伟业则可用"雄壮"来形容。《秦三·范雎至秦》描绘了秦昭王如何礼贤下士、欲成霸业的迫切心情："范雎至秦，王庭迎"，还非常恳切地谓范雎曰："寡人宜以身受令久矣。今者义渠之事急，寡人日自请太后。今义渠之事已，寡人乃得以身受命。躬窃闵然不敏，敬执宾主之礼。"第二天再接见范雎的时候，"秦王屏左右，宫中虚无人"，并谦虚虔诚地"跪而请曰：'先生何以幸教寡人？'"但是《中山·昭王既息民缮兵》中，秦昭王却在长平之战胜利后充溢着骄奢之气，对武安君充分分析当前赵不可伐的谏言拒不听从，初战不利后，"怒"，欲勉强武安君

---

① 《战国策·赵三·秦围赵之邯郸》。
② 《战国策·齐六·燕攻齐取七十余城》。
③ 《战国策·齐四·鲁仲连谓孟尝》。
④ 《战国策·韩二·韩傀相韩》。

为将："有功，寡人之愿，将加重于君；如君不行，寡人恨君。"白起再次婉言劝告，但是"王不答而去"，这一句传神之句生动地描绘了秦昭王霸气、失望、愤怒的背影，让人为白起叹息之时，也对秦昭王有了更为深刻的了解。而赵武灵王也是锐意进取的君王，《赵二·武灵王平昼闲居》中展现了他所具有的战国时期的那种朝气。他进行了一次看似是军事改革，实际上也是重大的政治改革的"胡服骑射"，但是遭到了守旧派的反对。针对这种情况，他对公子成、赵文、赵造等人进行了耐心的说服，一再阐明变革的益处和必要性。和秦昭王相比，赵武灵王少了几分霸气，多了几分得到支持的期望，但移风易俗、创建功业的决心也丝毫不见逊色。

机智的品格，在十二岁的甘罗身上较好地体现了出来。文信侯欲使张唐相燕，张唐却辞而不行，甘罗于是毛遂自荐，遭到了训斥："我自行之而不肯，汝安能行之也？"令人顿生悬念，年纪轻轻的甘罗是否能胜任？然而甘罗却运用简单的类推法，轻松地说服了张唐：

> 甘罗见张唐曰："卿之功，孰与武安君？"唐曰："武安君战胜攻取，不知其数；攻城堕邑，不知其数。臣之功不如武安君也。"甘罗曰："卿明知功之不如武安君欤？"曰："知之。""应侯之用秦也，孰与文信侯专？"曰："应侯不如文信侯专。"曰："卿明知为不如文信侯专欤？"曰："知之。"甘罗曰："应侯欲伐赵，武安君难之，去咸阳七里，绞而杀之。今文信侯自请卿相燕，而卿不肯行，臣不知卿所死之处矣！"唐曰："请因孺子而行！"①

年纪尚小，就能够使用逻辑方法向对方步步紧逼，应当也是在战国纵横风气中耳濡目染的结果。但能有毛遂自荐的勇气，且能临场不乱，言辞犀利，切中要害，可谓有勇更有谋，而这些优点以年少只有十二岁为前提，更是灼人眼目了。尽管此事件极有可能是虚构的，但并不影响甘罗作为文学形象所带来的美感。在齐君王后、唐雎、冯谖、张孟谈等人物身上，也都闪烁着智慧带来的光芒。

苏秦是个颇有争议的人物，虽然他因说出了追求"势位富贵"、不信

---

① 《战国策·秦五·文信侯欲攻赵》。

仁义之语而千百年来被视为唯利是图之徒，但是这个要求其实在当时的情况下是合理的，并非其个人问题。在当时的情况下，各国都在以重金收买人才，乃是风气使然，况且家人态度之前后差别，也让他认识到社会动荡之中人情的冷暖。他只有靠自己的才能追求权势、富贵，才能得到别人的肯定，又怎么会没有如此的追求呢？况且，在这个人物身上，还聚集着更多的闪光点。他说秦失败之后，并不气馁，继续发奋读书，甚至"读书欲睡，引锥自刺其股"——已经成为刻苦读书的典范，那种倔强、勤奋、进取的精神令人佩服。更重要的是，他即使成为合纵的中心人物，也并没有染上朝秦暮楚的坏习惯。他认为"诸侯之地五倍于秦，料诸侯之卒，十倍于秦。六国并力为一，西面而攻秦，秦必破矣"，并在游说各国的时候，对具体形势分析得头头是道，足见他能洞察天下大势，也具有深谋远虑的政治才能。然而，苏秦也并没有利用这种才能谋取私利，而是始终忠于燕王，至齐是为了使其西劳于宋，南罢于楚，合纵天下也是以燕国利益为重，为其复仇并恢复国力寻求机会。即使在齐国遭到燕王猜忌的时候，他也仍然忍辱负重，一直到被齐闵王发觉，车裂于市。这怎么会是荀况所说的"态臣"呢？苏秦确实是一个披肝沥胆的"忠臣"，否则，他在《战国纵横家书》中的书信也不会"对燕昭王之表白直而激切"，而"对齐闵王之表白曲而诡诈"[1] 了。生命的代价，竟然换不来一个忠信的名号，也实在是有些悲剧色彩，只有《淮南子·说林篇》所言"以百诞成一诚"或可以被视作公正的评价。

第二类的人物形象也是比较多的，可以以楚怀王、宋康王、赵孝成王、张仪、秦宣太后、郑袖、乐羊子等人为代表。

被张仪欺骗的楚怀王是愚蠢中的典型，他不但因为利欲熏心而和齐国绝交，还怕张仪不信，派勇士去大骂齐王，以示绝交之坚决。知道受骗后，又盛怒之下欲兴师伐秦，其鲁莽、刚愎尽显无遗。宋康王则是愚蠢之中还多了狂妄、暴虐之气，他"灭滕伐薛，取淮北之地，乃愈自信，欲霸之亟成，故射天笞地，斩社稷而焚灭之，曰：'威服天下鬼神。'骂国老谏曰，为无颜之冠，以示勇。剖伛之背，锲朝涉之胫，而国人大骇"，终于

---

① 龙建春：《〈战国纵横家书〉理性美刍论》，《江淮论坛》，2003 年第 4 期。

"齐闻而伐之，民散，城不守。王乃逃倪侯之馆，遂得而死"①，可以说自取其辱。赵孝成王则是因为贪欲膨胀，无故而受上党之利招致了长平之祸，国力大衰而从此一蹶不振，真可谓一失足成千古恨。这些反面的君王形象和秦昭王、赵武灵王等锐意进取的君王形成了鲜明的对比，更显其不争、不幸之处。

虽然不能对张仪一概而论，但他在《战国策》中的表现基本属于反面形象。他以商於之地六百里的谎言诱骗楚怀王与齐绝交，当事成后遭到质疑，竟然公开宣称"仪固以小人，安得六百里"②。他的狡诈，更多地表现在和陈轸、公孙衍等人的勾心斗角上。但他能协助秦惠文王瓦解"合纵"，使六国逐渐被削弱而秦国日益强大，并被封五邑，号称"武信君"，驰骋政坛近二十年，说明他也是极有才能之人。《吕氏春秋·报更篇》也记载了他任秦相后向东周国君报恩之事，虽然不一定真实，但至少向我们传达了这样一个信息：张仪有可能被丑化了，这也许和当时人们对秦的恐惧、厌恶心理有关，而张仪的某些故事也被极力地渲染和扭曲了，人们对其优点绝口不提，而津津乐道其可憎之处。

说到女性形象，秦宣太后和郑袖是《战国策》中很有代表性的两个女性。秦宣太后贪婪而荒淫，已经没有女性的那种柔婉和善良。两个事例可以表现出来，其一，"秦宣太后爱魏丑夫。太后病将死，出令曰：'为我葬，必以魏子为殉。'魏子患之"③，极端自私残忍，死时竟需要幸臣来陪葬，一个"爱"字，勾勒出其荒淫的嘴脸，而"爱"到要幸臣陪葬也揭示出其"爱"不过是完全占有的代名词罢了；其二，见《韩二·楚围雍氏五月》：

> 楚围雍氏五月。韩令使者求救于秦，冠盖相望也，秦师不下肴。韩又令尚靳使秦，谓秦王曰："韩之于秦也，居为隐蔽，出为雁行。今韩已病矣，秦师不下肴。臣闻之，唇揭者其齿寒，愿大王之熟计之。"宣太后曰："使者来者众矣，独尚子之言是。"召尚子入。宣太后谓尚子曰："妾事先王也，先王以其髀加妾之身，妾困不疲也；尽

---

① 《战国策·宋卫·宋康王之时》。
② 《战国策·秦二·齐助楚攻秦》。
③ 《战国策·秦二·秦宣太后爱魏丑夫》。

置其身妾之上，而妾弗重也，何也？以其少有利焉。今佐韩，兵不
众，粮不多，则不足以救韩。夫救韩之危，日费千金，独不可使妾少
有利焉。"

竟然以男女之事为喻，要求更多的利益，不惮在朝堂之上相语与外国
使者，尽管这和秦国地域偏远、风俗原始有关，但岂为堂堂大国外交战事
应对之语？若在春秋赋诗言志之时，恐怕是不可想象的。至此，秦宣太后
荒淫的特性又被放大了一层，而其性格中的贪婪、粗鄙也都尽数突显。

郑袖更多的是狭隘、善嫉、狠毒。张仪因为贫穷，知道南后、郑袖正
在受宠，见到楚怀王后极力向他推荐郑、周之美女。果然南后、郑袖中了
圈套，"闻之，大恐"，慌忙向张仪行贿，希望他在楚怀王面前说好话。此
一事，足见张仪之狡猾、郑袖之愚昧善嫉。楚怀王拘张仪，将欲杀之，靳
尚却在郑袖面前极进耸动之言："张仪者，秦王之忠信有功臣也。今楚拘
之，秦王欲出之。秦王有爱女而美，又简择宫中佳丽好玩习音者，以欢从
之；资之金玉宝器，奉以上庸六县为汤沐邑，欲因张仪内之楚王。楚王必
爱，秦女依强秦以为重，挟宝地以为资，势必为王妻以临于楚。王惑于虞
乐，必厚尊敬亲爱之而忘子，子益贱而日疏矣。"① 郑袖大为恐慌，竟然为
了争宠而说服楚怀王放走了楚国的大敌张仪，楚怀王实在昏庸，而说郑袖
是卖国的奸佞也毫不为过。其对魏美人的残害，更是触目惊心，一个在后
宫争斗中变态的灵魂活现了出来。

《战国策》中较多的人物，是属于混合型的。上面所说的倾向美的和
倾向丑的形象，也并不都是扁平的人物，性格也不都只有单一的某一方
面，而是有一个比较鲜明的主导方面。而对于混合型的人物，无法说出哪
个特征最为主要，既美又丑，或者都比较模糊，真实地展现了历史中的人
物，可以以范雎为代表。

范雎有代表性的事迹集中在《秦三》中。《秦三·范雎至秦》记载了
范雎为秦王制定天下大计的一幕。开始范雎采取欲擒故纵法剖白心迹：
"今臣，羁旅之臣也，交疏于王，而所愿陈者，皆匡君之事，处人骨肉之
间，愿以陈臣之陋忠，而未知王心也。"说明他是多有考虑也多做了准备

---

① 《战国策·楚二·楚怀王拘张仪》。

的，明白此番言论的重要，更针对可能出现的情况采取了预防措施，具有一定的政治手腕。针对当时秦国的情况，他更是深谋远虑，眼光犀利，进行了一番入木三分的分析，显示出一个政治家非凡的才干："王不如远交而近攻，得寸则王之寸，得尺亦王之尺也。今舍此而远攻，不亦缪乎？且昔者，中山之地，方五百里，赵独擅之，功成、名立、利附，则天下莫能害。今韩、魏，中国之处，而天下之枢也。王若欲霸，必亲中国而以为天下枢，以威楚、赵。赵强则楚附，楚强则赵附。楚、赵附则齐必惧，惧必卑辞重币以事秦，齐附而韩、魏可虚也。"不仅为秦国统一天下制定了原则性的路线和思想，更对秦国内部情况提出了自己的见解："……今秦，太后、穰侯用事，高陵、泾阳佐之，卒无秦王，此亦淖齿、李兑之类已。臣今见王独立于庙朝矣，且臣将恐后世之有秦国者，非王之子孙也"，认为想要建立功业，就必须清除内部纷争，牢牢掌握国家大权，这对当时虽然已有此心但苦于缺少左膀右臂的秦昭王来说，无疑是个福音。范雎的一番分析，坚定了秦昭王前进的决心，也使其更明确今后的目标，颇有知遇知音之感，他对范雎说："昔者，齐公得管仲，时以为仲父。今吾得子，亦以为父。"关于范雎制定除四贵和远交近攻政策的记载，都说明范雎作为一个政客拥有足够的智慧，他的失败似乎不应该在预料之中。

然而范雎和许多成功之后便有些得意的人一样，不免出了漏子。首先，他对天下之士的轻蔑就已显露出得势后的偏颇："秦于天下之士非有怨也，相聚而攻秦者，以己欲富贵耳。王见大王之狗，卧者卧，起者起，行者行，止者止，毋相与斗者；投之一骨，轻起相牙者，何则？有争意也。"① 将天下之士比喻为争骨之狗，在战国不能说全无道理，而且事实也证明他的离间法是起了作用的，然而从个人心态上看，范雎已非从前窘迫之时矣，自信之中更多了张扬的色彩。

果然，后来范雎丢失了汝南自己的封地，失地本是错误，而他对此事的强辩更是错上加错。当秦昭王问起此事："君亡国，其忧乎？"他回答："臣不忧。"以一寓言来阐明："梁人有东门吴者，其子死而不忧，其相室曰：'公之爱子也，天下无有，今子死不忧，何也？'东门吴曰：'吾尝无子，无子之时不忧；今子死，乃即与无子时同也。臣奚忧焉？'臣亦尝为

---

① 《战国策·秦三·天下之士合纵相聚于赵》。

子，为子时不忧；今亡汝南，乃与即为梁余子同也。臣何为忧？"如此强词夺理，故作镇静，先失一着。果然秦昭王以为不然，甚至问蒙傲："今也，寡人一城围，食不甘味，卧不便席，今应侯亡地而言不忧，此其情也？"之后，蒙傲前去刺探范雎的真实想法，范雎将夺回失地之事委托于他，蒙傲报于秦昭王，秦昭王于是明白了范雎其实很在乎失地，也看穿了他的善于伪装。按照以往秦昭王对范雎的宠信，并不至于如此处心积虑地了解真情，应当是范雎已经在某些地方引起了秦王的反感。"自是之后，应侯每言韩事者，秦王弗听也"①，失去了秦王的信任，可见范雎也不明智至此。

而最后荐人不当，是范雎最重大悲剧的开始。秦攻邯郸，十七月不下，范雎所推荐的王稽不愿赐军吏而礼之，军吏穷，恶王稽、杜挚以反，"秦王大怒，而欲兼诛范雎"。范雎情急之下，再现说客本色，以一番推心置腹之语游说秦王："臣，东鄙之贱人也，……今遇惑或与罪人同心，而王明诛之，是王过举显于天下，而为诸侯所议也。臣愿请药赐死，而恩以相葬臣，王必不失臣之罪，而无过举之名。"② 秦王遂弗杀而善遇之。过举，招致杀身之祸，可谓不明智；而善说暂时免罪，说明其有常人所不具有的冷静和心机，范雎如此免除一难。但是，据云梦秦简《编年记》记载，秦昭王五十二年，"王稽、张禄死"，张禄是范雎曾用名，可见，范雎虽然暂时逃得一难，但终究因为此事命丧黄泉。

《蔡泽见逐于赵》所记载蔡泽说范雎功成身退之事，是范雎临祸前不久所发生的，虽然他从谏如流，善于听从，终于退位让贤，还是不能保命，是因为大势已去。这样，范雎终因某些错误累及性命，不能说是具有明哲保身之先见了。《史记·范雎蔡泽列传》记载他的事迹，说他"一饭之德必偿，睚眦之怨必报"。《战国策》中倒没有记载其个人经历、生活细节，而只有重要的政治生涯片段。范雎一生，功过均有，既是成功的也是失败的，既是辉煌的也是黯淡的。他本人有政治远见，却又因为看人不准而累及性命。可以说，他的特点融合在其政治生涯中，只能从这些事件中感受到他性格的各个层面。这些特点无所谓美丑，但是，这样展现出来的人却是真实历史中的人，是立体和多层面的，不曾有夸大或者伪饰。蔡

---

① 《战国策·秦三·应侯失韩之汝南》。
② 《战国策·秦三·秦攻邯郸》。

泽、吕不韦、春申君、李兑、公孙衍等谋臣说客的形象基本上都是通过这种方式展现出来的，他们在历史转折的瞬间闪亮，虽然没有过多的个人生活细节描绘，但其智慧却在历史中留下了深深的痕迹，令今人遥想而神思之。应该说，读历史中这些真实的人物，往往会给人更多启发。

第三章　势能转化的方式

　　《战国策》中众多人物的话语，以表现个性为中心，符合人物身份，有一些相当传神。但其中大部分，还是策士的游说之辞。鉴于他们是此书表现的核心，因而，本章拟从策士的角度来探讨其游说采取的方法——转化势能的方式。这样，就从上章较为分散地讨论和策士一起产生过历史影响的人物形象，转为相对集中地讨论策士之游说方式。

　　策士们在游说之时，必须十分注重方式，这不仅是因为这项工作本身就游走在成功和失败之间，策士的性命悬于一线，技巧性非常之强，也是因为游说必须巧妙地绕过各种障碍，如"君为臣纲"等观念造成的沟通障碍，或者对方的心理抵触等不良情绪，来使得设想中的改形造势以最为顺畅的形式进行。采取最佳方式，发挥最大能量，将"时势"所蕴含的势能转化到每一次具体的运筹帷幄之中，是策士们煞费苦心地使用各种游说方式的原因所在。而策士们的尝试也是颇见成效的，"画一奇，出一策，上说人主，下谈公卿，目如耀星、舌如电光，一从一横，论者莫当"（扬雄《解嘲》），或可说明其游说的风采所在。基本上，策士们采取的方式会有常规和非常规两种，常规方式是一般游说活动中都会运用到的，如寓言、铺张、排比、对偶、比喻、引用、反问、顶真等修辞方式，以精妙恣肆的语言来正面晓以利害，使得对方幡然醒悟。这种常规方式对减小交流中的障碍，从容运用融通性思维，都是极有帮助的。而非常规方式则采取超人意料的手段令人警醒，尽管不是经常使用，却往往会起到常法所不具有的作用。

第一节　常规方式

一、寓言

《战国策》中的寓言相对较为浅显，皆为政治说理服务，有极强的实用性，因而主题鲜明，贴近现实，口语痕迹较明显，朴素晓畅。以人为主角的占大多数，较有生活气息；以动植物为主角的约有三十则，丰富多彩，生动有趣，使行文别出心裁，独具摇曳生姿之美。其事微而旨大，能在迂回进言中，避开锋芒而巧立言辞。以此推彼，也能令残暴昏庸的君主在生动的形象、感人的情节、通俗的语言中明白深刻的道理，节省了文字，论说又不至于太抽象。策士们对这些寓言顺手拈来或凭空虚拟，或因现场情景改造故事以利用之，或就地取材即兴创造，所见所闻之事更容易打动人，如鹬蚌相争、南辕北辙皆是借见闻而创造的故事，有趣而蕴含道理。惊弓之鸟则以历史人物作比，显得更为真实。天下合纵，春申君欲以临武君为将，魏加却以射譬之，讲了更羸与魏王处京台之下，仰见飞鸟的故事："更羸谓魏王曰：'臣为王引弓虚发而下鸟。'魏王曰：'然则射可至此乎？'更羸曰：'可。'有间，雁从东方来，更羸以虚发而下之。魏王曰：'然则射可至此乎？'更羸曰：'此孽也。'王曰：'先生何以知之？'对曰：'其飞徐而鸣悲。飞徐者，故疮痛也；鸣悲者，久失群也，故疮未息，而惊心未至也。闻弦音，引而高飞，故疮陨也。'"从而，魏加得出了"今临武君，尝为秦孽，不可为拒秦之将也"① 的结论。惊弓之鸟的例子，是用前提上的类似推出了结论上的类似，并且结论的推出显得自然有力，极具说服性。

江上处女、狐假虎威、土偶桃梗都是凭空虚拟的，后两个更是拟人故事的典范。"楚人有两妻"也是凭空虚拟的，运用得十分贴切，陈轸以彼比此，最终开脱了张仪对自己"常以国情输楚"的诬谄："楚人有两妻者，

---

① 《战国策·楚四·天下合从》。

人**诮**其长者，**詈**之；**诮**其少者，少者许之。居无几何，有两妻者死。客谓**诮**者曰：'汝取长者乎？少者乎？''取长者。'客曰：'长者**詈**汝，少者和汝，汝何为取长者？'曰：'居彼人之所，则欲其许我也。今为我妻，则欲其为我**詈**人也。'"用这个故事来说明人所共欲善者的道理："今楚王明主也，而昭阳贤相也。轸为人臣，而常以国输楚王，王必不留臣，昭阳将不与臣从事矣。以此明臣之楚与不。"① 言简意赅，不用更多的辩白，已经将自己的处境解释清楚，谣言也不攻自破了。

类推是一种推理方法，其中所引用的有些材料可以称为寓言。寓言至少应该具备三个条件：第一，有生动的情节，而不是简单的现象；第二，有一定的含义；第三，含义要深于表面义，和所比之事在本质上能够联系。上编第二章第三节"形式逻辑"里所谈到的类推，有一部分所引之事是不符合这些条件的，比如历史故事，它的启发性即来源于故事本身，其表面义等同于含义，不能够算作寓言；而一些动植物或者生活习见之事因不具备情节，也不能算作寓言。寓言只是其中的一部分，但可以说是《战国策》里的精华。历史故事在史书里随处可以见到，而没有情节的片段就欠缺文学性，感染力稍逊一筹。寓言则兼具生动的外在和深刻的内在，能使人在受到感染的同时得到启发。

二、铺排

《战国策》给人的第一感觉就是铺张扬厉，文辞上的铺张夸饰，以高屋建瓴之势一贯而下，纵横驰骋，为爱"气"的中国文人所赞赏，这是它最鲜明的特色。其言质实严密，能够"先立地步"，故论说往往抓住要点，劈杆而下，气势恢宏；在论说艺术上，更是使用了多种修辞手法，使得这种轩昂之气表露得淋漓尽致。这些修辞手法具体有排比、对偶、夸张等，在此本文将之统称为铺排。

策士们在论辩时，把事物的有关方面尽可能全面而广泛地陈述罗列，天、时、地、势，无所不包，并将其夸大强调，从而给人留下很深的印象。其中的代表人物莫过于苏秦，而托名苏秦的多篇文章最显著的语言风

---

① 《战国策·秦一·陈轸去楚之秦》。

格莫过于铺排了。很典型的一段文字见于《齐一·苏秦为赵合从说齐宣王》：

> ……齐南有太山，东有琅邪，西有清河，北有渤海，此所谓四塞之国也。齐地方二千里，带甲数十万，粟如丘山。齐车之良，五家之兵，疾如锥矢，战如雷电，解若风雨，即有军役，未尝倍太山、绝清河、涉渤海也。临淄之中七万户，臣窃度之，下户三男子，三七二十一万，不待发于远县，而临淄之卒，固以二十一万矣。临淄甚富而实，其民无不吹竽、鼓瑟、击筑、弹琴、斗鸡、走犬、六博、蹴踘者。临淄之途，车毂击，人肩摩，连衽成帷，举袂成幕，挥汗成雨；家敦而富，志高而扬。

这段辞说用到排比，"疾如锥矢，战如雷电，解若风雨"、"倍太山、绝清河、涉渤海"，节奏短促急迫，气势若风雨欲来，动词的用法也各不相同，各具其妙；同时用到对偶，如"车毂击，人肩摩"、"家敦而富，志高而扬"，流利工整，排比与对偶间杂而用，或三或两，规律中包含变化，犹如江河排山倒海而来，真可谓辩丽恣肆，壮伟恢奇，灼人眼目；"连衽成帷，举袂成幕，挥汗成雨"，更极尽夸张之能事，但却圆融浑然，显示出较为深厚的修辞功力。

还有通篇较为整齐的辞说："大王诚能听臣，燕必致毡裘狗马之地，齐必致海隅渔盐之地，楚必致橘柚云梦之地，韩、魏皆可使致封地汤沐之邑，贵戚父兄皆可以受封侯。夫割地效实，五伯之所以覆军禽将而求也；封侯贵戚，汤、武之所以放杀而争也。"[①]"诚能听臣"后四个句子依次排开，用的是几乎相同的句式，这样较为迂缓，但同样也具有描述详尽、气势充盈的特点。

其余如张仪、蔡泽、黄歇等人的言辞都有这样的特点，极力铺排，以求先声夺人。其辞沉而快，雄而隽，有英伟气，这也是《战国策》一书中策士的言论的主要风格。

---

① 《战国策·赵二·苏秦从燕之赵始合从》。

三、比喻

策士们亦善用比喻，这些比喻有的是侧重道理上的作比，这一部分可以归入类推的范围，属于比喻和类推交集的部分，尽管是为了将道理说得更加通俗易懂，但是在效果上却达到了逻辑和文学的统一，是非常生动和有感染力的；而有一部分则纯粹是为了突出事物的特点，没有什么道理可言，如"轻于鸿毛"、"重于丘山"等。

《战国策》的比喻种类丰富，有明喻、暗喻、较喻、博喻等，都贴切自然，具体形象。

明喻像"今闻大王欲伐楚，此犹两虎相斗而驽犬受其弊"，"且赵之于燕、齐，隐蔽也，犹齿之有唇也，唇亡则齿寒"，揭示了国与国之间的利害关系；"且夫救赵之务，宜若奉漏瓮，沃焦釜"，"以地事秦，譬犹抱薪而救火也"，极大地突出了情势的紧急；"野火之起也若云蜺，兕虎嗥声若雷霆"，"其利害之相似，正如李子之相似也"，以充分的形象性见长；"夫攻形不如越，而攻心不如吴，而君臣、上下、少长、贵贱，毕呼霸王，臣窃以为犹之井中而谓曰：'我将为尔求火也'"，善于摩情体味，以切身感受作比。张仪依恃秦国，言辞向来咄咄逼人："夫秦卒之与山东之卒也，犹孟贲之与怯夫也，以重力相压，犹乌获之与婴儿也。夫战孟贲、乌获之士，以攻不服之弱国，无以异于堕千钧之重，集于鸟卵之上，必无幸矣"，在比喻间更充分体现出夸张和对比的效果。

而"今以三万之众而应强国之兵，是薄柱击石之类也"，"今公自以辩于薛公而轻秦，是塞漏舟而轻阳侯之波也"，"今使弱燕为雁行，而强秦制其后，以招天下之精兵，此食乌喙之类也"等论说则使用了暗喻的手法。

《战国策》中还多次用到较喻这种方法，即本体和喻体不仅相似，且有相比关系，喻中有比，又可分为弱喻、强喻等。"百人舆瓢而趋，不如一人持而走疾。百人诚舆瓢，瓢必裂"就是个弱喻的例子，用来说明集中权势的道理，并表明自己的立场。"楚国之食贵于玉，薪贵于桂，谒者难得见如鬼，王难得见若天帝。今令臣食玉炊桂，因鬼见帝"，在强喻中讽刺了楚王光鲜言辞下对士并不尊重的态度，寥寥几句情态毕现，胜于长篇大论。

博喻是用多个比喻来说明一个道理，最典型的例子莫过于《楚四·庄辛谓楚襄王》，庄辛以蜻蛉、黄雀、黄鹄、蔡圣侯之事比喻不可贪图眼前舒适，忘却隐伏的危险，层层递进，自小而大，由物至人，渐渐逼近，最后引至君王之事，点题之后令楚王"颜色变作，身体战栗"，堪称用喻之极。有的则是几种喻法结合，像《燕二·或献书燕王》，是引用了比目之鱼、车士之引车、胡越之人三件事物来和山东之国作比，认为"山东之知不如鱼也"，"智固不如车士矣"，"不能相救助如一，智又不如胡、越之人矣"，将较喻、博喻结合，用多个喻说充分论证了自己鲜明的观点，寓理于形，娓娓道来，颇能动人。

引喻颇能代表一般寓言的用法，可以说，寓言的本质都基于比喻，而比喻由于情节的限制，不一定都是寓言。但寓言和引喻的形式就很接近，可以看成类似于"天上星多月不明，地下坑多路不平"这样隐去比喻词，以前者引出后者的引喻。如《燕一·燕王谓苏代》即以"周地贱媒"引出话题，谈及"舍媒而自炫，弊而不售"，最后达到归旨点"顺而无败，售而不弊者，唯媒而已矣。且事非权不立，非势不成"，隐含之意是"权"、"势"即如媒人一样，是成事的关键。两者并列，以前者引出后者，并且蕴含比的特点，可以看成是引喻。这些比喻非常形象，在论说时加强了说服力，客观上又使其言辞具有浓厚的艺术色彩，瑰丽而动人。

《战国策》的比喻是相当准确的，这是因为策士们很好地掌握了本体和喻体共同的特点，即它们之间本质上的同一性，了解两者的联系必须建立在策士和游说对象都共同认可的基础上，这样策士才能充分地向对方表达意图，并使得对方理解、接受，甚至产生共鸣。例如"若奉漏瓮，沃焦釜"，听者就必须也能了解和想象用漏盛器去救烤在火上的锅子的情形，才能理解救赵的紧迫性。策士们是精通这一点的，所以才能把比喻用得出神入化。同时，这些比喻一般都通俗易懂，接近口语，非常浅显，如"夫为从者，无以异于驱群羊而攻猛虎也"，"百人舆瓢而趋，不如一人持而走疾"，"心摇摇如悬旌"等，都具有显豁的形象，明白如话，容易让听者接受。

四、反复和顶真

游说是一种艺术，需要讲求方法。但与其他艺术不同的是，它以声音为媒介和工具。因此声音稍纵即逝的特点是策士们在游说过程中所必须考虑的。他们采取了反复陈说的方法，来使听者印象深刻。这种方法的特点是保持一种基本的句型，只把关键部分的词语换掉，显得相当齐整，语言铿锵，并起到强调的作用。一位说客劝阻韩王与秦，情急之下，在惊呼"因欲与秦，必为山东大祸矣"、"愿王熟虑之"后，又一气呵成，用了一串相仿的句子："事之虽如子之事父，犹将亡之也。行虽如伯夷，犹将亡之也。行虽如桀、纣，犹将亡之也"[1]，语气强烈，反复力劝，目的正是期望以其中的冲击力说动韩王。

策士们在长篇大论中更需要经常用到反复的手法，但不是句子之间紧密的反复，而是每隔一段用一次，往往是用在并列陈述的段落之间，这就构成了复沓。复沓的手法源自民间，在民歌创作中很常见，周代影响巨大的《诗经》即是代表作，其中有每节基本句式均相同的形式，也有几节相同、另几节不同的形式。运用复沓，有利于记诵，强调主旨，在感情上更是高低回环，一叹三咏，非常动人。《战国策》承其影响，运用复沓当然不是为了抒情，但突出主题的目的是一样的。有的在形式上竟非常相似，在此作个比较，先来看《诗经·邶风·绿衣》：

> 绿兮衣兮，绿衣黄里。心之忧矣，曷维其已！绿兮衣兮，绿衣黄裳。心之忧矣，曷维其亡！绿兮丝兮，女所治兮。我思古人，俾无訧兮！絺兮绤兮，凄其以风。我思古人，实获我心！

用的是前两节句式基本相同，后两节有所改变的形式。再看《楚四·庄辛谓楚襄王》中庄辛的说辞：

> 王独不见夫蜻蛉乎？六足四翼，飞翔乎天地之间，俛啄蚊虻而食之，仰承甘露而饮之，自以为无患，与人无争也。不知夫五尺童子，方将调铅胶丝，加己乎四仞之上，而下为蝼蚁食也。
>
> 蜻蛉其小者也，黄雀因是以。俯噣白粒，仰栖茂树，鼓翅奋翼，自以为无患，与人无争也。不知夫公子王孙，左挟弹，右摄丸，将加己乎十仞之上，以其类为招。昼游乎茂树，夕调乎酸醎，倏忽之间，

---

[1] 《战国策·韩三·或谓韩王》。

坠于公子之手。

夫雀其小者也，黄鹄因是以。游于江海，淹乎大沼，俯噣鳝鲤，仰啮菱衡，奋其六翮，而凌清风，飘摇乎高翔，自以为无患，与人无争也。不知夫射者，方将修其碆卢，治其矰缴，将加己乎百仞之上。彼礛磻，引微缴，折清风而抎矣。故昼游乎江河，夕调乎鼎鼐。

夫黄鹄其小者也，蔡圣侯之事因是以。南游乎高陂，北陵乎巫山，饮茹溪之流，食湘波之鱼，左抱幼妾，右拥嬖女，与之驰骋乎高蔡之中，而不以国家为事。不知夫子发方受命乎宣王，系己以朱丝而见之也。

蔡圣侯之事其小者也，君王之事因是以。左州侯，右夏侯，辇从鄢陵君与寿陵君，饭封禄之粟，而戴方府之金，与之驰骋乎云梦之中，而不以天下国家为事。不知夫穰侯方受命乎秦王，填黾塞之内，而投己乎黾塞之外。

用的也是不完全的复沓方法，二、三、四节引出下文的句式相同，而一、二、三节在论述的句型上多有相同，而四、五节也是在论述上有较多相同之处。当然诗歌和散文不可同日而语，但其形式上的惊人相似却可见一斑，颇有源流关系。当然《战国策》中大多数的论说并未使用如此严整的复沓，只是在结尾或其他地方使用重复的句子，如《魏一·魏武侯与诸大夫浮于西河》，吴起论述河山之险不可恃，列举三苗之居、夏桀之国、殷纣之国的例子，即以"恃此险也，为政不善，而禹放逐"，"有此险也，然为政不善，而汤伐之"，"有此险也，然为政不善，而武王伐之"穿插其中，作为语气的停顿给人以回味的余地，节奏感颇强，在三次反复中，使人的领悟逐步加深。

上面列举的《楚四·庄辛谓楚襄王》中还用到一种顶真的手法，和复沓相得益彰，即下节的开始以上节的内容为基础，这样串串连接，连而不止，犹按次递进，气势浩荡。顶真严格一些的用法出现在句子中，前一句最后一词是后一句开始一词，连贯感非常强。《赵三·平原君谓平阳君》中，平原君劝勉平阳君时就引用公子牟的话说："夫贵不与富期，而富至，富不与粱肉期，而粱肉至；粱肉不与骄奢期，而骄奢至；骄奢不与死亡期，而死亡至。"如大珠小珠落玉盘，连贯而下，令人印象至深，似有余音袅袅之意。反复和顶真的运用,不但能使策士言论的用意更易被人领悟,且增强语言魅力,让人过耳不忘。

五、引用及其他修辞手法

善于引用是战国策士游说的另一大特色,包括引用历史故事、古代典籍、民谣、成语、警语等。具体说来,《战国策》引用的典籍有《诗》、《春秋》、《周书》、《书》、《老子》、《易》等约 20 例,如"树德莫若滋,除害莫如尽"(《书》),"他人有心,予忖度之。跃跃毚兔,遇犬获之"(《诗》),"绵绵不绝,缦缦奈何;毫毛不拔,将成斧柯"(《周书》),"狐濡其尾"(《易》)等。而引用民间俗语、鄙语、谚语、歌、谣、倡等则数量更多,如"三人成虎,十夫楺椎。众口所移,毋翼而飞","物至而反,冬夏是也。致至而危,累棋是也","谋泄者事无功,计不决者名不成","骐骥之衰也,驽马先之;孟贲之倦也,女子胜之",甚至"借车者驰之,借衣者被之","宁为鸡口,无为牛后"这样十分通俗的鄙语,且后者被引用的次数远远超出了前者。因而《战国策》说理具有较多的口语色彩,简朴流畅,很少生僻、难懂的引语,在口语提炼的基础上,表达精练准确,形象明晰。将引语与论点结合,互为补充,给听者的感觉是其论点并非空穴来风,而凝结着古人或群体的智慧,这无疑增大了论点的说服力,并起到很好的映衬作用。

另外,善于设问、反问,亦令策士的说辞气势先蓄而后发,倾泻而出,风雨逼人。

设问是策士们巧设圈套时常用的一种方法。他们故意发问,让君王诸侯顺着他们的思维步步深入,答案也随之凸现,令其恍然大悟。《齐四·苏秦谓齐王》中,苏秦为了引各国兵力攻齐,劝齐王退帝攻宋,先问齐、秦立为两帝之事:"王以天下为尊秦乎?且尊齐乎?"得到齐王"尊秦"的答案后,步步紧逼:"释帝则天下爱齐乎?且爱秦乎?"齐王回答:"爱齐而憎秦。"苏秦仍不放松:"两帝立,约伐赵,孰与伐宋之利也?"于是"夫约与秦为帝,而天下独尊秦而轻齐;齐释帝,则天下爱齐而憎秦;伐赵不如伐宋之利"的答案最终浮出水面。一位说士在进谏赵王治国的疏漏时,从眼前的买马必得相马之工之事谈起,紧紧沿着自己的思路连连发问："臣闻王之使人买马也，有之乎?"王曰："有之。""何故至今不遣?"王曰："未得相马之工也。"对曰："王何不遣建信君乎?"王曰："建信君有国事，又不知相马。"曰："王何不遣纪姬乎?"王曰："纪姬妇人也，不知相马。"至此，关于买马的问题似乎已经都作答完毕，但说士此时才把问题引向深入，和国事联系起来："买马而善，何补于国?"赵王仍摸不透对方的用意，只好老实回答"无补于国"。"买马而恶，何危于国?"王曰："无危于国。"对曰："然则买马善而若恶，皆无危补于国。然而王之买马也，必将待工。今治天下，举错非也，国家为虚戾，而社稷不血食，然而王不待工，而与建信君，何也?"① 问得赵王哑口无言，被围困在策士尖锐的问题里，没有反驳的力量。

反问较之陈述、疑问更有力度，也为策士们所爱用。《燕一·人有恶苏秦于燕王者》中，苏秦面对别人"武安君，天下不信人也"的毁谤，依然处变不惊，竟然问道："使臣信如尾生，廉如伯夷，孝如曾参，三者天下之高行，而以事足下，可乎?"然后他以一连串的反问来解释这句话："且夫孝如曾参，义不离亲一夕宿于外，足下安得使之之齐? 廉如伯夷，不取素飧，污武王之义而不臣焉，辞孤竹之君，饿而死于首阳之山。廉如此者，何肯步行数千里，而事弱燕之危主乎? 信如尾生，期而不来，抱梁柱而死。信至如此，何肯扬燕、秦之威于齐而取大功乎哉?"如此的有理有据，当仁不让，引出了他那句名言："且夫信行者，所以自为也，非所以为人也，皆自覆之术，非进取之道也。"然后又是一句反问："且夫三王代兴，五霸迭盛，皆不自覆也。君以自覆为可乎?"在连连的反问下，似乎不仁不廉不信也显得如此理直气壮，展现出一副活脱脱的纵横家面貌，这正是反问带来的强效语势。

《战国策》中还用到对比、回环等其他修辞手法，这些多姿的手法与严密的内在逻辑结合，达到了"委屈达情，微婉尽意，而又明快流畅，富于波澜"的较高的语言艺术境界。建立在杰出智慧之上的精妙恣肆的语言艺术，使得人们在领略了策士们的奇谋异术的幽深后，又为其浓重的文学色彩所陶醉，正如缪钺所说"书中诸文，有史事实录，亦有夸饰之辞，甚

---

① 《战国策·赵四·客见赵王》。

至有托谕之言，虚构之事，但其文辞华辩，足以动摇人心，为世人所爱诵"①，充分体现了策士们词锋凌厉的才华。而这种浓重的文学色彩，增加了游说中的技巧，为战国策士很好地转化各种"势能"提供了顺畅的途径，使得他们能通过语言这种特殊的方式塑造历史。其常规性的正面游说方法，是转换和散射能量的主要渠道，也是策士们在游说中经常使用且行之有效的方法。

第二节　非常规方式

刘勰说"论如析薪，贵能破理"②，也就是说论述一个问题就如同砍柴一般，要沿着纹理，顺势运斧，方能势如破竹，事半功倍；论理也是如此，必须抓住深刻的内在道理进行分析，道出其中原委，方能服人。策士们在游说时，运用形式逻辑进行严密的分析，基本上都遵循"破理"的原则。同时，在解决传达和接受的问题时，他们以常规的修辞方法对理论进行润色，以便能更好地说明这些道理，通俗易懂且富有感染力。但是，由于常规方法并非在所有场合都适用，所以在某些特殊的情况下，若想要出人意表，达到常法所不能达到的效果，就必须另辟蹊径，以更为巧妙和独特的方法来实现说服对方的目的。

归其大要，《战国策》中的非常规游说方式有以下几种：

一、奇特法

这种方法主要是为了出人意料，使人惊叹，引起对方的悬念和惊讶，从而让对方更多地关注其接下来的举动。如《齐一·靖郭君将城薛》中：

> 靖郭君将城薛，客多以谏。靖郭君谓谒者，无为客通。齐人有请

---

① 《战国策考辨序》，见缪文远：《战国策考辨》，北京：中华书局，1984 年，第 1 页。
② 周振甫：《文心雕龙今译·论说》，北京：中华书局，1986 年，第 170 页。

者曰："臣请三言而已矣！益一言，臣请烹。"靖郭君因见之。客趋而
进曰："海大鱼。"因反走。君曰："客有于此。"客曰："鄙臣不敢以
死为戏。"君曰："亡，更言之。"对曰："君不闻大鱼乎？网不能止，
钩不能牵，荡而失水，则蝼蚁得意焉。今夫齐，亦君之水也。君长有
齐阴，奚以薛为？失齐，虽隆薛之城到于天，犹之无益也。"君曰：
"善。"乃辍城薛。

由于"客多以谏"，靖郭君显然在情绪上和进谏之人是对立的。如何
消除这个障碍是最大的问题。齐客采取了能引起靖郭君悬念的游说方式：
"臣请三言而已矣！益一言，臣请烹。"果然，虽然靖郭君已经告诉谒者
"无为客通"，但还是破格接见他了，就是想看看他会说怎样的三个字。齐
客的方式也果然独特，说了一句"海大鱼"，转身便跑。"海大鱼"是一句
话，但也是一个词，这种暂时脱离语用规则的方式颇令靖郭君惊奇，自然
愿闻其详，这样齐客终于消除了游说中最大的障碍，得以将"今夫齐，亦
君之水也。君长有齐阴，奚以薛为？失齐，虽隆薛之城到于天，犹之无益
也"的谏言传达给对方。

《齐四·齐人有冯谖者》中的冯谖也是善于采取奇特方法的典型人物。
他来到孟尝君门下没多久，就"倚柱弹其剑，歌曰：'长铗归来乎！食无
鱼。'"在孟尝君满足了他的要求之后，他又接二连三提出别的要求，而
"孟尝君使人给其食用，无使乏"，"于是冯谖不复歌"。冯谖为何会采取这
种方式？因为他了解孟尝君是善于揽士之人，对于奇才是爱惜有加的，绝
不会吝惜财物。而自己若想有所作为，想要"锥处囊中其末立现"，就得
采取独特的方式引起他的注意。因此，弹铗而歌不见得是他真有物质需
求，而是一种策略。果然，"后孟尝君出记，问门下诸客：'谁习计会，能
为文收责于薛者乎？'冯谖署曰：'能。'孟尝君怪之，曰：'此谁也？'左
右曰：'乃歌夫长铗归来者也。'孟尝君笑曰：'客果有能也，吾负之，未
尝见也。'"冯谖终于在恰当的时候表现自己，不仅是因为此时孟尝君已知
道自己，也是因为孟尝君已经具有了解自己才能的期待心理。如此，冯谖
可谓知时矣。

还有一个比较滑稽的例子。卫灵公宠幸雍疽、弥子瑕，这两个人因此
"专君之势以蔽左右"，于是复涂侦进谏说"梦见君"、"梦见灶君"，卫灵

公不禁发怒:"吾闻梦见人君者,梦见日。今子曰梦见灶君而言君也,有说则可,无说则死。"其愤然作色状令人胆战心惊。复涂侦这种方法是一险招,解释不当将有生命之忧。然而他却利用这种危险,巧妙进言:"日,并烛天下者也,一物不能蔽也。若灶则不然,前之人炀,则后之人无从见也。今臣疑人之有炀于君者也,是以梦见灶君。"因此转危为安,化险为夷,同时也令卫灵公"废雍疽、弥子瑕,而立司空狗"①,是利用奇特法令卫灵公幡然醒悟,从而达到目的的。

二、欲擒故纵法

欲成某事,反而先荡开一笔,顾左右而言他,使得对方更为急切,此所谓欲擒故纵法。先做好铺垫,也就更容易成功。冯忌因行人而见赵王,却故意"接手免首,欲言而不敢",似乎有所顾忌。赵王自然好奇,因问其故,他才讲出了"交浅言深"之理,为自己后面的言论做好铺垫,也是欲留退路和余地,再问赵王曰:"今外臣交浅而欲深谈可乎?"听到肯定的答案后,"于是冯忌乃谈"②。

范雎游说秦昭王,采用的也是此法,并非故作姿态,而是因为确有顾忌,不敢轻举妄动,要弄清楚秦昭王的态度,并坚定他听从进谏的决心,就必须以非正常的谈话方式来展开游说。因而当秦昭王跪而请曰"先生何以幸教寡人"时,范雎只是发出"唯唯"的应诺之声。过了一会,秦昭王再次发问,范雎又说"唯唯","若是者三"。此时他虽然有满肚子的理论,却故意缄默,来暗示秦昭王其中必有隐情,也将有与众不同之论。果然,秦昭王禁不住发问:"先生不幸教寡人乎?"这时范雎才开口侃侃而谈,以吕尚遇义土之故事讲出了"今臣,羁旅之臣也,交疏于王,而所愿陈者,皆匡君之事,处人骨肉之间,愿以陈臣之陋忠,而未知王心也"的顾忌。在得到秦昭王"事无大小,上及太后,下至大臣,愿先生悉以教寡人,无疑寡人也"③的表白后,范雎方才放心地说出胸中早已酝酿许久的大计方

① 《战国策·赵三·卫灵公近雍疽弥子瑕》。
② 《战国策·赵四·冯忌请见赵王》。
③ 《战国策·秦三·范雎至秦》。

针，其考虑可谓周全，其进言可谓有方。

善设圈套，引人入围也是一种欲擒故纵的手段，先从完全不相干的他处讲起，令对方完全没有察觉，放松警惕，再一步步收紧圈套，令其不攻自破。《赵四·客见赵王》中的说士，在进谏赵王治国之疏漏时，从没有联系的眼前的买马必得相马之工之事开始，到不谴建信君、纪姬之事，连连发问，最后谈及治天下而王不待工之事，就是先言他事，以自己的思路引导对方自相矛盾、落入圈套，使得赵王瞠目结舌、哑口无言，最后方恍然大悟。采取此法，也达到了比一般方式更好的游说效果。这一篇所载的游说方法，和《孟子·梁惠王下》中孟子说齐宣王的言辞有异曲同工之妙：

> 孟子谓齐宣王曰："王之臣，有托其妻子于其友而之楚游者。比其反也，则冻馁其妻子，则如之何？"
> 王曰："弃之。"
> 曰："士师不能治士，则如之何？"
> 王曰："已之。"
> 曰："四境之内不治，则如之何？"
> 王顾左右而言他。

采用类比推理，层层紧逼，以至于"王顾左右而言他"，不能不说是一种行之有效的游说方法。

三、情感接近法

采取动之以情，晓之以理的方式，在让对方感同身受的同时，也明白一定的道理。这种方法采取了攻心为上的策略，相当具有说服力。触詟可谓了解女性心理了，尤其了解赵太后。赵太后不愿以长安君为质，说明她非常感情用事，触詟将计就计，以情动情，演绎出流传千古的"触詟说赵太后"一幕。他从老年人所关心的健康、饮食谈起，再谈及对儿女的疼爱，令赵太后的态度一点点缓解。在触詟的劝引下，赵太后刚开始还宣布"有复言令长安君为质者，老妇必唾其面"，渐渐"色少解"，到最后竟应承"诺，恣君之所使之"①。有此种变化，非情感打动之功又为何？

邹忌也是通晓此道的。他"服衣冠窥镜"，还问妻子："我孰与城北徐公美？"又问妾、问客同样的问题，也说明身为美男子的邹忌比一般的男子更感性些。更有甚者，他还能通过这些琐事来领悟一定的道理："吾妻之美我者，私我也；妾之美我者，畏我也；客之美我者，欲有求于我也。"并联系到治国方略，于是他：

> 入朝见威王曰："臣诚知不如徐公美，臣之妻私臣，臣之妾畏臣，臣之客欲有求于臣，皆以美于徐公。今齐地方千里，百二十城，宫妇左右，莫不私王；朝廷之臣，莫不畏王；四境之内，莫不有求于王。由此观之，王之蔽甚矣！"

从家庭小事谈起，让齐王也有所领悟，不仅连连称善，还下令："群臣吏民，能面刺寡人之过者，受上赏；上书谏寡人者，受中赏；能谤议于市朝，闻寡人之耳者，受下赏"，终使群臣"期年之后，虽欲言，无可进者"，而"燕、赵、韩、魏闻之，皆朝于齐"②，齐国一派繁荣景象，和邹忌的善于谏言是分不开的。

不仅朝廷之内的进谏可以采取情感接近法，对政治对手、战争敌人也能够以情动之，但关键是要从对方的立场来考虑问题，更要有鲜明的理性色彩。昭阳为楚伐魏，覆军杀将得八城，移兵而攻齐，陈轸前去游说昭阳毋攻齐，先"再拜贺战胜"，礼节上非常周全，继而发问"楚之法，覆军杀将，其官爵何也"，当得到"官为上柱国，爵为上执珪"的答复后，又发问"异贵于此者何也"，回答"唯令尹耳"，于是，陈轸说道：

> 令尹贵矣！王非置两令尹也，臣窃为公譬可也。楚有祠者，赐其舍人卮酒。舍人相谓曰："数人饮之不足，一人饮之有余。请画地为蛇，先成者饮酒。"一人蛇先成，引酒且饮之，乃左手持卮，右手画蛇，曰："吾能为之足。"未成，一人之蛇成，夺其卮曰："蛇固无足，

---

① 《战国策·赵四·赵太后新用事》。
② 《战国策·齐一·邹忌修八尺有余》。

子安能为之足。"遂饮其酒。为蛇足者，终亡其酒。今君相楚而攻魏，破军杀将得八城，不弱兵，欲攻齐，齐畏公甚，公以是为名居足矣，官之上非可重也。战无不胜而不知止者，身且死，爵且后归，犹为蛇足也。

以对方的利益为前提，为对方切身考虑，认为倘若再继续进攻，就如同画蛇添足，不仅不会有任何好处，反而会使既有利益也失去，更有生命之危。这些说辞，固然是以停止对方进攻为目的，但同时顾及对方利益，令其感觉有理有利，是益于自己的细致周到的考虑，谏言被接受的可能性就大为增加。果然，"昭阳以为然，解军而去"[①]。

四、要挟法

此法非勇士不可为，朝廷之上，面对无法意料的情况和可能发生的性命之危，以三尺之兵强迫对方接受自己的见解，一般人无法做到。这种方法，也一般在双方冲突激烈，别的方法不能解决的情况下，不得已而为之。

秦国在战国的生死搏斗中，渐占上风，也逐渐骄奢自大起来，面对小国更是如此。《魏四·秦王使人谓安陵君》中记载：

秦王使人谓安陵君曰："寡人欲以五百里之地易安陵，安陵君其许寡人。"安陵君曰："大王加惠，以大易小，甚善。虽然，受地于先王，愿终守之，弗敢易。"秦王不说。

面对秦王的挑衅和愤怒，安陵君派遣了唐雎去解决这个问题。一见面，秦王就颐指气使，质问道："寡人以五百里之地易安陵，安陵君不听寡人，何也？且秦灭韩亡魏，而君以五十里之地存者，以君为长者，故不错意也。今吾以十倍之地，请广于君，而君逆寡人者，轻寡人与？"面对这一派荒唐的言论，唐雎不卑不亢："否，非若是也。安陵君受地于先王

---

① 《战国策·齐二·昭阳为楚伐魏》。

而守之，虽千里不敢易也，岂直五百里哉？"秦王勃然大怒，准备以强势威压，谓唐雎曰："公亦尝闻天子之怒乎？天子之怒，伏尸百万，流血千里。"唐雎丝毫没有畏惧，反而问道："大王尝闻布衣之怒乎？"双方的冲突几乎达到了白热化的程度。秦王不以为然地说："布衣之怒，亦免冠徒跣，以头抢地尔。"唐雎回敬道：

> 此庸夫之怒也，非士之怒也。夫专诸之刺王僚也，彗星袭月；聂政之刺韩傀也，白虹贯日；要离之刺庆忌也，仓鹰击于殿上。此三子者，皆布衣之士也，怀怒未发，休祲降于天，与臣而将四矣。若士必怒，伏尸二人，流血五步，天下缟素，今日是也。

并且挺剑而起，似乎要有所动作。秦王面对这突如其来的威胁，终于向布衣之怒屈服了，"色挠，长跪而谢之"，语气也变得柔和并似乎有讨好的意味了："先生坐，何至于此，寡人谕矣。夫韩、魏灭亡，而安陵以五十里之地存者，徒以有先生也。"唐雎最终以自己的勇气暂时拯救了国家，维护了国家的尊严，这一段故事也为后人所称道。

以上所讲的非常规方法，常常是在常规方法的基础上使用的。非常规方法中包含了常规方法，如奇特法也同样会用到寓言，而欲擒故纵法也会用到反问、比喻等修辞手法，因此，非常规游说方法可以说是与常规方法并行不悖的一种补充。

如前所论，《战国策》当中有相当一部分篇章的真实性存疑，如《魏四·秦王使人谓安陵君》等，但是并不代表此种应对方式不存在，它通过这个故事保留下来，以备不时之需。其他一些游说方法，虽然也存在于并不真实的事件之中，但是极有可能在某些情况之下被使用过，《战国策》中的记载只是作为一个标本被展示出来，告诉学习的策士可以这么做，是一种通过学习可以掌握的技巧。

不过这些技巧、谋略和说辞，实际上也存在着不少问题。策士的游说，并非都是马到功成，能全部实现游说意图的，因为有些说辞存在着漏洞，难以令人信服。这些说辞有论理过于牵强、语言过于铺张等缺点，还有一些长篇大论流于形式，这都导致说辞有太"过"的缺点，给人随意而不真实的感觉，很难说服别人。这些"势"的不恰当使用，都会导致"势能"的转化失败。

这些有缺陷的说辞中，最主要的问题是论理过于牵强，虽然看似巧妙，实际是不可行的。如《赵三·赵使机郝之秦》：

> 赵使机郝之秦，请相魏冉。宋突谓机郝曰："秦不听，楼缓必怨公。公不若阴辞楼子曰：'请无急秦王。'秦王见赵之相魏冉之不急也，且不听公言也，是事而不成，魏冉固德公矣。"

此为左右取巧之辞，如果依照宋突之计，似乎是可以同时不得罪楼缓和魏冉的，但是如此照办的话，机郝可以不得罪两人，却没有给自己留出后路，事不成，明显是办事不力，在人才济济的战国，这无异于自断前程，又岂能是妙计？相似的还有《韩二·齐令周最使郑》，齐令周最使郑，立韩扰而废公叔，周最所担心的也是得罪公叔，而史舍从中调和之言也是"彼将礼陈其辞而缓其言"，如此"王将不许韩扰"。此章和前章有相似的问题——周最回去后如何向齐王交差？或许为应急之策，但绝非万全之策。

可见，《战国策》中所记的策士计谋，虽然多有能出奇者，的确令人称许，但也有些不过是暂时应付眼前问题的下策，甚至是根本行不通的，或者有些就是聪明反被聪明误了，如此则会过犹不及。这是因为战国形势太过复杂，任何一国，面对的不是一个对手，而是两个、三个甚至多个，对手有可能变为助手，而盟军也会瞬间变为敌人，想要以某种万全之计彻底解决某个问题相当困难，特别是牵扯多方关系之时，所谓的妙计往往会出现纰漏。

另外，有些论辞语言过于铺张，有些长篇大论流于形式，形成了模式化的套话，显得缺乏真情实感。特别是被视为文学佳作的苏秦和张仪的游说之辞，虽然文采斐然，却因此掩盖了游说中最重要的以理服人的要素。苏秦善于吹捧，一般是指出合纵各国的优势，再痛斥秦国的粗暴。张仪也是极力夸张秦国之强大和各国的弱小，其中多有不实之辞，这是游说中的大忌，以这些言辞是不大可能完成合纵和连横的重任的。因而，这些作品更适合作为纯粹表现语言技巧的篇章供人欣赏。

代结语：《战国策》"势能"作用后世的三种方式

武夫赳赳之战国，虽为乱世，"六经泥幡，百家飙骇"（《文心雕龙·时序》），然人文之树扶疏，菁华迭出。策士论辞，师心独见，为人论之英，独步当时，流声后世。或锋颖，或燕婉，气势充盈，波震于下。《战国策》虽历经颇多口诛笔伐，却如山川悠远无可替陵；作为策士言论的记载集成，已然形成一个独特的源出之地，其影响如长风寥寥，润物无声，在中国文化史上源源不断催生出思想和文艺的繁华。这种影响弥深的"势"之传承，是通过或隐或显的方式来实现的。

若说《战国策》是一个影响极大的势能原发点，那么其发生作用的方式可以形象地归结为三类：植入式、播入式、融入式。这三种方式，或因体成势，即因影响对象的不同，特点也不同，或受外力影响，也呈现出不同面貌。

植入式是已经较为成熟的影响因素，作用也较大，在后世一再复现，较为定型，基本改变不大，如同植入体，会和具体形态合而为一。比较有代表性的就是谋略。《战国策》的谋略学可以说是非常成熟了，其中运用到兵家、阴阳家、道家等多种思想，既有争斗术、固宠术，又有脱身、进言等多种谋略，后代三十六计、厚黑学等无能脱其窠臼。由于战国时代在中国古代是独一无二的，其对人能量的激发也是空前的，因此《战国策》中策士运用谋略思想的纯熟与灵活，达到了相当高的程度，后世少有超越。战国时代，谋略的原则、运用方式已经基本形成。后世所用谋略，无不出此，这些谋略流传过程所作的贡献，大约在于总结和整理，如《汉书·艺文志》收录各种与谋略有关的著作53家790篇，图43卷；被视为兵学经典的《武经七书》结集出版等。宋明以降，随着理学正宗地位的确立，大批权谋典籍被逐出官门，只能在民间流传授受，谋略学逐渐轻理论而重实践，因此，谋略学的系统论著精深无出《鬼谷子》，而分散的民间授受，也使得谋略学无法再深化发展。谋略学在统治者那里，采取了隐蔽的存在方式，不可能成为正统的统治思想，其作用仅仅是借鉴和辅助。这样，苦于儒学空疏、近于事功的权臣文士，如魏征、李靖、"三苏"父子、叶适、陈亮、傅山、朱舜水等对其尽管偏爱有加，却往往只是"好读"。这已颇为不易，但也只能从中汲取有益成分，无法采取公开有效的措施来进行研究和发展。可以说，《战国策》、《鬼谷子》基本是以成型的谋略观念影响后人的，而后世对谋略学的运用，策谋的某些变形，都不过是在其基础上的多样化，无法更为精深。

　　再如论说，虽后世演化出"论"、"说"、"策"、"序"等诸多形式，但在《战国策》中，论说方法已经相当完备，是基本成熟的政论文，司马错论伐蜀、乐毅报燕王书、莫敖子华对楚王问、蔡泽说范雎功成身退等，大都结构完整，层次清晰，立论宏深，论述雄爽健卓，气势恢宏。这些篇章和其他先秦散文一起，可视为散文和论说文的典范。可以说，《战国策》对后世论说方法的影响，也基本是先植入、后融合的，以较为集中的形式对后世散文撰写形成冲击，或者说是给后世完整的借鉴，而非破碎的启发。汉代以书信说理陈情之作颇多，如邹阳的《谏吴王书》、司马迁的《报任安书》、李陵的《答苏武书》等，从中可感受到《战国策》长篇论辞中的文气磊落、肌理凑密、感情真切、委曲有致等特点。

　　播入式则是某些尚未成型的因素，如种子播入泥土逐渐成长，成为繁茂的植物，亦犹如细流之为大海，累土而为千仞。此种因素，如铺陈，即生发出汉代蔚为大观的新体裁——赋。汉初辞赋家枚乘的代表作《七发》，隐约可见《楚四·庄辛谓楚襄王》的影子，而《楚一·江乙说安陵君》中对楚王游于云梦的描写，铺采摛文，已经颇有赋体"极声貌以穷文"（《文心雕龙·诠赋》）的特点了。当然，《战国策》中的这些铺张渲染，远没有赋体那般辞采繁丽、连篇累牍，但其爽利恣肆，摇人心旌，无疑对赋的形成有一臂之功。

　　历史纪传这种文体，在《战国策》中已经具备了一定规模，如前文所述，已经将一人事迹集中在一篇中叙述，根据人物性格进行剪裁，以突出人物为中心。虽然这种文体还不够完备，但有些篇章非常精彩，甚至未加过多修改就被后人吸纳采用，如《赵一·晋毕阳之孙豫让》、《燕三·燕太子丹质于秦亡归》等，司马迁略加增删列入《史记·刺客列传》；而《苏秦列传》、《张仪列传》基本上是将《战国策》中的相关文章重新排列、略加润色而成的。司马迁更多地借鉴了其集中写人的方式、表现人物的方法，并在人物描写中加入了自己的审美和社会理想，更为注重人物的言行、心灵境界，立体式地描述人物，终使纪传体臻于成熟。《史记》使得纪传体成为史学大宗，"史官不能易其法，学者不能舍其书"①。可以说，是《战国策》成就了纪传体"兹例草创，始自子长"（《史通新校注·列传》）②的，因为其中确实有着许多可资借鉴之处，纪传体的种子就孕育在其中。之后，由于史籍对中国小说具有重大影响，《战国策》同样连带地对小说起着催生作用，其中不尽为实的虚构、曲折生动的情节、精妙传神的描写，在日后被吸取借鉴。小说在明清演为一场大戏，《战国策》中的故事，也一再地被扩充、被演绎、被神奇化，而终于郁郁累累了。

　　融入式则更多地体现在对士人思想和气质的影响上，和其他作用因素不分彼此，交融混合，多元滋养。秦汉之际的士人，是已经受到了颇多儒家思想影响的，如郦食其"好读书"，以儒生自居，陆贾"时时前说称《诗》、《书》"，随何被刘邦称作"腐儒"，但是他们却凭借辩才和见识，运用纵横谋策，潇洒于金戈铁马间，可见受到距时不远的战国纵横思想影响相当之大。此风延至汉初，严忌、邹阳、枚乘等人，既为谋臣，又兼善文辞，行文颇有纵横遗风。司马迁曾转益多师，阅书无数，文兼有西汉文学前期磅礴激切和后期深广弘厚的特点，"浑浑噩噩，如长江大川，探之不穷，揽之不竭"③，而从其爱奇的性格、对人文精神的弘扬，也可见到纵横余习。李白"五岁诵六甲，十岁观百家"（李白《上安州裴长史书》），思想受到儒家、佛教、道教等驳杂之影响，更有鲜明的纵横家思想。《新唐书·李白传》中说他"喜纵横术，击剑为任侠，轻财重施"，刘全白《李君碣记》中也说他"性倜傥，好纵横术"，这和他曾经师从著有《长短经》、以纵横家著称的赵蕤有关。而其诗文时而风和日丽，时而澜涛怒

　　① 郑樵：《通志·总序》，转引自韩兆奇编注：《史记选注汇评》，郑州：中州古籍出版社，1990年，第656页。

　　② 刘知几撰，赵吕甫校注：《史通新校注》，重庆：重庆出版社，1990年，第108页。

　　③ 茅坤：《史记抄·读史记法》，转引自韩兆奇编注：《史记选注汇评》，郑州：中州古籍出版社，1990年，第664页。

翻，雄放壮美中有着清新明丽，自然畅达中更兼有离奇淌恍、豪迈驰骋，往往一气呵成，先声夺人。李白的浩荡不羁和其天性有关，也不能不说是受到纵横家文风潜移默化的影响。韩愈、柳宗元的文章雄浑、慷慨而磅礴，似有战国策士雄辩的气质。而宋之苏轼，其创作同时具有庄子的丰富联想、孟子和纵横家的雄放，刚柔相济，豪放旷达而洒脱恣意。明人陆深说："余喜读苏氏书，侧闻先儒悉谓苏实原于《战国策》。"（《战国策谭椒》附录）正点中要害。苏轼之父苏洵不仅文章如策士之文"雄壮俊伟，若决江河而下"，还十分赞赏战国策士的游说技巧，在《谏论》中称苏秦、范雎等人"机智勇辩"，浦起龙评论他说"盖以苏、张之术，济孟、韩之道"（《古文眉诠·抄例》），可见苏氏父子受到战国策士言行的影响颇为深厚。当然如苏洵这样如此明显地赞美纵横家的人毕竟是少数，更多的人则讳莫如深，因而静愈潜深，这正是融入式影响的特点所在。而在气质与文章上，其发生作用相对不那么隐蔽，各种因素融合作用，形成了这些士人的文章多种风格并存而纵横文风鲜明的局面。

战国策士们如今留下的只有载之史书的言辞，但经过了漫长的岁月，其思想和艺术的光彩也没有被掩盖。翻开《战国策》，看着这些曾影响历史的精辟言辞，我们至今还能被其中的智慧所震撼，为其中雄阔精妙、气吞江海的语言所陶醉。战国时代的幕布已经落下，那萧萧马鸣和滚滚风尘都已经远去，但时人充沛的生命力和给人的感染力仍然如大浪暗涌一般，时时作用于读者之心。蓬蓬锦春，碧桃满树，乘之愈往，识之愈真。观眼前之盛景，能不思彼远人？

是为结语。

参考文献

一、《战国策》以及纵横家研究专著

[1] 刘向集录：《战国策》，上海：上海古籍出版社，1978 年。

[2] 鲍彪校注，吴师道重校，张文燨集评：《战国策谭椒》，济南：齐鲁书社，1996 年。

[3] 王念孙、金正炜：《战国策校释二种》，北京：首都师范大学出版社，1994 年。

[4] 黄丕烈撰：《重刻剡川姚氏本战国策札记》，武汉：湖北崇文书局刻本，1896 年。

[5] 马王堆汉墓帛书整理小组编：《战国纵横家书：马王堆汉墓帛书》，北京：文物出版社，1976 年。

[6] 诸祖耿撰：《战国策集注汇考》，南京：江苏古籍出版社，1985 年。

[7] 缪文远：《战国策新校注》，成都：巴蜀书社，1998 年。

[8] 缪文远：《战国策考辨》，北京：中华书局，1984 年。

[9] 缪文远：《战国制度通考》，成都：巴蜀书社，1998 年。

[10] 李维琦标点：《国语·战国策》，长沙：岳麓书社，1997 年。

[11] 牛鸿恩等选注：《战国策选注》，天津：天津古籍出版社，1984 年。

[12] 王延栋、孙淑兰译：《战国策全译》，天津：南开大学出版社，1994 年。

[13] 郭人民：《战国策校注系年》，郑州：中州古籍出版社，1988 年。

[14] 王延栋编：《战国策词典》，天津：南开大学出版社，2001 年。

[15] 何建章注释：《战国策注释》，北京：中华书局，1990 年。

［16］张清常、王延栋笺注：《战国策笺注》，天津：南开大学出版社，1993 年。

［17］程发轫：《战国策地名考释》，台北：编译馆，2000 年。

［18］熊宪光译著：《战国策研究与选译》，重庆：重庆出版社，1988 年。

［19］熊宪光：《纵横家研究》，重庆：重庆出版社，1998 年。

［20］郑杰文：《战国策文新论》，济南：山东人民出版社，1998 年。

［21］郑杰文：《中国古代纵横家论》，济南：山东人民出版社，1995 年。

［22］郑杰文：《鬼谷子天机妙意》，海口：南海出版公司，1993 年。

［23］傅剑平：《纵横家与中国文化》，台北：文津出版社，1989 年。

［24］张彦修：《纵横家书——战国策与中国文化》，开封：河南大学出版社，1998 年。

［25］何晋：《战国策研究》，北京：北京大学出版社，2001 年。

［26］王晶雄等：《〈战国策〉与论辩术》，上海：上海古籍出版社，2002 年。

［27］彭永捷：《中国纵横家》，北京：宗教文化出版社，1998 年。

［28］郑良树：《战国策研究》，新加坡：学术出版社，1972 年。

［29］张正男：《战国策初探》，台北：台湾商务印书馆，1984 年。

［30］裴登峰：《战国策研究》，兰州：甘肃人民出版社，2003 年。

［31］胡如虹：《战国策研究》，长沙：湖南人民出版社，2002 年。

［32］《鬼谷子》，北京：北京市新华书店，1985 年。

［33］许富宏：《鬼谷子集校集注》，北京：中华书局，2008 年。

［34］房立中主编：《纵横家全书》，北京：学苑出版社，1995 年。

［35］房立中编著：《鬼谷子全书》，北京：书目文献出版社，1993 年。

二、其他专著

［1］司马迁：《史记》，北京：中华书局，2003 年。

［2］刘春生译注：《尉缭子全译》，贵阳：贵州人民出版社，1993 年。

［3］谭业谦：《公孙龙子译注》，北京：中华书局，1997 年。

［4］祝鸿杰等译注：《孟子论语注译》，西安：太白文艺出版社，

1997 年。

　　［5］王焕镳:《墨子校释》,杭州：浙江文艺出版社,1984 年。

　　［6］郭化若:《孙子译注》,上海：上海古籍出版社,1996 年。

　　［7］唐书文:《六韬·三略译注》,上海：上海古籍出版社,1999 年。

　　［8］班固著,赵一生点校:《汉书》,杭州：浙江古籍出版社,2001 年。

　　［9］赵蕤编:《长短经》,西安：三秦出版社,1995 年。

　　［10］冯梦龙编:《智囊》,南京：江苏古籍出版社,1986 年。

　　［11］孔于、郭贞安:《三十六计古今谈》,北京：中国经济出版社,1999 年。

　　［12］陈鼓应注译:《老子今注今译》,北京：商务印书馆,2003 年。

　　［13］鲍思陶点校:《国语》,济南：齐鲁书社,2005 年。

　　［14］王先谦:《荀子集解》,北京：中华书局,2012 年。

　　［15］王先慎撰,钟哲点校:《韩非子集解》,北京：中华书局,1998 年。

　　［16］李学勤主编:《十三经注疏》,北京：北京大学出版社,1999 年。

　　［17］杜预:《春秋经传集解》,上海：上海人民出版社,1977 年。

　　［18］许慎著,段玉裁注:《说文解字》,上海：上海古籍出版社,1981 年。

　　［19］陈炜湛:《甲骨文简论》,上海：上海古籍出版社,1987 年。

　　［20］刘知几撰,赵吕甫校注:《史通新校注》,重庆：重庆出版社,1990 年。

　　［21］李亚农:《东周与西周》,上海：上海人民出版社,1956 年。

　　［22］裘士京等编著:《中国文化史》,合肥：安徽大学出版社,1998 年。

　　［23］李珺平:《春秋战国门客文化与秦汉致用文艺观》,北京：中国社会科学出版社,2001 年。

　　［24］王长华:《春秋战国士人与政治》,上海：上海人民出版社,1997 年。

　　［25］杜国庠:《先秦诸子的若干研究》,北京：生活·读书·新知三联书店,1955 年。

［26］吕振羽：《殷周时代的中国社会》，北京：生活·读书·新知三联书店，1962 年。

［27］王焕镳：《先秦寓言研究》，上海：古典文学出版社，1957 年。

［28］吕思勉：《先秦学术概论》，上海：东方出版中心，1996 年。

［29］陈蒲清：《中国古代寓言史》，长沙：湖南教育出版社，1983 年。

［30］郑临川：《闻一多论古典文学》，重庆：重庆出版社，1984 年。

［31］常森：《二十世纪先秦散文研究反思》，北京：北京大学出版社，2002 年。

［32］徐复观：《中国人性论史·先秦篇》，上海：上海三联书店，2001 年。

［33］钱穆：《先秦诸子系年》，北京：商务印书馆，2002 年。

［34］周振甫：《文心雕龙今译》，北京：中华书局，1986 年。

［35］张岂之主编：《中国思想史》，西安：西北大学出版社，1996 年。

［36］陈梦家：《六国纪年》，上海：上海人民出版社，1956 年。

［37］华南师范大学中文系：《古代文学研究集刊》，广州：南方出版社，1999 年。

［38］桂胜：《周秦势论研究》，武昌：武汉大学出版社，2000 年。

［39］张少康编著：《先秦诸子文艺观》，上海：上海文艺出版社，1981 年。

［40］章学诚著，叶瑛校注：《文史通义校注》，北京：中华书局，1985 年。

［41］林纾：《左传撷华》，上海：商务印书馆，1921 年。

［42］朱鹤龄：《愚庵小集》，上海：上海古籍出版社，1979 年。

［43］郑樵：《通志》，北京：中华书局，1967 年。

［44］叶适：《习学记言》，北京：中华书局，1977 年。

［45］刘毓璜：《先秦诸子初探》，南京：江苏人民出版社，1984 年。

［46］蒋伯潜：《诸子通考》，杭州：浙江古籍出版社，1985 年。

［47］余英时：《士与中国文化》，上海：上海人民出版社，1987 年。

［48］杨柳：《先秦游士》，北京：当代中国出版社，1996 年。

［49］钱钟书：《谈艺录》，北京：中华书局，1984 年。

［50］钱钟书：《管锥编》（全五册），北京：中华书局，1979 年。

［51］费振刚：《先秦两汉文学研究》，北京：北京出版社，2001 年。

［52］杨宽：《战国史》，上海：上海人民出版社，2003 年。

［53］顾德融、朱顺龙：《春秋史》，上海：上海人民出版社，2001 年。

［54］贺璋瑢：《两性本乎阴阳》，成都：巴蜀书社，2006 年。

［55］胡道静主编：《十家论老》，上海：上海人民出版社，2006 年。

［56］褚斌杰、谭家健主编：《先秦文学史》，北京：人民文学出版社，1998 年。

［57］钱基博：《中国文学史》，北京：中华书局，1993 年。

［58］杨公骥：《中国文学》（一），长春：吉林人民出版社，1957 年。

［59］林庚：《中国文学简史》，上海：古典文学出版社，1957 年。

［60］侯外庐主编：《中国思想史纲》，上海：上海书店，2008 年。

［61］王瑶：《中古文学史论》，北京：北京大学出版社，1998 年。

［62］王国维：《王国维文学论著三种》，北京：商务印书馆，2003 年。

［63］傅铿：《文化：人类的镜子——西方文化理论导引》，上海：上海人民出版社，1990 年。

［64］童庆炳主编：《文学概论》，北京：北京大学出版社，2007 年。

［65］栾栋：《感性学发微》，北京：商务印书馆，1999 年。

［66］胡经之：《文艺学美学方法论》，北京：北京大学出版社，1998 年。

［67］李泽厚：《美的历程》，北京：文物出版社，1980 年。

［68］涂光社：《势与中国艺术》，北京：中国人民大学出版社，1990 年。

［69］李幼蒸：《理论符号学导论》，北京：中国社会科学出版社，1993 年。

［70］董小英：《叙述学》，北京：社会科学文献出版社，2001 年。

［71］张寅德编选：《叙述学研究》，北京：中国社会科学出版社，1989 年。

［72］胡亚敏：《叙事学》，武汉：华中师范大学出版社，2004 年。

［73］傅修延：《先秦叙事研究——关于中国叙事传统的形成》，北京：东方出版社，1999 年。

［74］巴赫金著，白春仁、顾亚铃译：《陀思妥耶夫斯基诗学问题》，北京：生活·读书·新知三联书店，1988 年。

[75] 张杰：《复调小说理论研究》，广西：漓江出版社，1992 年。

[76] 杨义：《中国叙事学》，北京：人民出版社，1997 年。

[77] 罗钢：《叙事学导论》，昆明：云南人民出版社，1995 年。

[78] 王靖宇：《中国早期叙事文研究》，上海：上海古籍出版社，2003 年。

[79] 戴卫·赫尔曼：《新叙事学》，北京：北京大学出版社，2003 年。

[80] 张辉、卢卫中：《认知转喻》，上海：上海外语教育出版社，2010 年。

[81] H. R. 姚斯、R. C. 霍拉勃著，周宁、金元浦译：《接受美学与接受理论》，沈阳：辽宁人民出版社，1987 年。

[82] 朱立元：《接受美学导论》，合肥：安徽教育出版社，2004 年。

[83] 张思齐：《中国接受美学导论》，成都：巴蜀书社，1989 年。

[84] 卡尔·波普尔著，陆衡等译：《开放社会及其敌人》（第 2 卷），北京：中国社会科学出版社，1999 年。

[85] M. 怀特著，杜任之等译：《分析的时代》，北京：商务印书馆，1985 年。

[86] 余莲：《势——中国的效力观》，北京：北京大学出版社，2009 年。

[87] 艾兰：《水之道与德之端——中国早期哲学思想的本喻》，上海：上海人民出版社，2002 年。

[88] 艾兰等主编：《中国古代思维模式与阴阳五行说探源》，南京：江苏古籍出版社，1998 年。

[89] И. Я. 楚巴欣、И. Н. 布洛德斯基主编，宋文坚等译：《形式逻辑》，上海：上海人民出版社，1981 年。

[90] 罗丹口述，葛赛尔记，沈琪译：《罗丹艺术论》，北京：人民美术出版社，1992 年。

[91] 安乐哲著，温海明编：《和而不同：比较哲学与中西会通》，北京：北京大学出版社，2002 年。

[92] 叶维廉：《道家美学与西方文化》，北京：北京大学出版社，2003 年。

三、专文

[1] 郭预衡：《谈〈战国策〉的思想和艺术》，《西南师范大学学报》（人文社会科学版），1986 年第3 期。

[2] 郭预衡：《战国文章的两大特征》，《社会科学战线》，1981 年第 3 期。

[3] 熊宪光：《〈战国策〉寓言论》，《北京师范大学学报》（社会科学版），1987 年第 2 期。

[4] 熊宪光：《论纵横家的辩证法思想》，《四川职业技术学院学报》，1999 年第 1 期。

[5] 熊宪光：《〈战国策〉中的人才论》，《北京师范大学学报》（社会科学版），1982 年第 6 期。

[6] 缪文远：《乱丝抽绪——〈战国策〉校勘一得》，《古籍整理研究学刊》，1988 年第 2 期。

[7] 霍旭东：《宋元时期整理〈战国策〉的巨大成就——兼对鲍彪整理〈战国策〉再评价》，《烟台大学学报》（哲学社会科学版），1989 年第 2 期。

[8] 许廷桂：《〈战国策〉"地势形便"理校》，《古汉语研究》，1993 年第 3 期。

[9] 郑杰文：《〈战国策〉对后世小说的影响》，《东岳论丛》，1997 年第 3 期。

[10] 郑杰文：《〈战国策〉的刚健文气》，《文史哲》，1997 年第 4 期。

[11] 郑杰文：《秦至汉初时战国策文的流传》，《古籍整理研究学刊》，1999 年第 1 期。

[12] 郑杰文：《〈鬼谷子〉哲学与〈老子〉哲学》，《齐鲁学刊》，1999 年第 1 期。

[13] 郑杰文：《纵横家的阴阳转化哲学观》，《齐鲁学刊》，1997 年第 6 期。

[14] 郑杰文：《人本思潮与先秦历史散文和原始小说》，《东岳论丛》，1995 年第 2 期。

［15］栾栋：《解史——论史学意识 》，《中国文化研究》，2008 年春之卷。

［16］栾栋：《水性与盐色——从中西文化原色管窥简论华人的文化品位》，《唐都学刊》，2003 年第 1 期。

［17］裴登峰：《从夸饰与虚构的运用看〈战国策〉的文学价值》，《西北师大学报》（社会科学版），2003 年第 2 期。

［18］裴登峰：《〈战国策〉"以写人为主长篇叙事文"的艺术独创——从叙事方式的转变看其文学价值》，《社科纵横》，2004 年第 1 期。

［19］李学勤：《〈鬼谷子·符言篇〉研究》，《中国史研究》，1994 年第 4 期。

［20］李邦儒：《鬼谷子思想特征》，《郑州大学学报》（哲学社会科学版），1996 年第 4 期。

［21］尹振环：《论〈鬼谷子〉游说人主之术——兼谈战国纵横家》，《烟台师范学院学报》，1998 年第 4 期。

［22］王启发：《荀子与兵家、纵横家初探》，《中国史研究》，1994 年第 1 期。

［23］彭永捷：《纵横家的伦理观和方法论》，《中国人民大学学报》，1996 年第 5 期。

［24］王元林：《战国纵横家的军事地理思想》，《唐都学刊》，1999 年第 3 期。

［25］展立新：《纵横家对道家之"道"的本体论解释》，《许昌学院学报》，2003 年第 6 期。

［26］龙建春：《〈战国纵横家书〉书牍文学性刍论》，《江淮论坛》，2002 年第 6 期。

［27］龙建春：《〈战国纵横家书〉理性美刍论》，《江淮论坛》，2003 年第 4 期。

［28］杨师群：《战国变法与古希腊罗马社会改革之比较》，《学术月刊》，2001 年第 4 期。

［29］晁福林：《战国时期的鬼神观念及其社会影响》，《中国史研究》，1998 年第 2 期。

［30］赵明：《由早熟到辉煌的文化史路——先秦文史哲互摄中的文学

建构》，《社会科学战线》，1996 年第 5 期。

　　［31］陈蒲清：《寓言与中国文化》，《衡阳师专学报》，1995 年第 1 期。

　　［32］杨义：《中国叙事学的文化阐释》，《广东技术师范学院学报》，2003 年第 3 期。

　　［33］范祥雍：《〈战国策〉传本源流考》，《中华文史论丛》，1984 年第 3 期。

　　［34］徐中舒：《〈左传〉的作者及其成书年代》，《历史教学》，1962 年第 11 期。

　　［35］吴澍时、钱律进：《〈国语〉和〈左传〉中"君子曰"之比较》，《古籍整理研究学刊》，2010 年第 5 期。

　　［36］邓廷爵：《〈战国策〉研究的历史述评》，《历史教学》，1985 年第 10 期。

后 记

　　写作数月的书稿终于可以搁笔之时，说不清是什么心情。早在十多年前，就因为对中国传统文化的爱好而放弃了其他热门专业的保送，选择了先秦文学作为自己的研究方向。博士研究生论文开题之时，又因喜爱战国文化，决定继续硕士论文所作的题目，以较为冷僻的《战国策》为论文的主题。如今，在大幅修改博士论文的基础上，书稿终于完成了，似乎十多年的研究终于有了一个交代。然而，心头并没有想象中的轻松。对喜爱的战国文化，自己当真了解多少？瞻之在前，忽焉在后，似乎才品咂出一些味道，又感觉前面的路还远。做学问如此神圣的事业，仰之弥高，实在不敢轻言什么。此时，虽然这个题目已历经数年的资料收集、整理以及艰辛的写作过程，但是在即将付梓时，心中是有一丝不安的，恐怕自己功力浅薄，对这篇有生以来写得最长的文章仍有未做到的工作。好在来路漫长，若有机会，我当勤奋有加，再对战国文化的精华细细咀嚼，慢慢地享受那一种过程——"静悄悄，沉甸甸，乐陶陶"（栾栋先生语）。

　　本书是在恩师栾栋先生从头至尾的关心与教导下完成的，且基本是在他的学术思想的沃灌下进行构思的。先生的学术思想与众不同，每次听他讲课，总有醍醐灌顶之感。师从他三年之中，先生严谨的治学精神，对学术创新和人文精神的不懈追求，深深感染了我。本书从选题到成文，他都给予了最大的帮助。博士论文开题之时他兢兢业业，连细微的错字和标点错误都一并指出。在修改书稿的过程中，他又不顾病痛，多次与我讨论思路和观点。导师学识渊博，率直、真诚，在师从他学习的几年当中，我不但得到了一生受用不尽的学问方法，更学习到许多人生的真谛。现在，先生又在百忙之中，拨冗为我的第一本书写序，在此深表感谢！

　　本书的部分章节和观点曾发表在《江淮论坛》、《学术界》、《南昌大学学报》、《福建师范大学学报》、《云南社会科学》等刊物上，感谢为此付出辛劳的专家学者。暨南大学出版社的杜小陆先生对本书的出版做了许多工作，在此一并致谢！

本书的研究和出版先后得到了"2011年广东高校优秀青年创新人才培养计划"项目、"五邑大学重点学科专项建设资金"、"五邑大学专著出版基金"的资助和支持。

还需特别感谢的是我的家人，他们对我所做的每一项工作都永远无条件地支持，这本书也包含着他们默默的付出。在此也忘不了同窗诸友的鼎力相帮，风清柳翠的美好的学习生涯，断断少不了对他们的回忆，现在他们更是我在时而幽暗茫昧、时而柳暗花明的科研工作中艰难前行的好榜样。

窗外爆竹声声，又到了辞旧迎新之时。唯愿新春马年，人文之花更加扶疏，我能为其增彩一点，即为幸事。

赵　楠

2014年春节于广东江门